普通高等教育“十一五”国家级规划教材
21世纪政治学系列教材

地缘政治学导论

刘从德　主编

中国人民大学出版社
·北京·

图书在版编目（CIP）数据

地缘政治学导论/刘从德主编．—北京：中国人民大学出版社，2010
普通高等教育“十一五”国家级规划教材　21世纪政治学系列教材
ISBN 978-7-300-11683-9

Ⅰ.①地…　Ⅱ.①刘…　Ⅲ.①政治地理学-高等学校-教材　Ⅳ.①K901.4

中国版本图书馆CIP数据核字（2010）第024276号

普通高等教育“十一五”国家级规划教材
21世纪政治学系列教材
地缘政治学导论
刘从德　主编
Diyuanzhengzhixue Daolun

出版发行	中国人民大学出版社		
社　　址	北京中关村大街31号	**邮政编码**	100080
电　　话	010－62511242（总编室）		010－62511770（质管部）
	010－82501766（邮购部）		010－62514148（门市部）
	010－62515195（发行公司）		010－62515275（盗版举报）
网　　址	http://www.crup.com.cn		
经　　销	新华书店		
印　　刷	固安县铭成印刷有限公司		
开　　本	787 mm×1092 mm　1/16	**版　　次**	2010年3月第1版
印　　张	12.25	**印　　次**	2025年1月第10次印刷
字　　数	301 000	**定　　价**	36.00元

总　序

改革开放是新中国成立以来的又一次革命。过去几十年的改革开放已经给中国带来革命性变化。这种革命性变化不仅体现在现实生活中的经济、政治等层面，而且还表现在因现实的变迁而带来的理论上的创新和发展以及由此而来的政治学学科建设上的成就方面。

在我国，计划经济体制已经让位于社会主义市场经济体制，同时由经济变革带来的政治体制上的变化也是有目共睹的。首先，在民主法制建设上，人治正在走向法治，政治的制度化正在加强，其中一个重要标志就是终身制的废除和退休制度的形成。其次，在国家结构上，过去计划经济时期简单的单一制已经转变为更加复杂的国家结构关系。中央与地方、地方政府与地方政府之间的关系有了更多的市场经济特征。再次，在国家与社会之间的关系上，过去是"大政府（国家），小社会"，现在正向"大政府（国家），大社会"的方向变化。社会在政治生活中的作用越来越大，社会自由越来越多。最后，在意识形态上，过去那种对待马克思主义、毛泽东思想的封闭、激进而又教条的态度已经转变为开放、理性而又灵活的态度，因而形成了引导改革开放事业的中国特色社会主义理论体系。所有这些变革，都是我们在几十年前所无法想象的。当然，在政治进步的同时，存在的问题也不容回避。那就是迫切需要建立一套约束政府权力、使人民群众的真实意愿和利益诉求能够得到顺畅表达的机制，以便从根本上保证社会的稳定与和谐。这些问题的解决，不仅需要实际工作者在体制创新方面的实践，更需要政治学学科的发展和政治学专业人才的智慧与理论贡献。

我国的政治变革既是对政治学研究工作的挑战，又是促使政治学发展的良好机遇。我国的政治学在这种压力与机遇并存的环境中正在快步前进。首先，在学科分类上，政治学已经从法学中独立出来而成为一级学科。其次，在学科分支上，政治学从马克思主义政治理论、制度史、思想史而发展成为学科门类更加丰富、更加有特色的一门学科，诸如新政治经济学、政治社会学、政治心理学、政治文化、政治学方法论等。再次，在研究方法上，从单一的阶级分析法发展成为以历史唯物主义为基础的多元化方法论，诸如行为主义、理性选择主义以及方兴未艾的新制度主义。最后，在问题研究上，无论是深度还是广度，我国政治学界都取得了可喜的成就，为中国的政治发展和政治改革做出了自己应有的贡献。当然，在看到成绩的同时，也不能无视发展中的不足。作为中国政治学学科建设和发展的见证人，我们不能不为政治学发展中的结构性缺失而忧心忡忡。比如，就专业刊物而言，不要说与经济学、法学和历史学比较，就是和政治学的二级学科国际关系比较，政治学专业刊物的数量也是少之又少。这种现象严重制约了我国政治学的发展，很多优秀的研究成果只能散见于综合性学术刊物和大学学报。

中国政治学学科发展的基础是高校政治学专业建设。自 1980 年恢复政治学专业以来，政治学系或政治与行政管理学系已经成为很多高校的普遍性建制。而且在各高校政治学专业竞相发展的过程中，我们很高兴地看到各个高校的政治学学科建设和教材建设，无不生机勃勃，成就斐然。中国人民大学出版社推出的"21 世纪政治学系列教材"在全国享有很高的声誉，是我国很多高校政治学专业和行政管理学专业的必备教科书。从已经出版的教材来看，我认为，"21 世纪政治学系列教材"具有如下特点：

第一，体系上的创新性与独特性。教科书固然应该有通用的内容，但是在教材林立的今天，千篇一律而了无特色的教材是难以立足的，也难以为社会所认可和接受。"21 世纪政治学系列教材"中的每一本教材在体系上的创新性和独特性都是很突出的。

第二，内容上的研究性与新颖性。体系上的独特性应该由内容上的研究性与新颖性构成。教科书不但要介绍一般性的概念和理论，还应该容纳最新的理论研究成果以及对有关理论成果的看法与评价。该系列教材的一个重要特征是，这些教材都是作者们基于自己多年的教学与研究心得而撰写的具有新意的研究性作品。事实上，国外的大学教科书基本上是学术界享有名望的教授来撰写。一本好的教科书之所以享有盛名，就在于其因体系上的独特性和内容上的研究性而形成的权威性。

第三，观点上的全面性与选择性。教科书是一种通论性的著作，因而包容的学术观点、理论应该尽量全面。但是，在信息爆炸的时代，一本书企图容纳所有的观点是不可能也不必要的。因为有的观点不过是个别学者的偶发奇想而不具有普遍性。这就需要撰写者去伪存真，认真取舍。我很高兴地看到，本系列教材在追求观点的全面性时，也没有忘记选择性原则。

第四，方法论上的马克思主义原则性与包容性。我国的社会科学研究离不开马克思主义的基本方法论，尤其离不开历史唯物主义的指导，政治科学更是如此。但是马克思主义并不是凭空产生的，它是在吸纳人类精神文明优秀成果的基础上产生的，马克思主义的发展同样少不了与其他理论流派的碰撞以及对人类文明成果的借鉴与扬弃。封闭的马克思主义是没有生命力的，坚持马克思主义并不排除对其他理论流派的介绍与分析。正是基于这样的指导思想，本套教材在介绍马克思主义政治学的同时，能运用历史唯物主义的基本原理兼容并蓄地介绍和分析其他理论流派。

本套教材的上述特点决定了它们不但是有关专业的教师和学生必备的教学和学习用书，也是政治学研究者的重要参考书籍。虽然具有上述优点和特征，但是十全十美的社会科学著作是不存在的，因此，本套教材中的缺点与不足在所难免。衷心希望专家学者、广大读者积极批评、热情指正！

赵宝煦

目录

重点问题

- 与地缘政治学有关的概念和术语
- 地缘政治学研究的对象和主要问题
- 地缘政治学研究的基本方法
- 创建中国特色的地缘政治学理论

第一节 有关概念的阐释

研究地缘政治学首先遇到的难题就是它所涉及的一些基本概念与术语。作为一门交叉学科，它涵盖的范围包括政治学、地理学、经济学、军事战略学、历史学等，因而在学习过程中，有关的各种概念和术语必须加以辨析。

一、地缘

"地缘"一词的基本解释是"地球的、土地的"。国内的学者在研究地缘政治学、国家安全地理或地缘战略时的界定有：(1)"'地缘'实质是指地理环境关系的简称"①；(2)"'地缘'一般是指因居住在同一地区而发生的社会关系。国家间的地缘关系，指的是以地理位置、综合国力和距离等地缘要素为基础所产生的国家之间的地缘政治、地缘经济、地缘军事、地缘文化等关系，主要表现为国家间的相互作用。"②

综合来看，我们主要从下列几个层次理解"地缘"的内涵：一是地理的现实。我们所生活的这个星球的首要现实就是地理现实，这是从环境对人类活动的主导作用而言的。生活在不同地理位置、气候条件和环境中的人群必然具有不同的文化背景、民族心理、生产

① 沈伟烈主编：《地缘政治学概论》，4页，北京，国防大学出版社，2005。

② 程广中：《地缘战略论》，13页，北京，国防大学出版社，1999。

力水平，这是制约人们行为的恒定因素。对人类事务的研究首先必须经由自然科学的研究。二是地理环境和人类事务之间的联系，即人—境关系，这是从人类对自然的反作用而言的。人与地理环境的关系始终困扰着全人类，可以说，在人类发展的大部分时间里，我们都沉溺于"主宰者"的角色，直到20世纪70年代以来，我们似乎才逐步认识到，人类只不过是我们这个星球（乃至宇宙）整体环境中的"参加者"而已，这种转变所隐含的认识在于，全球生态系统是一种脆弱而又完美的平衡系统，极易遭到无法弥补的毁坏，人类并非无所不能。对人—境关系的研究是地缘政治学中最迷人的篇章。

由此可见，"地缘"包含了地理的内涵和地理的延伸内涵。值得我们注意的是，在自然科学研究和人类事务研究之间的桥梁一旦建立起来，对人—境关系的研究似乎占据了更为重要的地位，地理环境中国家之间的关系成了地缘政治学研究的重要内容之一。

因而，当"地缘"成为一个口头禅时，它强调了当今时代对环境保护的认识，对人与自然和谐的认识，作为"政治学"的前缀，则要求政治行为必须具有全球视野。

二、地缘战略

战略泛指对全局性、高层次的重大问题的筹划和指导。战略本身有其发展的历史，我们所言的战略是"大战略"，它涉及政治、经济、军事、社会、科技、文化等领域，与"地缘"连接在一起，简要而言就是指战略考虑与地缘政治考虑的结合。国际学术界更多是从大国的视角来谈论地缘战略的，认为地缘战略是大国争夺世界霸权和地区霸权所依据的基本战略思想，用布热津斯基的话来说就是"对地缘政治利益作战略上的掌管"[①]。国内学界在避讳"地缘"一词的那段时期里，倾向于使用"战略地理学"的概念，认为战略地理学是从宏观上研究一个国家（或地区）特定的空间环境、自然环境和社会环境对制定这个国家（或地区）的战略目标、战略对策的影响。他们将之分为"大战略地理学"和"军事战略地理学"两个分支。"大战略地理学"侧重"研究地理环境对国际政治格局、经济格局、军事格局的影响"；而"军事战略地理学"则是在军事领域内从战略的高度研究地理环境对军事战略的影响。其实这两者很难截然分开。近些年来，"地缘战略"一词受到国际关系学、政治地理学、军事战略学、经济学等领域的研究者们越来越多的青睐，典型的界定有下列几种：(1)"地缘战略理论是由地缘政治学发展而来的一种理论。它以地缘政治学为基础，着重研究地理环境对战略的影响以及战略的地理特征。"(2)"地缘战略就是利用国家间的地缘关系获取国家利益的谋划。"(3)"地缘战略就是利用地缘关系及其作用法则谋取和维护国家利益的方略。"[②]

可见，地缘战略包括的要素有：(1)国际关系行为体：国家行为体和非国家行为体；(2)地缘结构：地理位置、自然结构、领土范围、人口数量等；(3)互动：行为体之间的联系方式与相互作用方式；(4)科技进步：人类活动能力的增强和武器技术的改进；(5)思维理念与行为方式的确定：不同的世界观和行为方式。对国际关系行为体的对内和

① [美]兹比格纽·布热津斯基：《大棋局：美国的首要地位及其地缘战略》，中国国际问题研究所译，43页，上海，上海人民出版社，1998。

② 沈伟烈等：《国家安全地理》，53页，北京，时事出版社，1995；高金钿等主编：《国际战略学概论》，130页，北京，国防大学出版社，1995；程广中：《地缘战略论》，16页。

对外行为的剖析要以这些要素为基础。马汉开创地缘战略理论的研究，提出“海权论”，就是基于对这些因素的综合分析，从“制海权”的一般原理的高度出发进行阐述。此后的理论也都大致如此。

三、地缘政策

地缘政策指利用地理知识为实现国家的利益服务，是一些学者们对地缘政治学的贬称。他们认为，在20世纪上半叶，地缘政治学就如大多西方地理学家所理解的那样包含着为国家目的而运用地理学知识的内容。① 因此，地缘政治学受制于国家的操纵，并使国家试图实施的那些特殊政策合法化。正是由于被理解为与政策制定间有不可分割的联系，哈罗德·斯普劳特将之贬为实质上的“地缘政策”。也可以说，拿破仑断定国家政策取决于其地理的名言得到了广泛认可。

正如其他诸多学科一样，地缘政治学可运用于许多不同目的，其价值取决于观察者的视野，以及他或她运用于任何特殊政治目的的价值。因此，它极易因为政治和政客们的需要而被亵渎，沦为“不纯的”学科。地理政治学则截然相反，它是涉及人类空间活动的政治方面的所有内容的严肃学科，它是“纯洁的”学科。然而，实际上，地缘政治学以一种实用的方式被分析和研究并非其真正的最大问题，真正的问题在于其研究和运用之间缺乏一个明确的区分。这一分支学科的命运已经受制于那些从事这一研究的人的目的，他们已经找到他们所要寻找的东西，或者更准确地说，他们已经找到了他们的政治部长们要求他们所找寻的东西，学术真理与政治野心搅和在了一起，严谨的学术成了国家目标的牺牲品。

其实，过错并不在于实用的地缘政治学科，而在于对任何学科的知识而言实用的方式。可以说，地缘政治学是地理学在政治中的运用，但同时，其价值及重要性的评估取决于它服务于政治目的的价值。显然，根本在于它可被视为完全不同于学术研究的东西，并被如此操纵。我们必须认识到，正如所有科学一样，其存在有既“纯”而又“实用”的东西。

就实用而言，20世纪70年代兴起于美国和法国的新地缘政治学和20世纪30年代存在于德国的地缘政治学如出一辙，只不过其意图不同而已。问题不在于运用于政治目的本身，而在于运用于政治目的的价值。这一点和法国的新地缘政治学的根本差别在于，他们已将人类看成是一个整体，而不是只考虑某个特殊国家的利益。这些是根本的道德问题，而且，在现代地缘政治观点中，他们无论被标以“好”或“坏”的标签，都必须取决于其对人类整体而非某个小部分的影响的评估。然而，尽管道德问题十分重要，但它们似乎也得置身于一门“纯”学科之外。

四、政治地理学

在解释这一概念之前，有必要首先简要介绍人文地理学的含义。作为地理学的两大分支之一的人文地理学，侧重于研究人类活动所创造的人文现象的区域系统。② 它包括政治

① 当时最重要的西方政治地理学学派是美国、英国和法国的学派，这里所指的主要是这些流派的影响。

② 参见陈慧琳主编：《人文地理学》，1页，北京，科学出版社，2007。

地理学、经济地理学、军事地理学、文化地理学、历史地理学、社会地理学、旅游地理学等。由于涉及地缘政治学，本教材重点介绍政治地理学。

政治地理学是研究人类社会政治现象的空间分布与地理环境关系的学科，着重分析政治区域的结构和功能，以及政治区域之间的相互关系，是人文地理学的一个分支。政治地理学主要研究国家的领土疆界、首都、行政区划等政治现象和国际政治关系的格局及其发展变化，为国家的政治决策、国际事务等工作提供依据。具体而言，政治地理学研究的内容包括：(1) 国家和政治区域的面积、形状、功能、地理位置、自然环境等领土特征，疆界的进退变动，以及社会性质、政治体制、行政区划、人口和民族构成、资源的开发、产业结构及其地理布局、公民的生活水平情况；(2) 首都和区域中心城市的建立及其作用；(3) 国际政治关系的地理背景，根据对于领土（包括领海、领空）主权和国界划分的理论研究以及有关国界变动的史实考证，确定在本国与邻国以及其他国家之间关于边界问题的争端中的立场和依据，探讨各国之间的矛盾和协作，其中包括军事冲突、外交斗争、国际移民、贸易关系等方面的发展变化，分析比较世界各个国家集团的组合和演变，以及公海问题等。

长期以来，学术界认为在地理政治学研究的所有问题中，引起最多争论的就是地缘政治学。第二次世界大战期间，德国的地理学家和纳粹军事战略家利用这一概念为其对外扩张政策服务，不仅玷污了这一词汇，而且还损害了政治地理学的地位。然而，在地缘政治学被视为“不纯”的那些日子里，政治地理学则依然“纯洁”。在有些学者看来，政治地理学根本上而言就是研究“地球与国家”间关系的学说，这也包括国家间关系的地理方面。但是，就国际关系空间研究的地缘政治学的界定而言，留给政治地理学的问题也必须作出回答，这必然会导致一个或更狭小或更宽泛的界定。狭义的政治地理学将国家视为一个政治单位进行研究，旨在分析政府的影响及基于其疆域内全部人文地理的政府决策；政治地理学更宽泛的界定则将地缘政治学当成从空间上研究全部政治行为的一部分。无论选择哪一方面，两者之间存在明显的重叠部分，因为他们都必须要涉及存在于地理空间中的国家整体的自然特性。但是，政治地理学和地缘政治学之间重叠的确切特性远不如两者之间的差别，而且，他们的研究目的迥异。

五、地缘政治学

要想对这一概念进行单一界定十分困难。在此，我们首先简要列出目前国内外的一些较为权威的解释：

(1)《美国百科全书》：“地缘政治学被看做是对影响国家战略潜力的地理、历史、政治及其他相互作用因素进行统一研究和分析的学科。”

(2)《新不列颠百科全书》：“地缘政治学是对国际政治中的力量关系具有影响的地理因素进行分析的学科。地缘政治学理论家特别重视边界、出海通道等因素，重视在制定国家政策时对领土的战略控制。”

(3)《德国大百科全书》：“地缘政治学是国家学、历史学和地理学知识交叉的学科，它源于政治地理学，但又不同于政治地理学。在当代英美文献中，地缘政治学的概念几乎等同于政治地理学的概念。”

(4)《政治学百科辞典》(俄):“地缘政治学是国际关系理论的基础概念之一,描述国家或国家集团位置的领土—空间特点对局部、地区、大洲和全球国际进程的具体和历史的影响形式。”

(5)《中国大百科全书》(地理卷):“地缘政治学是政治地理学的一个部分,它根据各种地理要素和政治格局的地域形式,分析和预测世界地区范围的战略形势和有关国家的政治行为。地缘政治学把地缘因素视为影响甚至决定国家政治行为的一个基本因素,这种观点为国际关系理论所吸收,对国家的政治决定有相当的影响。”

其次,我们再列举一些学者的基本厘定:

(1) 莫斯科政治经济研究中心主任拉祖瓦耶夫归结了三类基本观点:地理和政治之间的关系和影响;大国争夺世界或地区优势和权力的斗争;国际舞台上争夺权力的斗争同地理的联系,从地理决定论原则出发规定外交政策的可能性和优先权。

(2) 美国学者奥图泰尔总结了第二次世界大战以来对地缘政治学的三种主要用法:地缘政治学就是对某一问题进行考察的分析工具,如,关于**X**的地缘政治,**X**可以指石油、资源、能源、信息、中东、中美洲、欧洲等;地缘政治几乎是现实政治的同义语,也几乎全部来自基辛格的遗产,基辛格用“地缘政治”一词来描述他力求在世界政治中维持“有利的均衡”的努力;作为大战略的同义语,这一视角关注地理在国际关系中的中心作用,该视角把永久的地理因素视为国家行为的驱动力,地理成为政策和战略制定的重要依据,地缘政治学成为大战略制定的一种方法。

(3) 英国学者斯隆通过评价地理同国际关系之间关系的性质,实际上也给出了他对地缘政治学概念的三种理解:当国家行使对领土的控制时,其领土的任何一部分都成为其同他国冲突的根源,从这一前提出发,国家的基本职能之一就是成功保卫其不受外部世界的攻击,对国家政治权威地理范围的关注是国际关系学者对地理最通常的看法,地理是国际政治的基础之一,就像象棋的棋盘;关于环境的观点,这一视角集中研究环境对人和社会给予的影响、制约和机遇,这一视角既是自然的,又是历史的,由于地理环境的影响是最持久和最稳定的,所以,这就为通过地理来研究人和社会提供了方法和手段;把地理作为军事行动或政策决策的舞台,这种理解更加抽象化、简单化和模式化,军事战略家或指挥官只会解读那些同军事目标相关的地理特征,政治决策者在决定战略政策的优先次序时也是如此。①

(4) 我国学者沈伟烈认为:“地缘政治学即称政治地理学,是从全球的视角,运用历史和地理相结合的方法,探索地缘环境与政治活动之间的相互关系,研究国际地缘战略力量在国际关系中特别是大国关系中的实力对比及其演变规律,为确定国家的安全战略与经济社会发展战略提供理论思考的一种学说。”②

由此,学者们对地缘政治学进行了基本的分类:

一是三个层次之分:微观层次的地缘政治学,指一个国家与周边国家的地缘关系,这也是运用最广的一个界定;中等层次的区域主义或地区主义的地缘政治学,主要指比一个

① 参见孙相东:《地缘政治学:概念与视角》,载《学习时报》,2005(298)。

② 沈伟烈:《地缘政治学概论》,13页。

国家的周边范围更广泛的地区；世界范围内的地缘政治学，把世界当做一个不可分割的整体进行研究，运用这一层次的地缘政治学的多是大国尤其是那些具有世界战略意图的国家，地缘政治学在这一层次上多半涉及大国之间的关系。

二是四种类型之分：领导人和外交官僚机构的应用地缘政治学，它研究的是通常的地理理解和外交政策决策中的观念；战略研究层次上的正式的地缘政治学，它通常是指“地缘政治思想”或“地缘政治传统”；作为跨国大众文化载体的大众的地缘政治学，由受各种媒体影响的大众文化所创造，其核心是对边界以外地方、民众的理解及认识的社会建构和模式；结构性的地缘政治学是对那些制约所有国家外交政策实施的结构性进程和趋势的研究。

由此可见，对地缘政治学的理解和诠释是多元的。根据人们对地缘政治学的既有理解和使用，我们可以概括地缘政治学概念的不同视角：大战略的视角、人—境关系的视角、现实政治的视角、国际体系结构的视角等。

在此，我们尝试给出这样的定义：地缘政治学是以全球战略的观点，分析地理现实与人类事务间的联系，探究某种能表明世界历史中某些地理因素的规律、为治国和战略制定服务的理论。

第二节 地缘政治学的研究对象和主要问题

源于地缘政治学含义的多元解释及其本身的发展性、时代性和开放性等特点，对它的研究对象和内容进行概括时必须考量多重因素。诸如：自然地理特征、地理知识、世界观念、领导者视野、民众心理、科技水平、民族分布、资源状况、国家交往、地缘经济、地缘文化等。就研究对象而言，其总体可以归结为两个方面：一是国际上各种力量的地理分布结构及地缘战略实力对比；二是地缘政治格局中各元素的互动及其发展变化规律。有人甚至将之简略为：地理空间观念和国际关系研究。

随着世界政治、经济及国际关系的发展变化，人们越来越难以“对人类自身的事务孤立地进行考虑，并把它归结为纯属国内事务或对外事务，纯属政治学、社会学或经济学的问题”①，同样，作为研究“地理学、经济学和人口统计学等物质因素对一个国家的政治，尤其是对外政策有何影响”② 的学科，地缘政治学面临新的问题、新的抉择，特别是20世纪80年代以来，这一研究领域呈现出了新的特点，即：研究层次越来越丰富和深入，并主要集中于这样一些问题的探讨上：

第一，关于权力的含义。这本身是一个古老的课题，20世纪80年代以来涉及的疑问主要是：核时代如何定义权力？传统的衡量范围、军事力量和资源的方法仍然适用吗？多极世界中的权力如何界定？无疑，权力是20世纪90年代以来地缘政治学分析的一个最基本概念，但的确又给政治学家和政治地理学家们提出了新的难题，特别是关于权力的地理范围、衡量标准需要进一步探讨。

---

① 况光贤编著：《人文地理学导论》，298～299页，重庆，西南师范大学出版社，1987。
② 王同亿主编译：《英汉辞海》，2191页，北京，国防工业出版社，1987。

第二，关于收缩的地缘政治世界和全球相互依赖。传统的独立的地理位置还有多少重要性？传统概念诸如“心脏地带”、“边缘地带”、“核心”、“外围”、“遏制”、“多米诺骨牌效应”等在通信直接、联系紧密的世界中还有何种意义？在新的地缘政治格局中，我们能证明距离作为一种障碍已崩溃了吗？科技进步及其获得是否就是一种新的障碍？有学者认为，更快的运输和通信使国家之间的空间相对缩小了，同样，国家之间交往和相互影响的类型、规模、形式都发生了极大的变化，这就要求进行更完善的整体分析（尽管麦金德、豪斯霍弗尔、马汉、斯皮克曼、科恩等人也将世界作为一个整体来分析）。

第三，意识形态因素与地缘政治学。一般而言，大多数学者的研究避开了政治哲学和意识形态，所以，一项始终有价值的工作就是，分析意识形态因素色彩极浓的国家关系中是如何运用地缘政治的，尤其是那些意识形态迥异的国家间。

第四，战争和防御战略。不言而喻，地缘政治学和军事地理学是不能等同的，前者分析权力、资源、信息和政治战略；而后者则致力于战争、战斗的后勤学。然而，对战争、战略研究的地理因素进行分析自始至终都是必不可少的。

第五，地缘政治学与现实外交政策。美国及其他西方国家的许多人曾武断地下结论认为：地理学与政治学的任何结合都将导致战争和征服。以至于这一研究包含一些极敏感的议题：地缘政治学运用于解释国家的外交政策可达到何种程度？岁月果真已冲淡了地缘政治学那可恶的政策含义吗？新兴工业国家的崛起有何重要意义？地区大国的出现和传统大国的衰落说明了什么？高新技术武器的获得在多大程度上影响了外交决策？各国决策者必须看到世界所显现的新特征，并及时调整对外政策，从格局态势分析来看，海权与陆权一分为二的传统分水岭遭到破坏了吗？集团化和区域化必然导致多极化吗？

第六，国家的未来地位。在现实的国际舞台上，国家的定义已发生了很大的变化，令地缘政治学者们困惑的是，民族国家是否正为国家体系所替代？或是被跨国合作、区域主义和区域同盟所取代？当今是谁和谁进行谈判？在敌对民族和国际势力的意志背道而驰的世界中，国家充当什么角色？经历一场有限或全球核战争后，将会出现何种局面？未来国家如何操纵？

第三节　地缘政治学的基本分析方法

地缘政治学的分析一般被分为三个层次。首先是对基本空间客体自身特征的考察；其次是探视空间客体的相互作用以及由此而形成的空间模式，这包括对不同地理空间区域中相互作用模式的差异性的观察；最后是将地缘政治空间作为一个整体进行分析，确立对其全部特征的判断。

作为一门交叉学科，地缘政治学不排斥任何其他学科的研究方法，相关学科的各类研究方法似乎都可以在这一领域找到一席之地，不同的学者从不同的视角、不同的价值目标进行在他们看来合理的研究。地缘政治学领域的研究方法主要有：

（1）系统分析方法。这一方法被政治学家、社会学家和经济学家所推崇。该方法要求，对任何社会生活领域的研究都应该将其视为完整的、有复杂组织的、可自我调节并与环境不断相互影响的机体。

(2) 社会心理研究方法。主要研究个体或群体行为对介入更大范围群体的依赖性，研究民族、阶层、人群、团体等的心理特征。

(3) 比较分析方法。这一方法广泛运用于政治学、历史学、社会学、地理学等学科领域。作为综合学科的地缘政治学同样广泛使用这种方法，即把同类现象加以对比，分析其共性和差异。

(4) 历史分析方法。通过对历史发展及经验的总结，找出有关现象的联系与规律。

(5) 功能分析方法。研究国家及国家集团相互关系的依赖性，剖析经济关系、政治关系、军事交往和文化联系的对抗与合作程度、方式及未来等。

(6) 制度分析方法。侧重于国际关系行为体的体制机制方面。

(7) 人类学分析方法。从微观的人的天性出发，研究人本身的物质需求和精神需求，从而探究人的行为动机。

(8) 实证分析方法。包括文献分析、民意测验、实验、模型建构等。①

第四节 创建中国特色的地缘政治学理论

由于第二次世界大战期间德国的地理学家和纳粹军事战略家利用"地缘政治"这一概念为其对外扩张政策服务，不仅玷污了这一词汇，还损害了政治地理学在以后的几十年里作为学术研究合法领域的地位，因此，地缘政治知识的运用，无论是与资源、权力和外交相关的，还是与军事战略有关的，都曾遭到人们的鄙视和冷遇，地缘政治学方面的论著也一度灰封尘锁，备受冷落。

众所周知，地缘政治学的"伪科学性"在于其法西斯主义的特殊内涵。地缘政治学与卡尔·豪斯霍弗尔在慕尼黑创办的地缘政治学研究所联系在一起，而希特勒德国利用了"生存空间"等概念和豪斯霍弗尔的德国地缘政治学流派的思想为其扩张政策服务，所以，美国及其他西方国家的许多人都武断地下结论认为，"地理学与政治学的任何结合都将导致战争和征服"②。原苏联及我国的学者则在较长一段时间里将地缘政治学斥为"资产阶级的伪科学"，学术研究领域根本没有它的立足之地，即便是目前，学术界也仍然心有余悸，在翻译和研究工作中措辞谨慎。

然而，我们不难发现，第二次世界大战后的一段时间里，虽然各国在学术研究和官方文件中冷落了地缘政治学，但这并不意味着关于军事、战略或其他领域中地缘政治学观点的终结：一方面，它仍然是政治地理学家们研究的一个极为有用的领域，政治学者和地理学者互踢皮球的现象只不过是一时的情势；另一方面，各国的外交家、政治家和政府官员从来都没有因为地缘政治学的声名狼藉而放弃使用地缘政治学的分析方法。战后以来有哪个大国的全球政治分析、国家战略的制定、外交政策的调整没有考虑到地缘政治因素呢？可以说，否认地理因素与人文因素之间恒久的联系是不可能的。我们虽然对地理环境决定论的极端认识并不赞成，但谁都不会否认地理因素对国际关系的影响力。

---

① 参见国玉奇、[俄] 丘德诺夫：《地缘政治学与世界秩序》，15～18页，重庆，重庆出版社，2007。

② *International Encyclopedia of the Social Sciences* (5-6), The Macmillan Company, New York, 1986, p. 121.

因此，地缘政治学本身在我国不存在所谓要“正名”的问题。随着地缘政治学在欧美国家的复活，这一词汇从20世纪80年代开始重新进入各国官方的词典。20世纪90年代以来，我国的国际关系学、军事战略学、人文地理学等领域的研究者越来越多地涉足地缘政治学领域，相关著述也层出不穷。地缘政治学一词不仅是学界的时髦用语，而且也成了政治家们、外交家们，乃至跨国经营的管理者和一般民众的口头禅。

毋庸置疑，中国的大国地缘战略地位、特殊利益实现需求、独特的思维理念、越来越热的理论研究取向等因素，已将建构中国特色地缘政治学理论的问题摆在了决策者和研究者的面前。“创造出更多体现时代精神、符合人民要求的具有中国特色、中国风格、中国气派的文化成果”① 是新时期党和国家领导人对哲学社会科学工作者提出的总体要求。这对于我们推动创建中国特色的地缘政治学理论同样具有重要的指导意义。关于“中国特色”的问题，相关学科的学者也早已有了一些共识，认为“它是任何理论内在规律性的要求”②。简要而言，中国特色是指国家特色、地区特色、学派特色和学者特色，具有中国的独特规律，符合中国的国情，带有中国文化的独特追求和鲜明个性，是继承和借鉴基础上的创新。由此构建的理论体系必将为人类的政治文明的发展作出特有的贡献。

一、马克思主义的科学理论是创建中国特色地缘政治学理论的指导思想

一方面，马克思主义科学理论中本身就包含着丰富的地缘政治学内容，如马克思恩格斯的自然观、世界交往理论、对沙皇俄国的解剖、对英俄关系的分析、对欧洲传统均势的分析、对欧洲革命与中国革命相互联系的分析、对民族殖民地问题的论述、对全球化的论述等，列宁的帝国主义论、和平共处理论等；另一方面，马克思主义提供的科学的世界观和方法论，尤其是唯物历史观和唯物辩证法是地缘政治学研究方法的哲学基础，具有普遍的指导意义。我们既要系统研究和领悟马克思主义世界观和方法论的精髓，又要总结马克思主义科学理论中的地缘政治学说，并结合中国的实际加以继承和发展，只有这样，才能不断完善和发展以马克思主义为指导的中国特色的地缘政治学理论。同时，我们还必须认识到，马克思主义中国化的理论成果中就已经包含了丰富的地缘政治学，如毛泽东的革命根据地的思想、地理是构成国家力量的基础的思想、中间地带理论、三个世界划分的思想等，邓小平关于世界两大主题的理论、不结盟理论、以和平方式解决国际争端的理论、“一国两制”的构想等，新时期的新安全观、推动构建和谐世界的地缘战略思维等。

二、中华民族丰厚的文化底蕴是创建中国特色地缘政治学理论的文化渊源

文化是民族的灵魂，是哺育和传承民族生命力的载体，是民族生存和发展的精神支柱。任何理论的创新都必然以自身的文化为载体，都必须确立民族文化的主体地位。中华民族具有五千多年的文明发展史，积淀了丰厚的文化底蕴，有着与其他国家完全不同的悠

① 胡锦涛：《创造中国特色中国风格中国气派的文化成果》，载新华网，2003-08-13。

② 梁守德：《关于中国外交学的中国特色的探讨》，载《外交学院学报》，1993（4）；梁守德：《论国际政治学的中国特色》，载《国际政治研究》，1994（1）。

久历史和传统，这就决定了我们必须从本国历史和现实国情出发，研究和制定符合本国利益的战略和策略。基于中国传统文化建构的地缘政治学才是我们自己的文化产品，才能够反映我们特有的战略安全需求，才真正构成国家“软实力”的一部分。

三、西方的地缘政治学说是创建中国特色地缘政治学理论必要的理论借鉴

创建中国特色的地缘政治学理论要防止极端倾向，既不能完全“舶来”，局限于译介，也不能盲目排外，沉迷于“新”。学习和借鉴西方的地缘政治学理论成果，是我们理论创新的强有力的支撑之一。我们不能希冀以全新的概念、全新的内涵、全新的结论、全新的原理和全新的框架建构出新的地缘政治学理论体系，而完全可以借鉴西方地缘政治学中相对成熟的框架，以及合理有用的话语、内涵和基本原理。在一定程度上，西方地缘政治学者的研究反映着地缘政治学领域最前沿的成果，不乏精辟的论述和闪光观点，其中许多理论在方法论上和马克思主义理论还有相通或相似之处，为我们创造自己的理论成果提供了有益示范。因此，开展对西方地缘政治学的研究、批判和借鉴，对我们丰富和发展中国特色的地缘政治学理论具有重要参考价值。

四、意识形态和国家利益是创建中国特色地缘政治学理论的核心话语

国家的交往理念和战略决策，反映着国家和民族的意志及其独特利益追求，理所当然地属于意识形态；学者们的理论及其观点也必然要为国家的利益服务。地缘政治学在西方的形成、滥觞、复活等境况，无不体现着各国的特殊国家利益需求。同样，中国特色的地缘政治学理论也应该属于国家的意识形态，也要为中国的国家利益服务。当然，这并非意味着我们单纯强调地缘政治学的政治意识形态色彩，也不是要将之“意识形态化”。同时，注重国家利益也并非是遵循西方现实主义政治的逻辑。社会主义中国始终高举和平、发展、合作的大旗，坚持独立自主的和平外交政策，反对各种形式的霸权主义和强权政治，主张建立和平、稳定、公正、合理的国际新秩序，倡导互信、互利、平等、协作的新安全观，坚定不移地走和平发展道路，致力于建设一个持久和平、共同繁荣的和谐世界。中国的发展是和平的发展、开放的发展、合作的发展，我们所言的和平发展道路就是既争取和平的国际环境来发展自己，又通过自己的发展来促进世界的和平。

五、中国特有的地缘战略地位是创建中国特色地缘政治学理论的现实基础

中国是一个大国，一个即将在21世纪实现伟大复兴的大国，一个负责任的大国，一个在国际上起建设性作用的大国。它占据着特殊的地理位置，具有独特的地理特点和历史传统，因而也和其他大国一样，拥有特殊的利益、特殊的地缘心理和地缘政治观。如何把中国自身的利益与世界的和平、稳定、发展结合起来，需要中国的理论创建与贡献。

六、中国目前在这一领域的研究缺憾是创建中国地缘政治学理论的学科诉求

尽管中国的地缘政治学研究在近些年态势良好，从不同角度所进行的研究和讨论都极具价值，但各相关学科之间，特别是人文地理学、政治学、历史学、国际关系学、军事战

略学等核心学科之间缺乏融合、借鉴、沟通和批评，因此，这门交叉学科的自然需求未能得到满足。

需要说明的是，我们无意也无力勾画出中国特色地缘政治学理论的总体轮廓，更愿意只是提出这一问题，抛砖引玉，引发更多更深入的思考和激发理论创新的热情。因为很多问题我们还没弄清楚，如中国特色地缘政治学理论的话语体系、层次结构，研究的主要内容等，这些工作的完成要靠许多人长期的艰苦努力。

第一章

地缘政治学的源起及主要流派

重点问题

- 中西早期学者的地缘政治观
- 地缘政治学流派的发展
- 德国地缘政治学的兴起和发展
- 德国地缘政治学的理论核心

第一节　古人与近人的视野

一、西方早期学者的论述

恩格斯指出："在希腊哲学的多种多样的形式中，差不多可以找到以后各种观点的胚胎、萌芽"①。不少对地理学思想的发展作出过重大贡献的古希腊及其他国家的学者就曾论述了气候条件、地理环境对人类自身的影响，及其与民族差异性之间的联系。被誉为"历史学之父"的古希腊伟大学者希罗多德②在《历史》一书中用了第二卷的全部篇幅叙述了他到埃及旅行时的地理考察经历，并"第一个系统地论述了历史时期中存在的人与地理环境的关系"③。"他被推崇为一个极古老的思想的创始人，即全部历史都必须用地理观点来研究。把地理概念看做是'历史的仆从'，确实就是希罗多德首创的想法。地理提供了自然背景和舞台场景，历史事实只有和它联系在一起才具有意义"④。古希腊医生希波克拉底被后世称为医学之父。他的理论对亚里士多德创立自然地理学产生了重大影响。他

---

① 《马克思恩格斯全集》，中文1版，第20卷，386页，北京，人民出版社，1971。

② 希罗多德之所以被称为历史学者，主要是因为历史学者通常被认为比地理学者常见的缘故，其实他的著作中极大部分显然是属于地理方面的。

③ 《简明不列颠百科全书》，第8卷，465页，北京，中国大百科全书出版社，1985。

④ ［美］普雷斯顿·詹姆斯：《地理学思想史》，李旭旦译，25～26页，北京，商务印书馆，1982。

在《大气、水和环境的影响》中指出：气候对人种和民族的差异产生了决定性的影响。“在多山多石而雨量充足的高山区，气候季节的变化很大，这里的居民易于有巨大的身躯，生来适于勇敢和坚忍……在布满潮湿草原的闷热的洼地区，居民习惯于热风而不习惯于寒风，习惯于饮温水，因此他们的身体既不巨大又不瘦长，而是很结实，多肉而且黑发，面容黧黑而不白，在生理组织上多胆汁质而少黏液质。在他们天赋的性格里，勇敢和坚忍的成分不一，但由于其组织特征，也可以产生出来……在起伏多风而雨量充分的高原区的居民，一定是身材粗大而彼此都很类似，在性格上有些懦弱而驯良……你会发现人的身体和性格大部分都随着自然环境的不同而有所不同。”①

两个伟大的希腊哲学家柏拉图和亚里士多德对地理思想的发展作出了重要贡献。柏拉图提出了海洋决定论，认为海洋使国民的思想中充满了商人的气质，以及不可靠的、虚伪的性格，这就使得不仅在他们的市民之间，而且在他们与别人交往时变得不可信和敌对。而亚里士多德则坚信：建立理论的最好方法是观察事实，而证实一个理论的最好方法则是用观察到的事实去作对证。他在地理学方面所取得的成就被誉为代表了希腊人地理思想的一个时代。他提出了气候决定论，指出地球的各种可居住性和不同的纬度的气候有关，并推测靠近赤道的那部分地区即热带，靠近两极的那部分地区即寒带，是不适合于居住的，只有处于这两带之间的温带地区才能成为地球上的居住区。他认为，在这片居住带中，居住在寒冷地带和欧洲的民族虽然具有大无畏的精神，但是缺乏智慧和技术，因此他们虽然保持着相对的独立，但没有政治组织能力，不能统治其他民族；亚洲民族虽然十分聪明，但缺乏勇敢的精神，因此他们永远处于从属和被奴役的地位；但是居住在上述两个民族之间的希腊民族，性格具有两者的共同优点，既具有勇敢的精神，也有智慧，因此至今它是独立的，并且最能够统治其他民族，如果它能够形成一个国家，就能够统治世界。

在古代，希腊人和埃及人是以水源、气候、陆地为基础来划分政治区域的，只不过当初的地缘政治观点在地理环境的范围和性质上都是极具局限性的。亚伯兰和罗特同意瓜分迦南地区的划分基础是水源。罗特选择了水源充足的约旦河谷，其自然条件与尼罗河谷极其相似；亚伯兰选择了多草的迦南丘陵地区。这种划分在当初很有代表性。尼罗河谷、约旦河谷绿洲和美索不达米亚河谷都属天然的地理单位，对它们进行统一控制是地缘政治的主要目的；而其邻近的沙漠和丘陵地带既是抵御侵略的屏障，也是好战的侵略者的发源地。

公元前6世纪的赫卡泰奥斯基于气候因素，在他的地图上将世界分为两个部分：北方寒冷地区的欧洲部分（含西伯利亚）和南方温暖地区的亚非部分。亚非地区因更适合于居住而成为世界的主要实力地区。一个世纪以后，帕米尼德斯则建议将世界分为五个温度区：一个热带、两个温带、两个寒带。不过，在他之后的亚里士多德声称：居于温带的希腊人在实力上居于优势的看法似乎超出了陆地联合的范畴。

以陆地为着眼点，对世界进行地缘政治划分的看法也很有代表性。柏拉图提出了“被遗忘的大陆”这个新概念，他在《共和国》一书中设想了一个理想的国度，这个国家是真正的实力中心，位于一个新的巨岛——阿特兰蒂斯，它强大得足以击退任何国家的侵略。

① ［英］汤因比：《历史研究》（上），曹未风等译，69页，上海，上海人民出版社，1986。

古希腊地理学家斯特拉波对世界的看法是以大陆为着眼点，以欧洲为中心的。他在其所著的共计17卷之巨的《地理学》一书中，用大量的篇幅捍卫了荷马的地理学识，但抛弃了希罗多德，赞同埃拉托色尼说明的亚里士多德的居住地带，并断言在赤道附近人类可能生活的限界止于北纬12°30′。他在描述政治区域的人文现象时，将全球分成以欧洲为中心的几个四边形地区，将其中有人居住的地面放到其中一个四边形中去。“这块地面看起来像是士兵的一件斗篷，位于一个平行四边形内，周围有水围绕。这种有人居住的地面由三部分组成，即欧洲、利比亚和亚洲，其形状依海湾形状的不同而不同”。他认为欧洲大陆是“最能提高人类智力和社会地位的地区”。这或许是西方最早划分全球战略地理区的思想。下面这些话充分反映了斯特拉波的地缘政治视野：“现在的地理学家除自己居住的陆地外不应再注意其他的什么地面，这块地面有一定边界。”“那些以无人居住的区域为界的国家……不能引起地理学家的兴趣”。“熟悉这些边远地区和居住在这里的民族，对实现任何政治目的都没有用处；尤其是一些岛国，它们的居民不能妨碍我们，也不能以通商使我们得益。”① 显然，斯特拉波和大多数早期学者一样忽视了世界存在多个实力中心的事实，因为有人居住和文明程度极高的地区不止一个。

在托勒密之后，古代地理学真正宣告结束，由希腊人所开拓的地理知识又重新闭塞起来。虽然在公元5世纪时，随着罗马帝国及其中央行政系统的分崩瓦解，希腊人的地理眼界极大扩展，“但是到了中世纪，地理眼界又重新闭塞起来……住在基督教欧洲的人们，很多人仅仅熟悉他们邻近的环境……只是在寺院的庇护下保留下了智力生活的一些闪烁的光焰”②（当然这也不是中世纪完全的图景）。在基督教欧洲流传的亚里士多德的地理思想是在12世纪从阿拉伯文翻译介绍过来的。此时把可居住性和纬度等同起来的理论在中世纪的著作中已深深地扎下了根。学者艾伯塔斯第一个援引了亚里士多德的理论，他在《地区的性质》一书中把占星术和环境决定论结合起来了。他比希腊人走得更远：认为居住在太靠近可居住的地球的边限地区的人，皮肤被晒成黑色。他还坚持认为，如果黑色人移居到温带纬度来，他们会慢慢变白。

这一时期的地图变成了纯粹的幻想，所谓**T-O**形地图逐渐盛行。“居住世界用一个四周环绕着海洋的圆来表示。图形侧面向着东方。在陆地的中间安排了一个**T**形的水体。**T**字的柄代表地中海。**T**字上顶的一端代表爱琴海和黑海，另一端代表尼罗河和红海。**T**字的水体所分隔的三部分——欧洲、亚洲和非洲，被公认是标准的分法。恰好位于**T**字中心的上方的，是居于世界中心的耶路撒冷。远向东去，在居住世界边限以外的是天堂。”③

早期穆斯林地理学家的观点来源于古希腊和罗马的地缘政治思想。第一个把注意力特别转向人与环境关系的学者伊本·卡尔敦在其《世界史》的长篇导言的开头讨论了人与自然环境的关系。他认为，人的特征与其文化与生活方式有关，不是和环境有关。令人奇怪的是，他接受了平行于赤道的七个气候带的传统说法，并重复了关于在赤道和极地有一个不可居住地带的想法。看来，这种朴素的环境决定论只是因为承认不同的文化传统而有些

① 美国陆军军事学院编：《军事战略》，中国军事科学院外国军事研究部译，141页，北京，军事科学出版社，1986。

② ［美］普雷斯顿·詹姆斯：《地理学思想史》，李旭旦译，49～50页。

③ 美国陆军军事学院编：《军事战略》，中国军事科学院外国军事研究部译，54页。

改进而已。

14至15世纪葡萄牙人绕非洲的航行，是打破基督教欧洲—穆斯林亚洲的大陆地缘政治观点的最早尝试。阿拉伯人阻断了欧洲人和亚洲人之间的直接往来，他们在欧洲和亚洲之间、欧洲和非洲之间撒下了大幕，控制着北非及亚洲西南的大片干燥地区。这种格局严重阻碍了欧洲人需要贵重金属和香料以及探险者们想发财的愿望。于是，欧洲探险者们尝试摆脱大陆思想的束缚，利用海洋来获取非洲及印度的财富。1415年，亨利王子统率的一支葡萄牙部队攻占了直布罗陀海峡南边的穆斯林据点——休达，这是欧洲民族国家首次在欧洲以外占领土地。从一定意义上讲，这种夺取海外关键领地的做法，不仅开创了欧洲海外殖民的新时代，而且预示着人类全球地缘政治观点的形成。

海外征服和探险为地理学提供了空前丰富的新资料，人们的地理视野随之迅速扩展。这不仅使地理学本身得到了极大发展，而且“还在自然环境对人类行为的影响方面产生了不少见解。当时的学术界虽然没有明确地分出不同的学科，可是，研究地球起源及其表面特征的学者显然和那些研究自然环境对人类影响的学者是不一样的。后者大都是历史学家或研究政治的”①。譬如，16世纪法国政治哲学家琼·博丁在他1566年的著作中接受了希腊气候带的概念，探索了行星对地球上居民的影响。他认为，受土星影响的人群过着宗教修心的生活，他们主要居于南方；而受火星影响的人好战，善于运用机械装置，他们主要居于北方；受木星影响的人则能在法律的统治下过着文明的生活方式，他们居于地球的中部。纳撒内尔·卡彭特在1625年发表的一本英文地理学著作中吸收了博丁的观点。自博丁和卡彭特之后的几个世纪里，学者们不断寻找气候影响人类特征与行为的例证。

18世纪内最有影响的作者之一是法国政治哲学家孟德斯鸠。他在《论法的精神》一书中有一个极其重要的论题，即有关气候对政治的影响。一位英国作者在一本小册子中写道，他在浏览了格劳秀斯、布尔拉马吉、普芬道夫的著述而一无所获之后，读了孟德斯鸠的《论法的精神》一书的前13章，也没有任何发现，但最终第十四章报偿了他的全部劳动。英国著名历史学家罗伯特·夏克尔顿在《孟德斯鸠评传》一书中指出：“《论法的精神》中所包含的任何学说，都不如第14章提出的关于气候对人类的影响的学说那样引人注目，那样令人称奇。”“比较严肃的作家和孟德斯鸠的一些学生，也把气候理论视为孟德斯鸠的精髓。”②

孟德斯鸠视万物为气候所致，气候是支配人类社会的一个主要因素。不过，这种观点在孟德斯鸠的早期著作中并无所见。直到访问意大利时，他才对气候的影响问题表现出真正的兴趣，他在旅途中极为注意空气及其对人类的影响，回到法国后，他把沿途的观察记录整理出来，同时又满腔热情地进行实验。他写道：“在寒冷的国家，人们对快乐的感受性是很低的；在温暖的国家，人们对快乐的感受性就多些；在炎热的国家，人们对快乐的感受是极端敏锐的。气候是用纬度加以区别的，所以我们多少也可以用人们感受性的程度加以区别。我曾经在英国和意大利观看一些歌剧，剧本相同，演员也相同，但是同样的音

---

① Preston E. James and Geoffrey J. Martin, *All Possible world*, *A History of Geographical Ideas*, second edition, John Wiley and Son, New York, 1981, p. 103.

② ［英］罗伯特·夏克尔顿：《孟德斯鸠评传》，刘明臣等译，371～372页，北京，中国社会科学出版社，1991。

乐在两个国家却产生了极不同的效果：一个国家的观众是冷冷淡淡的，一个国家的观众则非常激动，令人不可思议。"①

显然，孟德斯鸠有关气候的思想的发展过程是归纳性的，首先是研究罗马的空气这一具体问题，继而通过阅读、实验来扩充其观点，最终才形成关于气候影响的总体理论。

第一，"在北方国家，人们的体格健康魁伟，但是迟笨，他们对一切可以使精神焕发的东西都感到快乐……你将在北方气候之下看到邪恶少、品德多、极诚恳而坦白的人民"。但是，"当你走近南方国家的时候，你便将感到自己已完全离开了道德的边界；在那里，最强烈的情欲产生各种犯罪，每个人都企图占别人的一切便宜来放纵这些情欲"②。同时，勇气是北方民族的特点，甚至在同一国家内，也可见到显著差别。

第二，"器官的纤弱使东方的人民能从外界接受最为强烈的印象。身体上的懒惰自然地产生了精神上的懒惰。身体的懒惰使精神不能有任何行动，任何努力，任何斗争"③。同时，孟德斯鸠认为，亚洲几乎没有温带，而欧洲的温带则极其广阔。因此，"在亚洲，气质大不相同的种族互相毗连。好战的种族和软弱的种族相互为邻；这种情况使亚洲大陆作为一个整体，力量大为削弱，而战争和奴役则大为增加。在欧洲，种族之间较为平衡，这是欧洲能够强大的因素之一，也是自由受到鼓励的原因之一。在亚洲，由征服形成的地域辽阔的帝国，只能实行专制。而在欧洲的小国里，自由得以充分发展"④。

当然，孟德斯鸠也认为，尽管居民在寒冷的气候下比在炎热的气候下具有更为不同的特征⑤，但只要运用合理的法律，就可把气候的影响减至最小。"克里塞尔指出：细读孟德斯鸠的书，可知除气候一端外，他还认识到了其他因素的重要性。例如，宗教、政府的准则以及判例和习惯法等。在任何一个国家里，当这些因素具有强烈势力时，其他因素就相对减弱。因此，克里塞尔说孟德斯鸠是一个或然论者，而不是一个环境决定论者。"⑥

研究孟德斯鸠的专家罗伯特·夏克尔顿同样评介孟德斯鸠的气候学说："这一理论还不是严谨而系统的学说……但是，如果要想正确恰当地理解孟德斯鸠，就必须按当时的标准进行判断。17、18 世纪流行的气候理论，往往显得怪异……他力图通过实验方法揭示温度高低的效应，态度严肃认真。"⑦

18 世纪中叶另一个对地理思想有重大贡献的学者——德国哲学家康德同样也在他的思想中提到了人类及其活动与地球表面的关系。"康德看到了人及其活动与自然环境间的密切关系，并认识到了人类活动是地球表面一切变化的主要作用之一，但他在人文过程与自然过程之间没有加以区别"⑧。

随着地理学的进步，康德成为了一个"欧洲中心论者"。他认为，就事物的本质而言，

① ［法］孟德斯鸠：《论法的精神》（上），张雁深译，228～229 页，北京，商务印书馆，1982。

② 同上书，230、273 页。

③ 同上书，231 页。

④ 同上书，275、277 页。

⑤ 在最炎热的国度里，人们几乎不知勇气为何物，必须以别的刺激取而代之，即对惩罚的恐怖，因而，气候是造成奴役的原因之一，也很容易导致多妻制。

⑥ ［美］普雷斯顿·詹姆斯：《地理学思想史》，李旭旦译，128～129 页。

⑦ ［英］罗伯特·夏克尔顿：《孟德斯鸠评传》，刘明臣等译，384 页。

⑧ ［美］普雷斯顿·詹姆斯：《地理学思想史》，李旭旦译，138 页。

可以建立一个所谓“大一统的国际性国家”，而在世界格局中，由于欧洲各国相互征服的愿望太强，在这块土地上无法实现实力的均衡。同时，他又认为，由自由国家组成的和睦的欧洲联邦可以促成全球的和平。康德的这种地缘政治观点明显具有全球性，他所涉及的世界统一，也是其哲学中唯一承认的统一形式。

到18世纪末期，更多的学者力求寻找人与世界这一老问题的答案，托马斯·罗伯特·马尔萨斯即其中之一。他坚持认为，一个真正社会的建立，将永远受到人口的增长超过食物的增长这一趋向的阻挠。他在其著作《人口论》中指出，人口以几何级数增加，食物则以数学级数增加，而人口总是增加到其生存的极限，至此就被战争、灾荒和瘟疫所控制。最为重要的是，马尔萨斯提出了“生存竞争”这一概念，数十年后，查理·达尔文和阿尔弗勒德·拉塞尔·华莱士都独立地认识到，这是有机界自然选择过程的要旨。

19世纪，地理学发生了深刻革命，而这场变革首先产生于德国。德国地理学的两位大师——亚历山大·冯·洪堡和卡尔·李特尔被称为古典地理学的掘墓人和近代地理学的创始人。在他们之后，摆在这门引人注目的学科的新的耕耘者面前的最为重要的理论，可能是这样一个问题，即：外部自然条件，特别是地球表面形状以及陆地和海洋的分布、轮廓及其相互位置，对人类的社会生活与社会进步的影响有多大多深的问题。

黑格尔被称为是弘扬孟德斯鸠思想的最伟大的代表。他在他的《历史哲学》中也极为重视“历史的地理基础”的研究。在黑格尔那里，地理环境对人类历史造成的作用不是终极决定因素，但却是助成民族精神产生的那种自然的联系，是一种主要的而且必要的基础。他肯定气候与世界历史有关，“有好些自然的环境，必须永远被排斥在世界历史的运动之外”。“在寒带和热带上，找不到世界历史民族的地盘”。“历史的真正舞台所以便是温带，当然是北温带，因为地球在那儿形成了一个大陆”①。“美洲乃是明日的国土”，是未来时代世界历史的基础。非洲则“不属于世界历史的部分”。太阳从亚洲升起，所以世界历史也就从亚洲开始。

首先，黑格尔分析了对历史产生影响的三种类型的地理状况：（1）干燥的高地及广阔的草原和平原，它“闭关自守，不易到达”；（2）巨川大河流过的地方，是“文明的中心，而且还没有开发的独立性”；（3）和海相连的海岸地区，它“表现和维持世界的联系”②。由于各地居民所处环境不一样，他们分别从事不同的职业：畜牧业、农业和工商业。

其次，黑格尔认为，在具有不同地理条件的国家里，社会关系和政治制度也各不相同。历史的文明是从长江、黄河、印度河、恒河、幼发拉底河、尼罗河等大河流域开始的，这里农业居统治地位。

再次，黑格尔认为，居民的性格因地理条件而异。他说：“平凡的土地、平凡的平原流域把人类束缚在土壤上，把他卷入无穷的依赖性里边，但是大海却挟着人类超越了那些思想和行动的有限的圈子。”③

就黑格尔的环境理论而言，其中不乏深刻合理的因素，然而，有人认为：“我们绝不

① ［德］黑格尔：《历史哲学》，王造时译，124页，北京，三联书店，1956。

② 同上书，143～144页。

③ 同上书，134页。

能把他看做是一位地理环境决定论者……而是一位‘绝对精神’决定论者……对黑格尔来说，自然条件只不过是‘精神发展的基地’罢了。”① 而且，这位辩证法的大师的论述中“不乏唯心主义的胡说”②。

19 世纪末 20 世纪初，研究人—境关系的学者出现了明显的差别：一部分学者在前人研究成果的基础上继续深入探讨气候等环境因素对人类自身及文明的影响；还有一部分学者则不单是描述自然的地球对人类事务的影响，而是集中注意于人类本身。他们在研究和自然现象有关的人类社会时，把注意力放在人类社会的文化方面，在对国家的比较研究中系统地研究空间和位置的作用。这种研究是从德国地理学家弗里德里希·拉采尔开始的。

二、中国古代及近代的地缘政治观

我们在研究地缘政治观点的起源时发现，东西方两大文明古国——希腊和中国的一批思想家们的论述有惊人的相似性，那就是，他们都论述了地理环境对人类自身及其事务的影响，提出了“地理环境决定论”。而恰恰也是因为东西方地理环境的差异性导致了东西方“地理环境决定论”的内容不一样。地缘的差异产生的是两种不同的文化，西方是一种“海洋商业文化”，东方则是一种“大陆农业文化”。因此，古希腊学者所提出的是气候决定论、海洋决定论；古代中国的学者则偏重于土地（地形、土壤）决定论和水文决定论。

中国传统文化形成的一大特点就是强调天人感应学说，而这种学说的思想渊源又可以追溯到“天地相通”的远古概念。所谓“天地相通”，观射文（春秋时期楚昭王之大臣）说是指：“民神杂糅，不可方物，夫人作享，家为巫史。”（《国语·楚语下》）还有人解释为：“人之初，天下通，人上通；旦上天，夕上天，天与人，旦有语，夕有语。”（龚自珍：《定庵续集·壬癸之际胎观》）这些解释说明，在中国早期的思想家们看来，人类原本是自然的一部分。

春秋战国时期，中国有各种学说，百家争鸣，除法家极少言及人与自然的关系外，其他学说大都论述了这一点。也正是从这一时期开始，东西方截然不同的人地观逐步形成。“中国哲学家们对自然界的态度，和希腊人所持有的态度基本上不同。对中国人来说，个人和自然是分不开的——他是自然的一部分。不存在一个制定法则的神，不存在按照事先想好的方案创造了为人类利用的宇宙的神。在中国，人死了以后不是进入一个新的天堂去生活，或是在地狱里受罪，而是一个人希望被同化到他自身是其不可分割的一部分的茫茫宇宙中去。”③ 被希腊地理学者推崇为地理学祖师的荷马其史诗与中国西周时期史诗的主要不同点在于，它所表现出的是人与自然的对立，人向命运的抗争。他在第二部史诗《奥德赛》中记述了当时已知的世界边远地区的地理概况，叙述了奥德赛在特洛伊城陷落以后回到家乡伊塔卡的艰辛历程：他历经千辛万苦，最终战胜了自然界和神妖。而中国《诗经》之中的诗歌，“往往歌颂上天‘诞降嘉种，维秬维秠，维穈维芑’，表现出对自然环境的欢愉之情，从而表现了人与自然的相安和对命运的满足”④。产生这种心态的主要

① 侯鸿勋：《论黑格尔的历史哲学》，69 页，上海，上海人民出版社，1982。

② 周义澄：《自然理论与现时代》，180 页，上海，上海人民出版社，1988。

③ ［美］普雷斯顿·詹姆斯：《地理学思想史》，李旭旦译，69 页。

④ 赵世瑜、周尚意：《中国文化地理概说》，24 页，太原，山西教育出版社，1991。

原因在于，中国的地理位置一开始所滋生的便是一种自给自足的农业经济模式，这相对于西方和游牧民族而言表现出了明显的原始地缘优势，人们在风调雨顺的环境中生存，他们不需要对周围的民族和地区产生太多的兴趣或惧怕，更谈不上为生存进行艰苦的迁徙。因此，他们的地理眼界也是十分有限的，地缘政治观点也显得比西方狭隘，乃至于到了近代，中国的大多数公民仍闭锁于中央之国的狭隘空间中，认为世界仍是“普天之下，莫非王土；率土之滨，莫非王臣”的时代。当然，也有人认为晚周时期中国就已出现了世界性的视野。他们认为，战国时期邹衍著名的“大九州说”中所言的“儒者所谓中国者，于天下乃八十一分居其一分耳”，就是认为，在中国这个赤县神州之外，还有像这样的九洲：“于是有裨海环之，人民禽兽莫能相通者，如一区中者，乃为一州。如此者九，乃有大瀛海环其外，天地之际焉。”（《史记·孟子荀卿列传》）

同西方的地缘政治观点不同的另一个方面是，春秋战国时期的割据分裂局面，使中国早期的学者们在分析地理环境对国家事务的影响时，一开始就与有关国家纷争的军事战略紧紧联系在一起。虽然古代中国的兵学家和外交家还谈不上已形成系统的、完整的关于国家关系的空间和位置影响的地理分析模式，“但在其丰富的战略决策和实践活动中，已初步地具有了从战略角度进行方向选择、位置确定和地域分析等战略地理的思想和实践活动”①。就这一点而言，中国要比西方早得多。

春秋末期的《孙子兵法》被誉为是一部研究战争的最早的军事名著。利德尔·哈特在《孙子兵法》英译本前言中提道：“这本著作堪称兵法之精华。在过去的所有军事思想家中，唯有克劳塞维茨可以与孙子相提并论。然而，克劳塞维茨不仅著书立说的时间上比孙子晚二千余年，而且在观点上也比孙子落后，而且有些观点已经过时。相比之下，孙子看问题更加敏锐，更加深刻，他的学说具有不朽的生命力。”同时，它也是世界上最早涉及战略地理问题的理论著作，书中的《九变》、《行军》、《地形》和《九地》四篇专门阐述了地理环境与战争的关系，而且还提出了国家基于此的某些战略分析。

孙子在其著作中的地理分析方法在于，他根据地区在战略上因位置和条件不同而对作战将发生不同的影响，提出了九种地理位置：“散地”、“轻地”、“争地”、“交地”、“衢地”、“重地”、“圮地”、“围地”、“死地”；六种地域形状：“通”、“挂”、“支”、“隘”、“险”、“远”。在此基础上，他论述了关于战争的基本原理和原则。孙子所提出的这些普遍原则不仅适用于局部的战争和冲突，同时也为权力争夺者们制定全局的战略提供了依据。这种地理分析方法相对于西方 19 世纪末至 20 世纪初的地缘政治学者所提出的“海权”论、“陆权”论和“空权”论而言，充分体现了中国早期思想家的远见卓识。

一般说来，先秦时期是我国系统的人地关系思想的产生时期，我国的早期地理学著作也创立于这一时期，后世各种人地关系思想的胚胎大都可以上溯到该时期。这些思想主要反映在这一时期的《禹贡》、《管子》、《五藏山经》等著作中。

《禹贡》是中国及世界最早的区域人文地理著作，它假托了“大禹治水”的传说。概括起来，《禹贡》所包含的地缘政治观点主要有下列几个方面：

（1）积极的人地相关论。“大禹治水”的故事体现出的三种理论依据之一便是人地相

① 陈力：《战略地理论》，59 页，北京，解放军出版社，1990。

关论。它承认自然环境对人类的生存有极大的影响力。“大禹治水”就是要战胜人们赖以生存的险恶环境，这是一种积极的人地相关理论。我们在前面就已经讨论过关于东西方文化之间的差异所导致的东西方人—境关系理论的差别，从《禹贡》所反映出的这些观点来看，东方对其传统文化赖以形成的地理环境的适应和克服过程要比西方短得多，因此，在《禹贡》中反映出的另一个理论依据便自然是“人定胜天”的观点。

（2）九州区域研究模式。关于九州的区划，国内学术界存在一些争论，有学者认为：“最早的九州不是行政的区划，地理学家历来的最大错误恰恰是没有认识到这一点……九州的区域研究模式是一种分区整治国土、开发国土的系统研究模式。”① 从国家繁荣强盛的地理基础看，《禹贡》的作者已经认识到了主要河流的巨大潜力和必然趋势，并表现出了他的政治抱负。最为重要的是，“《禹贡》里面提出了一些系统的地理观念，构成了中国区域地理最古老的一个典型。在国际间它也是一篇极古老的区域地理作品的先驱”②。实质上，“九州学说”在理论上，甚至可以看到19世纪地理学大师李特尔所揭示的地理单元是有机统一体学说的朦胧思想。

（3）提出了圈层地域结构模式——“五服”说。“五服”中有两种方形圈层地域结构模式，“其一是500里为等距的五服方形圈层国土开发推进模式；其二是甸服以100里为等距的方形圈层农业区位模式”③。甸、侯、绥、要、荒五服模式是中国早期最优化的国家政治体制地域结构模式，它实质上是一种以都城为中心的圈层农业经济区位发展模式，强调以该模式为基础，建立一个以华夏民族为主导和核心，包括周边各少数民族的多民族统一体。中国政治发展的一种自然基础就是占据地理条件优越的有利于农业生产的平原地区，这是它政治安定、军事强大、经济繁荣、文化发达的必要前提。因此，中国早期的政治家们也自然而然地循着这个方向设计自己的政治抱负，统治者们也多次进行规模宏大的迁都活动，先是东迁，长安—洛阳—开封；以后南迁，开封—南京—杭州；最后北上，南京—北京。就这一点而言，东西方文化差异所导致的截然不同的地缘政治观点的内容昭然若揭。西方学者认为，海洋、偏远的无人居住的沙漠、原始森林、沼泽等才是国家权力的关键，也是国家间争夺的地理枢纽。当然，这种比较也许有些牵强附会，因为不同时代的人们的地理眼界迥然不同，地理学科本身的发展也大不一样。我们这里所言是撇开这一点来讨论的，实际上，即使是以后地理眼界大大扩展了，地理学的发展也取得了长足进步后，中国的学者们在一定程度上仍未跳出这种文化背景的窠臼。

中国古代偏重土地决定论和水文决定论的特点在《管子》一书中较系统地反映了出来。这部内容庞杂的管子学派著作比较注重实际运用，也谈到了天、地、人的作用。它记载：“天以时为权，地以财为权，人以力为权，君以令为权”（《管子·山权数》）；还说：“地者，万物之本原，诸生之根菀也，美恶、贤不肖、愚俊之所生也……是故具者何也？水是也。万物莫不以生，唯知其托者能为之正。具者，水是也。故曰：水者何也？万物之本原也，诸生之宗室也，美恶、贤不肖、愚俊之所产也。”（《管子·水地篇》）

① 刘盛佳：《〈禹贡〉——世界上最早的区域人文地理学著作》，载《地理学报》，1990（4）。

② 王成祖：《中国地理学史：先秦至明代》，6页，北京，商务印书馆，1988。

③ 刘盛佳：《〈禹贡〉——世界上最早的区域人文地理学著作》，载《地理学报》，1990（4）。

此外，先秦古籍中的这类论述还很多，如《礼记》中记载："广谷大川异制，民生其间者异俗"（《礼记·王制》）。《大戴礼记》中记载："是故坚土之人肥，虚土之人大，沙土之人细，息土之人美，耗土之人丑。"（《大戴礼记·易本命》）《周礼》中谈到山林地区"其民毛而方"；川泽地区"其民黑而津"；丘陵地区"其民专而长"；坟衍地区"其民晳而瘠"；原湿地区"其民丰肉而庳"（《周礼·地宫司徒第二》）。其中水文决定论、土壤决定论和地形决定论的色彩相当明显。

随着人们对自然过程的理解和认识的加深，这一时期我国的自然保护观念逐步形成。先秦时代，保护生态环境的思想是建立在对人在天、地生态系统中的地位与作用及对生态环境结构的认识的基础上，也是在接受了大自然的惩罚教训后产生的。我国各类古籍及上述记载有地理环境决定论的各类著作中都有保护山林川泽、以时禁发、保护生物资源的记载和论述。可见，我国早期的哲学家、政治家们在论述富国强兵之道时十分注重地理的经济和政治意义，表现出了一定的生态学思想基础。尤其重要的是，产生于中国的传统哲学认为，国家的政治、经济文化中心应建立在稳定可靠的地方，这里应土地肥沃、靠着山地、左右有湖泊河流，这样普天下的人们才都可以受到它的德惠，这个国家才能强大；同时，应对本国的资源进行保护和合理开发。

秦朝的建立开创了中国两千多年封建专制一统天下的局面，"在这个时期，欧洲、亚洲其他地方的文明中心和政治版图都几经变化，唯中国文明一如既往地稳步向前，在相当长的时间内向世界各地四射光芒"①，作为中国传统文化一部分的人地观也相应得到了发展。两汉时期的思想界天人感应观的色彩十分浓厚，然而以王充为代表的朴素唯物论者却积极主张破除天人感应观，他的反天人感应理论几乎处处都反对董仲舒的天人感应理论。其中，焦点之一在于王充反对天有意志，指出"天道自然，吉凶偶会"（《论衡·商虫篇》）；焦点之二是王充对"天人同形"予以批驳，主张"天人异体"，他的结论是："夫人不能以行感天，天亦不随行而应人。"（《论衡·明雩篇》）在王充那里，天人感应理论被彻底否定，"但是，王充并没有能够正确地理解天与人的关系，在卓越地批判天人感应的同时，他又深深地陷入了天命决定论"②。

从魏晋南北朝到隋唐，由于玄学佛道流行，唯心主义的天人观居多，"唯有刘禹锡既反对视天为主宰，又反对忽视贬低自然的作用"。"只可惜，刘禹锡这样既唯物又辩证的天人观在五百年里还是凤毛麟角"③。刘禹锡提出了"理"、"数"、"势"三个范畴，认为它们是任何事物的作用基础，根本不存在所谓的"天命"。

宋代是道学或理学一统天下的时期，由于天人感应说已确立为不可动摇的统治哲学，我国古代的哲学研究方向和重点发生了转移。程、朱理学对天命和人力的关系问题所作的进一步的探讨包括这样几层含义：一是富贵、贫贱乃由命运所致，而其最初根源又在于人初生时禀受了不同的"气"；二是虽承认天命却又"罕言命"，不主张宿命论，万不得已时所言的"命"也多半在"性"的意义上讲。

① 赵世瑜、周尚意：《中国文化地理概说》，28页。
② 冯禹：《天与人——中国历史上的天人关系》，93页，重庆，重庆出版社，1990。
③ 赵世瑜、周尚意：《中国文化地理概说》，29～30页。

到了明清时期，由于当时中国的社会及历史背景发生变化，越来越多的学者倾向于唯物辩证的天人观，这一点集中反映在深入探讨天命与人力的关系过程中的一种新理论——"造命"说的出现。明代泰州学派的代表人物王艮在儒家学说的基础上提出了"大人造命"说，突出强调了圣人君子通过奋斗改变命运的论点。明末清初的王夫之则更进一步，提出了更为系统的"造命"说。实质上，王夫之已涉及了人力与自然规律之间的关系，认为命是靠每一个人自身去创造的，人的活动是前提。此后，实学派思想家颜元、近代思想家魏源等都主张"造命"。

总的看来，在中国几千年的封建社会中，由于思辨哲学的不发达、地理眼界的相对狭隘和自然科学的落后，其传统文化中的人地观发展缓慢，加之统治阶级把"天人合一"的思想加以利用，并改造成了一种具有神秘色彩的统治术，因此，从一定意义上讲，人地观的发展处于某种停滞状态。

到了19世纪末20世纪初，对于中国思想界来讲，可谓正是西学东渐之时，在涌入中国的西方新学中，孟德斯鸠的地理环境决定论虽稍逊于达尔文的进化论，却也在中国不断传播，得到了梁启超等人的大力倡导和响应。孟德斯鸠的地理环境决定论思想是随着严复的《孟德斯鸠法意》（即《论法的精神》）一书的译成而传播开来的。严复在他的译著中对孟德斯鸠的论述作了详细评论，特别是对孟德斯鸠夸大地理环境作用的文字几乎是逐条加以批评和驳斥。如：孟德斯鸠认为地理环境决定国民自由程度，严复则认为"于古代治浅之世有然，至于今日大异"；孟德斯鸠认为地理环境决定国家强弱，严复则认为国家和种族强弱取决于"天时"、"地利"和"人和"三个因素，研究者"不宜置而漏之"；孟德斯鸠认为地理环境决定民质优劣，严复认为这是一概而论，未可尽信，"于欧洲诚然，亚不如是"；至于孟德斯鸠言及地理环境决定文艺和宗教，严复则严厉驳斥他对宗教的论述纯属无知妄言，"以此攻佛，可谓不知而作者矣。佛道修行之辛苦，其所以期其徒之强立者，他教殆无与比伦也"[①]。显然，严复译介孟德斯鸠的著作的本意并不是在中国传播地理环境决定论，更多的是倾心于英国式的君主立宪制度，借以表达他对中国封建专制的强烈不满。因此，孟德斯鸠阐扬英国立宪政治的关键文字屡为严复所赞叹。

"将孟德斯鸠有关地理环境的论述系统而全面地接引到中国来的则是梁启超。"[②] 梁启超从1902年开始在《新民丛报》上连续发表系列论文：《地理与文明之关系》、《亚洲地理大势论》、《中国地理大势论》、《欧洲地理大势论》等，集中运用孟德斯鸠的环境理论解释中外古今有关的社会历史现象，在《新民说》（1902）、《论中国学术思想变迁之大势》（1902）、《地理及年代》（1922）、《近代学风之地理的分布》（1924）等论文中也宣传了这些观点，并始终把这种学说作为剖解社会历史的主要工具。概括起来，梁启超对地理环境决定论的移植包括下列几个方面：

（1）文明的产生与发展取决于地势和地气。[③] 他认为："高原之特质，最适于畜牧，牧民逐水草而居"，"故文明无可言"；"平原之地多河流，有河流则土地丰饶，宜于农业发

① ［法］孟德斯鸠：《孟德斯鸠法意》，严复译，313页，北京，商务印书馆，1981。

② 《东西方文化研究（创刊号）》，156页，郑州，河南人民出版社，1986。

③ 梁启超所理解的"地势"包括高原、平原、海滨等地形及位置和地质条件，"地气"包括寒带、温带和热带等不同的气候条件。

展”，所以“文明灿然”①。他借用了两组对比来说明这个问题。第一组为北半球亚、欧、北美三洲与南半球澳、非、南美洲三洲相比。在这一组中，北半球三洲之文明远胜于南半球各洲，究其原因主要在于地势，北半球“多港湾、多内海、多半岛、多附属之岛屿，其地面之复杂，亦与相应，有山脉，有高原，有平地，有河流”。而“南三陆则不然，其地势甚单纯，湾港内海半岛岛屿极少，且位置各远隔，交通不便”。“又北陆皆位于温带，南陆皆位于热带”。第二组为欧亚两洲相比。亚洲为“高原、平原交错之地”，而欧洲为“高原、平原、海滨三者调和适均之地”。他认为亚洲面积将近有欧洲的五倍，而欧洲海岸线为“五洲之冠”。他认为：“此其于文明程度，有大关系焉。”同时，梁启超还认为：“文明之初发生，必在得天独厚之地……埃及、印度、中国、巴比伦诸地，其所以能为文明古国者，非徒地势使然，亦地气使然也。”“古代初民，天有资本，必其地之天然力极丰饶，常足偿其劳力而有余者，然后文明生焉。”

（2）地理环境决定政俗。梁启超同样进行了两个方面的比较。他首先将欧亚两洲相比。亚洲虽与欧洲地理相似，但由于幅员太大，“东西南北各自成一小天地”，“文明之竞争不起焉”。亚洲“地理不便，故无交通，无交通故无竞争，无竞争故无进步。亚洲所以弱于欧洲，其大原在是”。而欧洲“各地之联络交通易……诸种国民，角起相争”，它虽不能创造文明，却善于发扬光大其他文明。其次，梁启超将中国历代南北政权相比。由于南北地理环境相异，建立在黄河流域的政权规模宏大，气魄磅礴，相反，建立在长江流域的政权则规模绮丽，气魄文弱。

（3）地理环境决定民质。他认为：“夫酷热之时，使人精神昏沉，欲与天然力相争而不可得；严寒之时，使人精神憔悴，与天然力相抵太剧……热带之人得衣食太易，而不思进取；寒带之人得衣食太难，而不能进取。惟居温带者，有四时之变迁，有寒暑之代谢，苟非劳力，则不足以自给，苟能劳力，亦必得其报酬。此文明之国民，所以起于北半球之大原也。”依地理环境而言，人类可分为海洋民族和大陆民族，梁启超认为这一点与民质相关极深，“海也者，能发人进取之雄心者也。陆居者以怀土之故，而种种之系累生焉……彼航海者，其所求固在利也，然求之之始，却不可不先置利害于度外，以性命财产为孤注，冒万险之一掷之。故久居海上者，能使其精神日以勇猛，日以高尚。此古来濒海之民，所以比于陆居者活气较胜，进取较锐”②。

（4）地理环境决定风俗习惯、学术思想、宗教信仰和文学艺术。他指出，民俗因地势各异，古希腊因地势分山谷之民、平原之民和海滨之民“三俗”，印度因河流分印度河之民、布拉马河之民、恒河之民“三俗”。在中国则可见，黄河以北之民“好气任侠”，江汉之民“俗习于巧黠，好小乱而无远志”，江浙之民则“其俗文而少气，知者多而行者寡”。在梁启超看来，中国先秦诸子学说之所以不同，与他们相处的地域有关，在他们的学说中所反映出的“或重实行，或毗理想，或主峻刻，或崇虚无”的现象“与地理一一相应”；宋明理学各家有别，也与地理有关；历代经学也有南北之流别。至于宗教信仰，他认为，由于地理环境差异，世界各地所信奉的宗教不一样，欧洲南北及中部各民族因居住地寒暖

① 参见梁启超：《地理与文明之关系》，见《饮冰室文集·地理》（下），上海，上海广智书局，1909。

② 以上均参见梁启超：《地理与文明之关系》，见《饮冰室文集·地理》（下）。

相异，分别信奉天主教、希腊正教和耶稣新教，亚洲的西伯利亚人信奉沙玛尼教、中国人信奉佛教、印度人信奉婆罗门教、阿拉伯人信奉伊斯兰教，都因地理环境而定。同时，梁启超还指出，诗赋文章，南北各为家数，北人优为长江大河一泻千里之散文，南人擅长镂日刻月善移我情之骈文；北以碑著，南以帖名；北画擅工笔，南画擅写意；北乐悲壮，南乐靡曼。①

总之，凡孟德斯鸠所论之处，梁启超都极力宣传，他成为孟德斯鸠学说在中国的主要代表。同时，在梁启超的倡导下，又有不少文人墨客站出来响应，章太炎、李步青、刘师培、李大钊等是其中的代表。如李大钊在他的研究工作中将世界文化区分为东洋的与西洋的，“东洋文明主静，西洋文明主动”。继而他又将人类文明区分为“南道文明”——主要指中国、日本、印度、埃及、波斯等和“北道文明”——主要指欧洲各国以及蒙古、中国东北。南道文明得太阳的恩惠多、受自然的恩赐厚，因此，“其文明为与自然和解、与同类和解之文明”；反之，北道文明因得自然恩赐薄，“其文明为与自然奋斗、与同类奋斗之文明”②。很明显，李大钊是用地理环境的差异来解释东西方文化的差异。

第二节　地缘政治学的滥觞

一、弗里德里希·拉采尔的贡献

弗里德里希·拉采尔一生著述繁多，共计 25 部著作和 518 篇论文，而其最重要的成就反映在三部著作中：两卷本的《人类地理学》、《政治地理学》和三卷本的《人类史》。这三部著作都是人文地理学方面极重要的论著。

拉采尔写作之时，正是达尔文的划时代学说——进化论把陈旧的观念和概念一扫而空的令人兴奋的时期。他的光辉立论之一就是把达尔文的生物概念应用到人类社会中去。与其他地理学者不同的是，他不是集中探索人类本身，而是描述自然的地球对人类事务的影响，这一点在他的《人类地理学》第二卷中有明显表现。他指出：“人类的分布与其在地表的活动，要皆具备着可动的生物个体的所有特征”，“在生物地理学的立场看来，国家这个东西，也不过是地表上生物分布的一种形式，是和一切生物立于同一的影响下的。地球人类的分布的特殊的诸法则，同样地，也规定了人类国家的分布”③。从根本上而言，拉采尔认为人类的一切活动、发展及愿望都是受环境制约的。他把环境对人类的制约性分为四大类：一是直接给予生理上的影响；二是心理的影响；三是物产的丰歉或一般物质的盈缺，决定了一个民族的经济和社会的发展或停滞、进步或退化；四是决定人类移动和分布的动因。在拉采尔那里，人类的存在是融于自然之中、统一于自然之中的。仅此而论，拉采尔上承赫尔德、李特尔之基业，所不同的是，他并未落到机械唯物论的覆辙之中，他将其学说置于生物科学的方法论上，生物是有机的，所以，拉采尔最终求救于有机体说和生物的运动论完成了其学说体系。他也正是基于这一立场确立了其地理环境决定论的学说。

① 参见梁启超：《中国地理大势论》、《欧洲地理大势论》、《亚洲地理大势论》，见《饮冰室文集·地理》（下）。
② 冯天瑜、周积明：《中国古文化的奥秘》，50 页，武汉，湖北人民出版社，1986。
③ 盛叙功：《西洋地理学史》，332 页，重庆，西南师范大学出版社，1993。

不过，和有些地理环境决定论者不同的是，他在此基础上第一次系统研究了政治区域，是第一个在对国家的比较研究中系统研究了空间和位置的影响的人，正是因为这一点，他被认为是现代政治地理学的创建人。

既然拉采尔将其学说体系建立在进化论和自然科学的法则基础之上，那么，他自然就把政治地理学当做自然科学的一个分支，因为政治地理学是人文地理学的延伸，而人文地理学又是可以当做生物地理学的一部分来思考的。所以，他在运用“地理法则”系统分析空间和位置对国家的影响时，提出的是有机体的国家理论，其《政治地理学》一书中关于国家有机增长的理论在一定程度上就是基于19世纪末期的生物进化论和环境宿命论。拉采尔在这里从九个部分全面阐述了其国家理论和体系：土地和国家的相互依存；国家的迁移和成长；固着于土地上的有机体国家；国家的空间增大；国家分类上的地理位置概念；区域（空间）概念界限；国家空间发展中的海陆间的过渡；水在国家空间发展中的作用；山地和平原在国家空间发展中的作用。概括起来，拉采尔的有机国家论包括下列内容：

（1）一个特定社会的人群集团或民族在特定的土地上所形成的组织——国家是一种单纯细胞的国家有机体。“所以拉采尔的国家观，实在就是他的世界观，即有机体的世界观”①。

（2）拉采尔的国家观和一般的政治学者、法律学者的法制的国家观又是不同的。后者把国家当做人类在法制上的共同体，土地只不过被视为对于国土支配权的媒介；而拉采尔的国家概念是置于土地的基础上的，他认为：国家是由特定的人群通过一定的语言结合在同一政府组织之下所居住的地球表面的一部分，国家是属于土地的有机体，国家就是一群人和一群土地的有机体。

（3）拉采尔的有机体的国家观也和其他有机体的国家观不同。他从生物学的立场去观察和分析，既然人类和土地是一个统一体，那么在一定范围内的土地上由人群所组成的一定类型的国家，必然是受制于土地的有机体的统一体。因此，他把国家比作人体，认为其边疆部分属于末端器官；生长中的地域为其四肢；公路、铁路、水道为其循环系统；国家首都则为头脑、心脏与肺腑。同时，由于国家是人类不完善的结合产生的精神和道德的有机体，是一个由于共同生活、共同劳动和抵御外敌的需求而产生的对土地的精神寄托，因而，国家又属于一个空间性的有机体，它是生命的物体，是不断增长的。国家生活力的向上发展，就是土地与人民结合关系的增长，“所谓生存竞争即是争夺空间的竞争”②。

（4）有机体是生长的，国家同样也是不断生长的，“一个国家必然和一些简单的有机体一样地生长或老死，而不可能停止不前，当一个国家向别国侵占领土时，就是他内部生长力的反映，强大的国家为了生存必须要有生长的空间”③。同时，空间有机体的国家存在自然的增长趋势，如果没有强大的邻国给予有效的反对，它就会超越这些界限。为此，

① 盛叙功：《西洋地理学史》，340页。

② 此句话是拉采尔最得意的门生之一美国的人文地理学者爱伦·邱吉尔·森普尔（Ellen Churchill Semple，1863—1932）的名言，足以代表拉采尔的思想。

③ Preston E. Janies and Geoffrey J. Martin，*All Possible world*，*A History of Geographical Ideas*，second edition，John Wiley and Son，New York，1981，p. 170.

他指出："地理的扩张，更加如此的是政治扩张，是运动中物体的所有特性，交替地前进扩张和倒退收缩。这种运动的目的是为了建立国家而征服空间……"[①] 有人把拉采尔的国家有机体的运动论归结为"生存空间"、"国家有机体"和"边疆动态论"的统一体。

(5) 国家的发展或生长表现在土地形态上有三种：第一种为"国家的境界"，国家的现存疆界及其变化是人类历史运动的表现，亦即国家政治势力竞争的表现，随着国家的发展，现代的国家境界就是多方在相互竞争中所逐步形成的一种线状，甚至于成为几何学上的经纬线式的境界线；第二种为"国家领土的定着"，根据土地的定着性的强弱来观察历史的运动，低文化阶段的国家，土地的定着性弱，反之亦然；第三种为"地域扩大原则"[②]。

从拉采尔的有机体的国家论中，我们不难看出，他的"法则"中最重要的是"空间"和"位置"。在拉采尔的字典里，"位置"包含多重意义：其一是指固着于土地上的由特定气候、植物等条件所构成的一定大小和形态的地域；其二是指所谓"四邻关系"。拉采尔在分析人类历史的运动规律时所言的"位置"概念主要是基于第二种意义，尤其是指交通和运动的可能性的意义。由于世界各地在生产条件、经济条件和交通条件等方面存在差异，因此，人类在相互接触过程中便产生了持久的补充和扩张规律。补充和扩张受地理因素的影响交互产生作用，不同的地域间所产生的运动形态是不一样的，如山岳地带与平原地带间、内陆地区与沿海地区间、大陆与海洋间等。补充或扩张在形态及程度上的差异导致了历史运动的多种形态和不同程度。同时，拉采尔又认为，人类历史运动中有两种位置存在明显差异：一是完全孤立的位置，如大海中的小岛、深山中的谷地、低洼的沼泽地、沙漠中的绿洲等，处于这类位置的人类长期处于原始状态，发展缓慢；二是四通八达的位置，如广袤平原的中心、大陆边缘的较大的岛屿等，由于交通便利，处于这类位置的国家或民族必然相对于四邻而居于支配地位。

拉采尔指出，"空间"变化受制于地球本身的极限性及人口的变化程度，加上各个民族或国家所占据的地域大小不一，国家或民族之间便出现了不同的关系格局。在有限的地球上，空间变化产生了两种运动倾向：一种是向外扩张谋求新的生活空间；一种是导致内部的分化。在历史上所出现的差异是，地域狭小的国家或民族内部斗争激烈，向上的发展力强，对外扩张欲望强，而且极力抵抗外界渗透；相反，地域广大的国家或民族个性弱，极易受外部势力侵扰。

拉采尔的政治地理学理论对后世产生了久远的影响，特别是对地缘政治学的发展及其境遇所产生的作用尤为突出。尽管他并未提出"地缘政治学"这一概念，但后人还是根据拉采尔的国家理论确立了其地缘政治学说的鼻祖地位。他的论述成了后来的各种地缘政治学理论的基石，就一般意义上而言，地缘政治的滥觞从他开始。豪斯霍弗尔指出，创始的地缘政治学者不是契伦，而是拉采尔。契伦本人也承认拉采尔是最大的创业者。不过，不少持批评观点的学者虽然不反对地缘政治学说是拉采尔创立的，但也不主张把拉采尔本人和地缘政治学硬扯在一起。我们认为，评价拉采尔的思想及其影响应注意这样几方面的问题：

---

① ［英］罗·迪金森：《近代地理学创建人》，葛以德等译，82页，北京，商务印书馆，1980。

② 盛叙功：《西洋地理学史》，341～342页。

第一，拉采尔仅仅把人文地理学当做生物地理学的一部分，他所开创的理论研究模式有别于两种与之相关的学者的理论：一是他之前的环境论者的环境决定论；二是政治学者、法律学者的国家论。

第二，拉采尔至死都未曾听说过“地缘政治学”一词，他本意上也不是要创立这一学说，普遍把他当做地缘政治学的鼻祖，是后来的学者在研究中加在他头上的。

第三，拉采尔的研究是利用生物学的理论来分析人类社会及国家关系，但我们绝不可把他的研究与第三帝国的命运联系起来。有学者认为他的有机体的国家论中不少论述“离‘生存空间’的概念，即优等民族可以侵犯劣等民族来扩展它的生存空间的概念只是一步之遥了”[①]。而且第三帝国时期以豪斯霍弗尔为代表的德国地缘政治学派正是利用了拉采尔的一些论述，把它变成了第三帝国的政治意识形态，生存空间学说同时也变成了为国家侵略扩张进行辩护的伪科学。实质上，拉采尔的研究从未涉及国家政策，“对于一个最初被训练为生物学者的地理学者而言，他不过是试图运用生态学及进化论的概念研究政治及经济发展而已”[②]。他从未赞成过划分优等民族与劣等民族的思想，“生存空间”概念也并不是直接从拉采尔那里抄来的，更确切地说应该是从瑞典政治学者契伦的著作中搬来的。

二、鲁道夫·契伦的新创

当拉采尔分析国家增长的几种“法则”时，他并没有新创“地缘政治学”一词，他也没有将这种思想归于政治地理学，这一词的出现还得归功于瑞典政治科学家鲁道夫·契伦。契伦思想的形成受到多方面的影响，其中既包括19世纪80年代的欧洲现实主义文学，又包括19世纪90年代瑞典的浪漫诗歌。尤为重要的是，瑞典文化中强烈的林奈[③]传统和契伦本人对禽鸟学的爱好，使他很容易接受现代生物学的思想模式，而这种思想大多又是从拉采尔的著作中得来的。“地缘政治学”这一词最先出现在《科学的政治学》(1901)中，但当时契伦并没有对它进行解释和讨论。1916年，他在《作为有机体的国家》一书中正式把地缘政治学作为一门学科提出来，同时讨论了它的基本理论问题。总的来看，他在提出这一学科时是利用拉采尔关于有机体的国家论发展了地缘政治科学。

在他看来，国家的行为类似于一个生物体，它应更多地被看成是一种竞争力量。所以，必然的结果就是少数强大的部分吞并弱小的部分，这是竞争中的永恒规律。因此，边界的扩张就成了一个国家的合法目标，这样，力量因素就成了国家决定的因素，国家的力量比法律更重要，国家的权力决定一切，只有大国强国才能影响大陆及全球的政治。他在1916年写道：“一个在有限边疆地区内的强大国家受制于无上的命令，要求它通过殖民、联盟其他国家或者其他类型的征服来扩充自身的范围……它并不是攫取原材料，而是作为自我保护的一种手段，这是自然和必需的扩张趋向。”[④] 正是由于这种思想，地缘政治学与一个国家的边界扩张联系起来了，这种思想后来还影响了一大批德国人及欧洲其他地理

① ［美］普雷斯顿·詹姆斯：《地理学思想史》，李旭旦译，210页。

② *International Encyclopedia of The Social Seiences* (11-12), The Macmillan Company, New York, 1986, p. 328.

③ 林奈，瑞典植物学家、昆虫学家、动物学家、医生和矿物学家，也是现代分类学的创始人。

④ Michael Pacione (ed.), *Progress In Political Geography*, Croom Helm, London, 1985, p. 42.

学家、历史学家和政治学家。卡斯伯森和明黑在论及其思想时指出："他（契伦）将这一过程看成是'国家、人民和政府'间永恒的一种交替过程，就因果关系而言，人类占领一个地区的这一过程使之具有连续性、稳固性、互扰性、虔诚性和民族性，也就是说，一个民族的产生带有契伦所称谓的'地缘政治天性'。"①

第一次世界大战期间，契伦专心研究了俄国扩张和欧洲列强衰落的危险性，他预言，传统的自由、平等、博爱观将被义务、秩序和公正所代替。战后，他转而更加系统地从事写作，发展其政治学的有机体原则，其主要著作包括：《作为有机体的国家》（1916 年）、《政治学体系与基本问题》（1920 年）。综合来看，他关于政治有机体（国家）的研究包括下列几方面：

（1）地缘政治学（geopolitik）。这一术语出现在契伦的著作中完全是得到了拉采尔《政治地理学》一书的启迪，契伦基于这一概念描述了国家源于其地理特征的条件和问题。国家是超人的生活体，受生物的根本法则支配。国家的构成要素包括领土、生活、国民、统治与权力五项，地缘政治学研究国家构成的主要因素之一的领土。

（2）生态政治学。分析了影响国家地位和权力的经济因素。

（3）人口政治学。探讨了国家的种族、结构以及由此而导致的问题。

（4）社会政治学。分析了国家的社会集团和阶级以及他们对统一体发挥作用的方式。

（5）权力政治学。描述和分析了国家的宪法和法律生活，讨论了诸如政党和压力集团等机构和组织。②

契伦在德国的影响远胜于他在瑞典的地位，"地缘政治学"以后成了德国的意识形态口号。契伦本人在提出这一术语后，继而利用它为德国的侵略扩张摇旗呐喊，他在《现代的诸列强》（1914）中明确指出德国向外侵略是"人类的使命的责任"，认为德国海陆兼备，具有争夺世界强国地位最有利的条件。③ 地缘政治学之所以在契伦这里产生这种变化，其背景在于：

第一，他所作出的结论使他对中欧不断增强的世界地位忧心忡忡，尤其是俄国向外扩张的趋势对他的祖国瑞典所产生的威胁令他十分震惊。在他看来，瑞典所在的斯堪的纳维亚集团根本无力挽救这种局势。作为德国的崇拜者，他的解决方法是祈求德意志帝国能够成为未来德国—北欧集团的中心，从而维护欧洲中心的稳定。

第二，契伦发现，一个大国所必备的广博、内聚力和易于对外联盟的特点，德国一无所具。为此，他强调指出，如果德国想要作为一个大国而生存就必须向外征服。他认为，必须建立一个以敦刻尔克、里加、汉堡和巴格达为基石的广泛的中欧帝国，这一帝国将包括奥匈帝国和奥斯曼帝国，甚至于中东的大部分地区。这一帝国将置于德国的领导之下，柏林——巴格达铁路是其中枢。

第三，契伦认识到，英国绝不可能容忍这样一个基于中欧与斯堪的纳维亚结盟的帝国的出现，因此，他认为与英国的冲突是不可避免的。契伦在 1914 年写道：英国是迄今最

---

① Michael Pacione (ed.), *Progress In Political Geography*, Croom Helm, London, 1985, p. 49.

② *International Encyclopedia of The Social Sciences* (11-12), The Macmillan Company, New York, 1986, p. 414.

③ 参见张文奎等编著：《政治地理学》，66 页，南京，江苏教育出版社，1991。

后也是最大的古老观念的化身，它认为世界的海洋只有一个而不是几个主宰。他号召德国人反对这种观念，创造全球秩序的新的权力中心。

他的这种思想与以后德国的侵略扩张意图不谋而合。与拉采尔截然不同的是，契伦在提出地缘政治学的概念后，便与一个国家的具体政策直接结合起来，也许正是从此时开始，地缘政治学的历史境遇便注定了。

三、阿尔弗莱德·马汉的"海权论"

"海权论"最先是由美国海军史学家马汉提出的。当拉采尔和契伦进行地缘政治学说的理论新创时，马汉则在进行基于地理因素的军事战略的研究，他实际上是地缘战略研究的先导。

1884年，当时在美国罗德岛新港刚刚创办不久的海战学院任院长的卢斯将军邀请已44岁的马汉少校担任讲师，负责讲授海军战略、战术及历史。这里为他进行理论研究提供了良好的条件，他着重研究了17世纪和18世纪的海战史，并在此基础上首先提出了"海权"理论。海战学院的职责迫使他将其"海权"历史思想具体化，当然这也是他实现远大抱负的极好机会。1890年，反映其"海权"思想的著作《海权对历史的影响：1660—1783》问世了，紧接着他又出版的著作有：1892年的《海权对法国革命和帝国的影响：1793—1812》、1897年的《美国的海权利益，现在和未来》、1900年的《亚洲问题及其对国际政治的作用》和1905年的《海权与1812年战争的关系》等。

马汉在分析英国称霸世界的原因时，这个老牌殖民主义国家为提供本国工业发展所需资源与市场而大肆推行殖民政策、攫取海外殖民地并长期称雄于海上的历史给他留下了极为深刻的印象。为此，他认为：争霸世界的关键在于夺取制海权。所谓制海权，马汉的定义是：一个国家控制航海活动的能力。他将这种能力与一个国家的繁荣和历史进程最有效地联系在一起。① 而英帝国正是拥有了海上霸权，控制了除巴拿马运河以外的、几乎世界上所有重要的通道和海峡，所以才能成为一个世界强国，并拥有了扩张的基础。

马汉认为，组成海权的部分是多方面的。他在《海上力量的诸因素》中全面分析了海上力量的自然背景，以及美国过去和现在海上力量与商业扩张的关系，并列举了六项影响各国海上力量的基本条件：

第一，地理位置。一个国家要想发展海权，首先它必须在地理上便于进入世界的海洋，它不必凭借陆地来保卫自身的利益，也不必通过陆地扩张来扩充自己的利益范围。这类国家大都以海洋为目标，拥有比内陆国家更优越的条件。这类国家主要有两类：海洋沿岸国家和岛国。美国和英国等国就具有比西班牙和法国更有利的条件，而英国这个岛国在发展海权方面最幸运，它不必维持强大的陆军力量。从历史上来看，差不多所有沿海国家和岛国都渴求或被迫发展海权体系，但只有少数几个能充分做到这一点，因为构成海权的条件是多方面的。

第二，自然结构。发展海权的动力来源于一个国家内陆的生产力水平，如果一个沿海

① *International Encyclopedia of The Social Sciences*（9－10），The Macmillan Company，New York，1986，p. 529.

国或岛国内陆的生产力落后，或者它从根本上而言就是一个完全改变不了的自给自足的农业国，那么它要么对海外商业竞争不感兴趣，要么被其他海权国家所殖民。只要一个国家具有无数得到保护的优良港湾和深入腹地富庶地区的大河，这个国家发展海权的动力在一定时期就会爆发。马汉特别强调指出，美国享有这些自然结构，它所需要的只是在它的人民中间重新激发起美国早期的对海洋的这种爱和信赖。

第三，领土范围。一个国家领土范围的大小对发展海权至关重要，因为领土范围在一定程度上影响人口的分布，如果拥有同海岸线长度成正比的人口分布，那么这个国家的海权发展的主要内部阻碍就不存在了。一方面，人口分布影响边界驻防；另一方面，海岸线长的国家为了充分保护和利用优良港湾，必须在沿海地区均匀分布人口，以优秀水手充实海军。

第四，人口数量。要想建设一支持久有效的海上力量，一个国家必须拥有充足的人口，“必须要有大批人充当水手，或至少随时准备受雇于舰船，以及从事制造海军设备”①。

第五，民族素质。人口众多只是其中的一个方面，更重要的还在于人口的活力和素质。建立一支海上强大力量不单靠一些人的意愿，关键在于全体公民对海上商业利益的渴望和需求，他们必须“爱财”，追求海外有利可图的商业贸易。马汉非常遗憾地指出，美国人是具有这种品质的，然而，他们的政府却制定“法律障碍”，不乐意资助海洋经济。这极大地妨碍了人民素质的充分发挥，那么也就必然阻碍了海上力量的建设。同时，一个国家通过海上力量夺取了海外殖民地后，本国的人民应乐意到那里去定居并开发其资源，如果没有这样的人民，殖民体系必然瓦解，海权的发挥也会受到限制，葡萄牙和西班牙殖民帝国的崩溃充分说明了这一点。

第六，政府性质。当一个国家具备了上述各项条件后，还必须具有这样一个保障，即政府有发展海上力量的决心。在这方面，专制君主（例如法国）政府，同其他（例如英国）政府相比，往往显得摇摆不定、变化无常。从历史上来看，海上大国通常有一种提供参政机会的政治结构，海权的建立，取决于人民的精神和充分认识到了人民真正意图的政府的明智指导。美国同英国一样，其政治制度可以极大程度地反映人民的意志并使之在组成政府方面发挥巨大作用。

只要具备了上述条件，一个真正的海权国家就诞生了。然而，马汉又指出，仅仅获取了海权并不意味着国家海外利益的完全获得；在不同的时间、环境以及相应的政策条件下，海权会不断增长或受到损害，海权显示了一种严密地反映国计民生的国家体系。马汉在分析了英国称霸世界的原因之后，将其视为一个典型的例子：整个18世纪，英国的海权不断增长，它不仅在和平时期运用海上力量夺取了世界上主要的财富，而且在战争时期借助海上力量维持了其对世界海洋的统治地位。根据马汉的分析来看，海权的增长或损害受制于下列几方面的因素：

第一，一国国内生产力的水平。它必须要不断扩大生产可供对外贸易的产品。实质上，人类对海洋的兴趣和某些国家对海洋的兴趣，主要是因为海上贸易在历史上给他们带来了财富。随着科技的进步，人类战胜海洋自然威胁的能力不断增强，这样，海洋便不可

① ［美］罗伯特·西格：《马汉》，刘学成等编译，197页，北京，中国人民解放军出版社，1989。

避免地会成为那些具有一定的海上实力而又渴望获得世界财富的国家间进行竞争和冲突的主要领域。如果一个国家在这种不断升级的海洋商业竞争中缺少了国内的动力，其海权不是得到增长而是受到损害。

第二，必须要拥有进行海外贸易的大规模的运输船只。从根本上来讲，商船（货船）是国家海上力量的主要构成部分，其他部分只不过是其附属因素而已。因此，国家海权增长的一个极其重要的方面就是以扩大运输能力为核心，发展其他辅助设施。只要把这几方面有机地联系起来，国家海上运动能力的主动权就会不断增长，国家的财富和影响就会相当稳定，最终控制海洋便有望了。

第三，殖民地和基地应能保障扩大和保护船只的运输。海上运动是一种暴露的体系，它受到来自各方面的威胁，包括自然的和人为的。当一个国家派遣商船驶往外国时，它的船只需要停泊、补给、交易或避风，这样，控制基地就成了国家谋求商业利益的不可缺少的方面；它不仅仅只要控制某几个基地，而是要伸及全球各个角落或者说其商业利益延伸到的所有部分的基地。

第四，必须要有一支海上武装力量——海军来保护海外基地和殖民地与本国基地间的交通线。商业本身的竞争性必然导致国家及民族的野心，进而导致武装冲突，因而，海权的经常运用并不等于海洋的和平。相反，国家海权的增长客观上并不可能在完全平静的海洋中形成，它需要在竞争中发展。这样，为适应和平运输的需要，海军应运而生了。马汉指出，我们之所以把海上武力加到海权中去，是从整个海权体系而言的，武力是其中极为重要的一环。海上武力与一国的海权之间的关系可谓一目了然，其主要表现出这样几方面的作用：

其一，海上武力因竞争而生，反过来，它又导致更加激烈的竞争。

其二，海军的存在就是为了参加海上战斗，保卫国家海权体系的完整和正常运转，它具有某些战略上的意义，即从战略上控制海上的各种运动，夺取绝对优势。

其三，海军创立后便脱离了其最初的基本任务，它不仅要将国家的海权推广到地球上的各个角落，而且逐步演变成了国家推行外交政策的有力工具，它凭借海权将国家利益扩展到海外并将之转化为一种极强的政治影响。

马汉的思想对20世纪初日本、英国、德国和美国的外交政策产生了广泛的影响。现代世界各国海军第一主义的兴起差不多都是因其《海权对历史的影响：1660—1783》一书的出版而开始的；他创建的完整的思想新学派——海权学派导致了全球“新海军”的崛起。尽管德国人是过了好长时间才接受马汉原则的政治含义，但在海军建设中运用马汉关于制海权的设想方面步伐很快，和其他西方列强的海军建设一样，德国也毫不例外地以当时的海上强国英国为主要竞争对手。德皇在1894年5月指出：“我现在不是在阅读，而是在吞噬马汉的书，在努力把它牢记心中。这是第一流的著作，所有的观点都是经典性的。我们所有的舰船上都要有这本书，我们的舰长们和军官们经常引用它。”① 以后，德帝国海军命令，把马汉的《海权对历史的影响：1660—1783》一书的德译本提供给国内所有公共图书馆、学校和政府机构。同时，1897年，马汉的这本书也被译成了日文，分发到天

① ［美］罗伯特·西格：《马汉》，刘学成等编译，205页。

皇、皇太子手中以及政府领导人、三军军官团和学校之中。

马汉学说最直接的影响在美国。西奥多·罗斯福总统称马汉是美国生活中最伟大、最有影响的人物之一。《马汉》一书的作者罗伯特·西格指出："在19世纪的美国，没有一个美国人所写的书对国家的进程和方向产生过如此大的直接影响。"他"使美国海军从内战后的毁灭中振兴，为其提供专业基础和理论方向，从而有助于引导它在1898年、1918年和1945年走向胜利，这一切同马汉紧密联系在一起"①。美国史学界也称他为带领美国海军进入20世纪的有先见之明的天才。

马汉尤其鼓吹利用一支强大的海军来遏制俄国的扩张主义政策。② 实质上，马汉和哈尔福德·麦金德一样都看到了俄国所控制的欧亚大陆腹地是未来世界和平与安全的关键。在我们看来，他们所不同的是，马汉是从俄国需要而且决心要在东亚获得不冻港的观点来分析控制这一地区的国家（俄国）将对世界海权的影响，他只是附带地用他那地缘政治学的巨笔勾画了一大块政治不稳定地带，他把这块地带称为"有争议的和未确定的中间地带"；而麦金德则更多地是在批判"海权论"的基础上来发展和完善"陆权论"的。

通过对海战的研究，马汉的思想极大地影响了20世纪前半叶海军势力的发展及其运用的战略原则。第二次世界大战后，马汉的概念无疑已经过时，但是，他所研究的海上竞争及舰只行为在两个或更多的势力争夺海上控制权时仍然适用。同时，他所创立的原则在军事分析中仍有价值，至少，海上霸权将永远是任何一个强国全球战略中不可缺少的一部分。

四、哈尔福德·麦金德的"陆权论"

19世纪末马汉在海上力量对历史的影响方面的论述是海权学派最经典的思想，然而就在他生命的最后20年中，英国之外的权力实体的工业的迅速发展和陆地机械运输革命的发生，使海权逐步让位于陆权。最早阐述这一观点的是英国地理学家哈尔福德·麦金德爵士。

麦金德最先感兴趣的是陆权—海权两者的关系。他成为这种思想的主要倡导者最先表现在1887年其在皇家地理学会所宣读的地理学论文中（25岁时）："现代的征服者包括两类：'陆狼'（Land-Wolf）和'海狼'（Sea-Wolf）。"他以后的主要地缘政治观点都是由此而生的。实际上，他主要是基于对"海权论"的某些批判（但不是否定）而阐述他的"陆权论"的。归结起来，其主要观点是：

第一，如果没有领土根基，海上力量的机动性和扩张将不复存在。

第二，历史上，海上力量由于基地被陆上力量所控制而不断被征服。

第三，欧洲依靠海上力量为主要手段向外扩张的"哥伦布时代"已经终结。

第四，世界边界的封闭导致了新的地理视野。

第五，由于陆地通信革命的发生，旧世界之"世界岛"第一次被统一为一个战略单位。

① ［美］罗伯特·西格：《马汉》，刘学成等编译，1、209页。

② Michael Pacione (ed.), *Progress In Political Geography*, Croom Helm, London, 1985, p. 45.

第六，世界岛的核心是由主要大河流域所形成的广阔的低地，这些大河向北流入北冰洋，向南注入内陆咸海。这一地区被称之为“枢纽地区”或“心脏地带”，这里通过海洋是“不可到达的”。

第七，第一次世界大战中海上力量的胜利只是偶然的事件，正是在第一次全面战争中，占优势的力量并未被大西洋一侧的海上力量的联合压力和大陆河流陆权的联合压力所击溃（两线作战）。

第八，第一次世界大战的真正教训恰恰相反：敲响了陆权拥有反对海权的不断增长的战略机遇的警钟。

第九，必须确立关于“心脏地带”的一个最终地理观点。

麦金德一生从事教育和研究事业的最重要的目标之一，就是通过对国际和各国局势变化的历史观察和思考，寻找一种“至少能表明世界历史中某些地理因素的公式”，而“这个公式应当具有透视国际政治中的一些对抗势力的实用价值”①。通过对欧亚大陆争霸史的分析，麦金德在《历史的地理枢纽》一文中是基于俄国的自然地理来寻找他的公式的。他在论文中谈到一块北部为冰雪覆盖、其他三面为水域包围的连续陆地最适合骑马和骑骆驼的民族的机动性，而这块地带就是“心脏地带”，它的东面、南面和西面是呈巨大新月形的边缘地区，由海路可以到达。“海洋上的机动性，是大陆心脏地带的马和骆驼的机动性的天然敌手”②。因此，历史上两种机动力量不断发生冲突，其结果是出现了河流阶段的文明，如长江流域的中国文明、恒河流域的印度文明、幼发拉底河流域的巴比伦文明、尼罗河流域的埃及文明。

但是，横穿大陆的铁路则完全改变了陆上强国的状况，而且“铁路在任何地方都没有像在闭塞的欧亚心脏地带，像在没有木材或不能得到石块修筑公路的广大地区内所发挥的这种效果。铁路在草原上创造了更加伟大的奇迹，因为它直接代替了马和骆驼的机动性；发展公路的阶段在这里被省掉了”③。借助从维尔巴伦到符拉迪沃斯托克长达 6 000 英里的铁路，俄国证明它是机动的陆上强国。即使从商业利益而言，海上贸易的利润也将大大低于陆上贸易。

麦金德用了两个反问句阐明了他要得出的结论：“当我们考虑对这个广阔的历史潮流所作的迅速回顾时，不是觉得明显地存在着某种地理关系的持续性吗？欧亚大陆上那一片广大的，船舶不能到达的，但在古代却任凭骑马牧民纵横驰骋，而今天又即将布满铁路的地区，不是世界政治的一个枢纽区域吗？”俄国人对这一地区的控制已取代了草原人的向外出击，取代了原由俄国掌握的在欧洲的中心战略地位，“它能向各方面出击，也能受到来自各方的攻击”。俄国所拥有的空间十分辽阔，它的经济实力必将迅速增长，其“现代铁路机动性的充分发挥，只是一个时间问题而已”④。

枢纽地区以外是巨大的内新月形地区，包括德国、奥地利、土耳其、印度和中国；再向外是外新月形地区，包括英国、南非、澳大利亚、美国、加拿大和日本。

---

① ［英］麦金德：《历史的地理枢纽》，林尔蔚等译，45 页，北京，商务印书馆，1985。

② 同上书，57 页。

③ 同上书，59 页。

④ 同上书，60 页。

可见，麦金德是基于俄国东西走向的两大森林带和草原带以及南北流向的河流这一地理特征而找到他所要确立的公式的关键的。他在1904年所确立的公式可表述为：谁控制了"枢纽地区"，谁将成为世界帝国。麦金德并不是借助对马汉的"海权"理论的否定来论证自己的公式的，只不过当世界上大多数国家的统治者和英国人还沉溺于海上霸权时，他看到了"枢纽地区"权力对世界权力分配的重要性，并主张利用欧亚大陆丰富的自然资源来建立一支强有力的舰队。只要攫取了"枢纽地区"的陆权，就有可能成为世界帝国。也可以说，他把地缘战略的理论从"海权论"发展到了"陆权＋海权"论。基于上述公式，麦金德进行了两个"假设"或"推断"：一是"如果德国与俄国结盟"，那么这个世界帝国就有望了；二是"假如中国和日本组织起来，推翻俄罗斯帝国并征服其领土，那时他们就会在广大的大陆资源之外又占据了控制海洋的地位——这种双重优势是俄国人还没有得到过的，那么他们必将成为威胁世界自由的黄祸"。从欧亚大陆两个方向所作的这种推论证明了他的这样一个结论："某一新的力量代替俄国对这片内陆地区的控制，将不会降低这一枢纽位置的意义。"①

第一次世界大战后，麦金德根据欧洲局势所发生的巨大变化，特别是俄国所出现的深刻社会变革，重新审查了他在1904年论文中所提出的理论，并将之扩充为《民主的理想与现实》一书，正式提出了"心脏地带"理论。

首先，海洋是一个整体，这是地理的第一个现实。从古至今的海上强国具有一个共同的特点：拥有物产丰富、安全的本土基地。这是最主要的，其他因素只是这一条件的辅助设施。这一点在英国的海上霸权史中充分显现了出来。麦金德在考察海上强国盛衰的过程中，并不是重复马汉等人已经谈论过的旧主题——独霸海洋，而是关心"关于海上强国的基地及其和陆上强国的基地的关系"②。

其次，大陆的地理现实是，在"世界岛"上存在两个"心脏地带"——"北心脏地带"和"南心脏地带"③。前者"从西伯利亚冰冻的、平坦的海岸，一直伸展到俾路支斯坦和波斯的酷热的、陡立的海岸，从海上不能到达那里"④。如果从战略上考虑，它的范围更广泛些，"应包括波罗的海、多瑙河可以航行的中游和下游、黑海、小亚细亚、亚美尼亚、波斯、西藏和蒙古"⑤。"南心脏地带"指撒哈拉以南的非洲内陆，这里也是以航海为业的人无法到达的。两个"心脏地带"的共同自然特点就是广阔的草地和森林带。

最后，欧洲的争霸史说明，欧洲实际上分成东欧和西欧，它们是对立的。麦金德经由德国所划分的"心脏地带"和沿海地区的那条线，亦即东欧和西欧之间的历史疆界线。

因此，麦金德用这样一个公式表述了他对"心脏地带"理论的第二次论证：

谁统治了东欧，谁就能主宰心脏地带；

谁统治了心脏地带，谁就能主宰世界岛；

① ［英］麦金德：《历史的地理枢纽》，林尔蔚等译，59～63页。

② ［英］麦金德：《民主的理想与现实》，武原译，60～61页，北京，商务印书馆，1965。

③ 麦金德将"世界岛"分为六个自然区域：欧洲沿海地区、撒哈拉、阿拉伯、沿海季风地区、北心脏地带、南心脏地带。

④ ［英］麦金德：《民主的理想与现实》，武原译，73页。

⑤ 同上书，101页。

谁统治了世界岛，谁就能主宰全世界。

我们同时也可把这一公式看成是麦金德对那次战争侥幸胜利者们的警告。在此基础上，他认为："集中力量，想出一个重新安排东欧和'心脏地带'事务的稳妥办法来。这是当务之急。"① 稳妥的办法是："把东欧分成三个而不是两个国家系统。极有必要在德国和俄国之间有一层独立的国家。"如果仅仅依靠俄国的力量来对付德国，"某种方式的专制统治几乎是不可避免的"②。值得我们注意的是，麦金德在这一问题上表现出了极大的摇摆性：一方面，他极力主张将德、俄隔开，防止它们结盟，特别是要预防来自德国的威胁；另一方面，随着俄国国内战争的发展，他更加认清了布尔什维克的性质、目标和作用，并因而对他的观点产生了怀疑，"俄国的崩溃澄清了我们对于现实的观点"③。显然，麦金德转而对发生了重大社会变革的苏俄产生了更大的恐惧。此后，他不仅在理论上为各国统治者出谋划策，而且还亲自行动，为在东欧实施"防疫线"而计划游说有关各国或地区。鉴于麦金德的突出贡献，英国政府于1920年授予他"爵士"称号。

1943年，麦金德为《外交季刊》撰写了一篇题为《全世界与赢得和平》的文章，对其"心脏地带"理论进行了某些重要修正，从而完成了第三次论证。他写道："它现在要比20年或40年以前更确凿、更有用。"④ 第二次世界大战爆发后的欧洲局势和后果出现了两种前景：要么德国法西斯征服包括苏联在内的整个欧洲；要么苏联及其盟国成为反法西斯的胜利者。然而，这两者对于麦金德的公式来说并没有截然相反的意义。麦金德始终认为，他所找到的公式在很大程度上是从地理的因素而不是人文的因素来进行预测推断的，因而更趋于稳定不变，它"既可用于过去的历史，又可用于当前的政策"，"任何可能的社会变革，似乎都不会改变它和它的生存的巨大地理界限之间的基本关系"⑤。各个时代的社会运动基本上都是围绕着相同的自然特征进行的。

麦金德1943年再论其"心脏地带"理论的主要目的就是拟定"心脏地带"战略概念对于即将到来的世界秩序的价值。他认为，将整个"北极河"和"大陆河"用制图的方式表现出来，那么水域界限正好在地图上分割出一块"紧密相连的宽阔地带"，"这就是心脏地带"。而"就我们现实的论题而言，有充分理由说苏联的领土相当于心脏地带"⑥。同时，他又以叶尼塞河为界，把苏联分为"心脏地带"和"勒拿地带"，后者丰富的自然资源——森林、水力、矿藏还无人问津，这样，"心脏地带"除了其战略上的优越地理位置外又加进了"勒拿地带"丰富的自然资源。

他认为，苏联可借助其广袤的"心脏地带"平原进行纵深的防御和战略撤退。纵观历史，俄国军队就曾在这一自然堡垒中成功地抵御了外来侵略者的入侵。所以，"心脏地带"西边敞开的通道的垂直宽度实际就变成了一种优势，因为它为迫使敌人进行过宽的人力部署从而为击败敌人提供了机会。同时，"心脏地带"平原向东形成一道天然屏障，由"不

① ［英］麦金德：《民主的理想与现实》，武原译，137页。

② 同上书，140页。

③ 同上书，68页。

④ *Foreign Affairs*，Vol. 21，No. 4，1943，p. 603.

⑤ ［英］麦金德：《历史的地理枢纽》，林尔蔚等译，62～63页。

⑥ *Foreign Affairs*，Vol. 21，No. 4，1943，p. 598.

可到达”的北极海岸、叶尼塞河背后的“勒拿地带”荒野和从阿尔泰到兴都库什的山脉构成，“这三大屏障具有比围绕法国的海岸和山脉更宽广、更有效和更优越的防御价值”①。

虽然北极海岸再也不是“不可到达”的了，借助强大的破冰船和飞机在前面侦察，通过浮冰的航道，商船已将贸易扩展到了奥比和叶尼塞河，乃至于勒拿河；同时，现代战争手段的更新及战争空间的延伸也使他所言的天然屏障黯然失色。但是，他仍然坚持认为：面对苏联的陆基空防力量，想要穿过极圈广阔的冰地、西伯利亚北部的寒泽及塔尔加森林从而进行一种敌对的入侵几乎是不可能的。梦想一个世界空中强国将征服“海权”和“陆权”也毫无根据。他引用了一位老练飞行员的话：“空权完全依靠其地面组织的效率”，所以空战的发展仅仅显示了进攻和防御优势的微小转换，不可能偏离战争史的规律。

因此，他认为不可避免的结论是：“如果苏联在这次战争中以德国的战胜者出现，它必然会被列为地球上最大的陆上强国。而且它还将是处于战略上最强防御地位的强国。心脏地带是地球上最大的自然堡垒，在历史上它是第一次布置足够数量和质量的驻军。”②多数学者认为，这是他1943年论文中最重要的结论，也是对“心脏地带”理论所作的最重要的修正。有些研究战后美、苏“冷战”史的学者因此而认为它奠定了美国战后的遏制政策的理论基石。尽管“冷战”政策的理论奠基人乔治·凯南否认其理论与麦金德1943年的结论或以前的推断有任何联系，但战后美国的政策已充分证明了其政策的制定者和执行者们都自觉或不自觉地受到了麦金德理论及其变种的启迪，不仅凯南等理论家受到了其学说的启示，而且那些“执行政策的人也熟知他的学说”③。

回顾麦金德的“心脏地带”理论，尽管他用了过于简单化的论点试图帮助人们去说明复杂的历史事态的进程，他所发明的公式也选择了少数地理位置的事实和一些历史大事作为依据而忽略了细节，但是以此为前提得出的推论仍然是极为重要的。他的论点在第二次世界大战前并没有在英语国家引起很大的注意，但却在德国得到了认真的研究，在那里，它成了地缘政治学者们的基本指导思想。第二次世界大战后，英、美等国对麦金德的理论产生了极大的兴趣，他们提出的全球战略的理论在很大程度上是受了麦金德理论的启迪。

五、吉里奥·杜黑的“空权论”

吉里奥·杜黑被认为是“空军的马汉”，他对地缘政治学理论的重要贡献就在于他提出了“制空权”理论（尽管他从未使用过“空权”一词）。从1908年起，杜黑将军开始致力于战略的研究，特别是航空学发展的军事运用研究。1909年，当时还仅仅是意大利陆军下级军官的杜黑就指出：“天空即将成为战场。现在所有的人都认识到了制海权的重要性，但不久的将来，制空权的获得将是更为重要的，飞机在未来的战争中将起主宰作用。”④

杜黑将军创立的制空权理论主要反映在他的几本著作中：《制空权》（1921）、《未来战争的可能面貌》（1928）、《扼要的重述》（1929）等。其中，《制空权》一书最具代表性，

---

① *Foreign Affairs*, Vol. 21, No. 4, 1943, pp. 597-600.

② 同上书，600～601页。

③ W. H. Parker: Mackinder, *Geogrophy as an Aid to Statecraft*, Clarendon Press, Oxford, 1982, p. 193.

④ 陈力：《战略地理论》，45页。

至今仍为各种人所引用。他的这本书不仅直接影响了意大利军事战略的制定与实施，而且还在德国引起了重视，只是后来由于德国人并未完全遵循杜黑将军的建议，英国人才免于从空中被征服。

杜黑在《制空权》一书中全面阐述了他的基本理论观点，此后他又在另外三本书中从不同方面进行了论证和发挥。归结起来，其主要论点包括：

第一，"航空为人类开辟了一个新的活动领域——空中领域，结果就必然形成一个新的战场"①。在空中领域，飞机成为人类战争的新的独特手段。空中力量具有比海上和陆基力量更为有利的机动性，"飞机在行动和方向上享有充分的自由。它可以用最短时间（沿直线）沿任何方向的路线向任何地点往返飞行。人们在地球表面上不能做任何事情来干扰在三度空间中的自由飞行"②。空中力量的发展使陆权和海权受到了严重削弱。

第二，制空权的获得是取胜的关键。从战略态势上讲，"掌握制空权表示一种态势，能阻止敌人飞行，同时能保持自己飞行"③。

第三，空战中进攻作战是最重要的。飞机不受地面障碍约束的巨大机动性使它成为一种最适于进攻的武器，它的这种巨大攻击力要求夺取制空权时采取积极行动，即攻击行动，而不是防守行动。未来空中进攻的巨大规模的必然结局是：进攻是唯一可行的防御。

第四，要攻击敌方的交通要道、供给和生产中心以及居民中心。杜黑认为，彻底摧毁这些目标具有精神上和物质上的双重效果。

第五，鉴于空军具有战略上的重要性，所有资源应分配给进攻性的空军，分配给陆军和海军的资源只要能进行适当的防御就够了。

第六，空中航行无疑是一种文明进步的手段，它为民用航空事业的发展开辟了广阔的前景。

杜黑创立他的理论时，不仅没有估计到未来技术变革的速度，而且极大地受到了当时航空工程的技术状况的限制，加之他本人对于航空知识的一知半解，使他的许多论述缺乏说服力，进而又影响了他的整个理论框架。虽然他机智地预见到了应建立一个军事机构来协调陆、海、空三军的国家资源的适当分配比例，然而，他的推断显然过分夸大了独立空军的作用，在他看来，空中力量的机动性将取代陆地力量和水面力量的机动性。

当杜黑将军系统地阐述空权理论时，还有两位与他同时代的著名空军将领对空军战略的发展起了巨大的影响作用，他们是英国皇家空军无可争辩的创建人休·特伦查德爵士和美国空军领袖威廉·米切尔准将。如果说杜黑所起的作用是有创见的思想家的作用，那么特伦查德和米切尔则是实践家的作用。杜黑的思想、观点大多为他们所赞同和支持，特别是关于现代战争中空中优势的获得是必不可少的观点，在早期空军理论者那里是一致的。所不同的是，杜黑的纯理论分析在两位实践家那里显得有些极端化，这是难免的，理论与实践之间有时相距甚远。早期空中力量的倡导者们不仅在各自的祖国找到了实践的肥沃土壤，而且还在密切的相互交往中汲取了营养。特伦查德对米切尔的思想影响极大，米切尔

① ［意］杜黑：《制空权》，曹毅、华人杰译，1页，北京，解放军出版社，1986。
② 同上书，6页。
③ 同上书，19页。

和特伦查德之间建立了亲密关系，相互认识到共同利益，建立了尊敬和爱慕之情。年长的特伦查德让米切尔赞同自己的观点，而这位年轻的美国少校欣然吸收这些知识。但是，关于战略空军的作用，米切尔的观点更接近于杜黑的论述，他们都认为，地（水）面部队在力量对比上次于战略空军，而特伦查德则反对把海军和地面部队降到次等和微不足道的地位上去。

在他们之后，各国政府的决策者们不再争论国家需不需要建立空军的问题，而是集中于辩论需要建立什么样的空军，需要建立多大规模的空军，如何组织空军以及空军与海、陆军应该建立怎么样的关系等问题。由于各国的战略发展目标及地缘地位各异，因而所得出的结论也不尽相同。

第三节　地缘政治学在德国的境遇

一、德国地缘政治学的发端

德国意欲控制欧洲（世界）及其扩张的计划深深扎根于德意志中心欧洲的土壤之中，鼓吹“种族和领土”的扩张习性源于其中心的地理位置和东西缺乏边疆障碍的处境。日耳曼人最早出现在欧洲历史舞台上是在其民族迁移的西进浪潮中，强大的罗马帝国暂时阻止了它，但很快它就渗入了意大利和高卢地区。尽管德意志几个世纪里坚持不懈地采取扩张政策，但其不同于其他大国的地理条件使它的边境地区动摇不定。它的西部是法国，这个国家在几个世纪的时间里都在努力将自己的力量推进到一个合适的边界地区，在这里建立统一的民族国家，抗御敌对国家的侵略，最后它在比利牛斯山停了下来。它的东面是俄国，让德意志民族感到失望的是，俄国同样也在借一切可能的机会四面出击。在欧洲这样一个国家拥挤的地区，还有哪一个国家为了生存和占据有利地位而不向外扩充势力范围呢？经过长时期的争夺后，随着人口的增长和各种政治力量的消长趋于平衡，欧洲大部分地区的领土扩张浪潮暂时平静下来，唯独德意志人仍然缺乏平衡，他们无法满足。这一方面在于其领土范围内各单位之间还未形成与其民族性相统一的政治集团；另一方面取决于其东部边界向外延伸的可能性依然存在，包括多瑙河流域和波罗的海的平原地带。德意志所处的这种地理位置使它成为欧洲动荡的最活跃因子。从中世纪直至当代，德国都在尝试武力政治，最终，它与欧洲其他国家普遍对立与不和，德意志成了好战的力量，与欧洲国家的不和导致了几次不同范围和不同程度的侵略战争。

基于地理上的原因，德意志在好几百年的时间里一直把向东扩张作为首选目标。然而，1914—1918年战争的结果使他们大失所望，所有海外殖民地的丧失把他们的帝国梦击得粉碎，其海军力量被消灭，商船被胜利者瓜分，向海外的扩张前功尽弃。

对德国人震动最大的要算其东部领土遭到了分割，这不仅使其向东推进的部分恢复了原状，而且还使一些德语地区归入了邻国控制之下，其大肆鼓吹的泛德意志浪潮也因而跌入自1870年以来的最低点。德国人所鄙视的民族（如波兰）上升为主权国家的行列。在这次领土分割过程中，德国科技发展赖以依靠的重要矿藏基地也被强夺，其中，法国和波兰是最大的受益者。第一次世界大战后，德国人尝到了失败的滋味，但是，这并没有改变这个民族的习性，恰恰相反的是，经历过失败之后的德国更加不安于现状。

可以说，第一次世界大战后的德国不管发生了何种持久变化，这都只是表面的，德意志的世界观从根本上而言并未易辙，多年宣传所灌注的人民的情感只不过被失败的现实所掩盖而已。残酷的现实与德意志人美好的理想之间发生了严重的错位，德意志人承受着几乎不能忍受的压力。在这种情形下，他们渴望一个新的能够从心理和情感上把他们解救出来的领导人（集团）。

在第一次世界大战后的和会上，官方领导人和非官方的宣传者们极力推崇的“大德国”的领土从周边地带取消了。这些土地都是德国在18—19世纪的扩张活动中攫取的，这里对德国而言在思想上和情感上都是陌生的，因为它们和其他国家有着长期的文化联系，有些地区对邻国来说是重要的资源宝库或具有战略价值。

在德俄两国间的宽阔地带存留的民族，尽管几个世纪里在政治上屈服于奥匈、俄国或土耳其，但是在第一次世界大战后却成立了独立的主权国家。同时，德国的海外殖民地被国际联盟的成员国所瓜分。因此，德国又恢复了原样，它的扩张将是全新的。

从经济层面来看，德国东部放弃的部分落入了位于德国西部的商业利益者之手，这里是德国矿藏资源的主要产地，其和平时期的贸易和战争机器就是建立在这里的农田和矿藏之上的。其政权被盟国改造为共和政体，其社会意识显得和位于大西洋岸边的邻国并不冲突。德国政治中心由东部向西部的转移使法国等国家确信这个国家已加入民主的阵营。显然，当时的期望过于乐观。为了繁荣经济，以工业为中心的西部德国不得不发展对外贸易，但是，试图恢复其对外协定的努力遭到了以前经济敌手和竞争者的反对，想阻止邻国繁荣的打算也给它自己招惹了麻烦。中欧的每一个国家都在努力发展一种没有德国参加的贸易体系（实质上这些新国家都是在德国所发展的经济基础上发展自己），被排斥的处境唤起了德国重新获取的欲望，包括在欧洲丧失的贸易、海外殖民地、商船、海军等。

经济上的困境削弱了民主思想的传播，当共和政权为独裁政权所取代的时候，这种思想没有在广大民众中产生任何作用。德国叫嚷要在欧洲将领土重新扩张到1914年的边境线和要求归还殖民地，这与其要求在全球范围内恢复商业活动是同步的。

德国地缘政治学说的发端还具有重要的思想文化根源。和约不可能改变德意志意识形态的传统轨迹，其中最重要的支流就是德国的政治哲学。由于它长期与军事事务融合在一起，因而它比在其他任何东西都更深刻地影响了公众，更迎合公众的口味。虽说军国主义和普鲁士的思想是一致的，而且普鲁士人创作了诸多有关军事事务和哲学的著作，但这绝非全都是普鲁士人所为。19世纪流行于德国的浪漫主义就和普鲁士关于德国政治生活的领导权的臆断不谋而合，并构成大普鲁士主义“德国文化”的一部分。

无论是战争的还是民族主义的目标，缺乏地图都是难以理解的。当他国的广大民众还只是刚刚意识到地图的重要性时，德国人对地图的兴趣已广为传播。1900年，德国有名的地图出版商出版了一本泛德意志地图集，这本册子的中心部分是一组欧洲国家分布图及其分解部分。这些看上去似乎是正常的研究成果，但从标题来看，它又具有明显的宣传色彩。全图被称为“欧洲和近东的德国民族”，包括奥匈和毗邻的波兰，意大利的分区图则被称为“东部德国”。其他地图将德国出生的人口分配到了并非悬挂德国国旗的外国，一幅世界民族分布百分比图被冠以“德国民族分布图”之标题，“海外德国民族主要分布区域图”

呈现的是南澳大利亚、布尔人—大不列颠人的南非、南智利、南巴西和美国的东北部的分解图。着重号显示了德国出生的人口的数量，其密度也通过不同于其他民族的彩色予以标明。同时，地图集还依据人口列出了"德国的大城市"，其中前八名包括维也纳、纽约、阿姆斯特丹、布鲁塞尔、芝加哥，地图集所列举的53个城市中有23个不在德国领土内。

与此相联系，地理学家们的著作对国家与土地的关系进行了正式阐述。拉采尔在《政治地理学》中强调"空间"和"位置"是建立国家的基本要素。这些概念因其提出了下列观点而备受重视：国家是一个有机体，它受制于生长与死亡法则。地理学家们的著述大多包括怎样去进行领土扩张的建议，第一次世界大战前德国总参谋部所制订的周详的军事计划与此不无关系。当然，战争似乎已证明这些计划是白费心机，和约的签订使德国要在欧洲扩张并夺取海外殖民地的希望化为泡影，那之后的几年里，思想文化领域显得无声无息。然而，向外扩张的欲火很快再次被一些思想所点燃，它们集中于两个概念："种族"和"区域"，这些概念成为德国发动战争的宣传武器中的重要组成部分。

"种族"概念臆断"亚利安种族"是优等民族（实际上是指德意志人），这对于军事失败后普遍存在自卑感的德国而言极具吸引力，它唤醒了民众的爱国激情。但是，这种情感早在第一次世界大战之前就使德国民众狂热万分，而且即使如此，德国还是未能取胜。因此，德国需要一个更明确的目标。第一次世界大战后，关于领土扩张的论点发生了新的转向，即对于每一个德国期望吞并的地区都基于其特殊的自然环境来加以考虑，认为对不同政治区域的不同资源的夺取，将使未来的扩充了的国家实现经济上的自给；而且，这个国家将为统治着大量劣等民族人口的德意志人提供充足的定居空间。因而，德国人有权享受所有地区的科技产品。

二、豪斯霍弗尔与德国的地缘政治学派

豪斯霍弗尔及其创立的德国地缘政治学派与两个人的名字密不可分：一个是鲁道夫·契伦，他是"地缘政治学"一词的首创者，又是将之系统化的主要研究者；另一个是哈尔福德·麦金德，他提出的"心脏地带"理论在两次世界大战期间没有引起英语国家足够的注意，但是，他著作中关于"枢纽地区"、权力、范围及20世纪初迅速变化的军事和政治世界的影响的思想，却影响到了豪斯霍弗尔及"德国的地缘政治学派"。豪斯霍弗尔不止一次地承认他受益于麦金德，他至少有四次把麦金德的《力量的自然位置》的地图复制并刊印在《地缘政治学》期刊上，他把麦金德1904年的论文描述为所有地理学世界观中最伟大的。至于麦金德的理论对豪斯霍弗尔及德国政治的影响，麦金德本人是极力反对过于夸大的。他对于认为他的理论"帮助纳粹军国主义奠定基础"的说法极为不快，他争辩说："……不管豪斯霍弗尔从我的书中引用些什么，都是从我40年前在英国皇家地理学会的一次演讲中摘录下来的，远远在有任何纳粹政党问题之前（1944年）。"①

豪斯霍弗尔对地缘政治学的发展和"德国地缘政治学派"的创立，以及地缘政治学的发展史产生了划时代的影响，他继承了契伦的思想，热衷于地缘政治学的概念及其运用，并试图在拉采尔、契伦和麦金德理论的基础上寻求一种解释国家实力增长的理论。为了使

① ［英］麦金德：《历史的地理枢纽》，林尔蔚等译，14～15页。

地缘政治学在德国成为一门科学，他不得不寻找能解释和为一个国家的固有增长进行辩护的“法则”，他及其追随者们甚至还创造一些词汇来为其科学服务，如：一个有机体（即国家）需要生存空间、维护权力、划分军事边界、划分种族上同源的人口以及经济自给。豪斯霍弗尔的弟子之一奥托·莫尔在1936年概括地道出了德国地缘政治学的概念：“地缘政治学将自身与国家紧紧联系在一起，它不是作为一个静态概念，而是作为一个动态概念。地缘政治学研究国家与环境的初始关系——其空间——以及试图解决源于空间关系的所有问题……当政治地理学仅仅考证一个国家的空间条件时，地缘政治学则探讨一个国家的空间需求。将地理学融于具有空间意识的政治学中后，地缘政治学致力于对未来问题的研究。一个国家有空间需求吗？如果没有，它如何适应地理条件而存在下去？会发生何种变化趋向？解决这些问题的程度将决定一个国家的民族、经济结构并影响对外关系……地缘政治学是估量和评价一种既定形势的原则，并试图借助其结论来指导政治实践。”①

在豪斯霍弗尔看来，地缘政治学的目的是为军国主义的帝国提供系统的地理研究。他充分考证了日本是如何利用边界扩张来变成一个强国的，认为一个国家的空间扩张确实是必需的，也是合理的。而且，他还注意到英帝国的成功并不是在欧亚中心，而是在边缘地区。他对于德国在第一次世界大战中的失败大失所望，并将这种失败归咎于国家领导人和军界领袖缺乏战略及军事计划。在他看来，德国只要控制了欧亚大陆的心脏并同俄国结盟，就会成为一个强国。这实际是受到了麦金德理论的启示。

为了服务于德国的扩张主义政策，豪斯霍弗尔不仅采用了“地缘政治学”一词，而且还在德国的理论研究领域争得了合法的席位。他在慕尼黑创立了地缘政治研究所，在这里，地缘政治学成了一些著名地理学家倾心研究的课题。他还于1924年创办了《地缘政治学杂志》（月刊），此后，地缘政治研究所和《地缘政治学杂志》就成了纳粹德国扩张的首要支持者和倡导者，“把国家力量同各种地理因素联系起来，收集有关的地理资料为纳粹的扩张与侵略提供宣传的理论依据”② 也就成了豪斯霍弗尔及其追随者们的主要目标。

概括起来，以豪斯霍弗尔为代表的“德国地缘政治学派”的主要话语体系是：（1）国家经济自给自足。这一点在希特勒对德国及未来世界秩序的设想中也有明确证实，尽管他从未使用过这一词。（2）生存空间。指足以供养一国人口的土地面积和自然资源。生存空间在德国的解释是：“一个国家为贸易和移民而必须进行的领土、尤其是额外领土的扩张。”③ 希特勒用以鼓动德国人民追随他去征服生存空间的主要论据是：德国的人口过剩，必须依靠他国，如果满足于现状，那么人口过剩必将导致经济危机和饥荒。他在《我的奋斗》一书中这样写道：“只有在这个地球上有足够大的空间，才能保证一个民族的生存自由……必须努力消灭我国人口与面积之间的不平衡状态……为德国人民取得他们有权享有的土地……”④（3）泛地区。指替代狭隘的国家疆界的广阔地理区域，这实际上是对霸权主义的公开颂扬，德国应该强大到接管泛美和泛亚地区。（4）海权和陆权。他们提出了如

---

① Michael Pacione（ed.），*Progress In Political Geography*，Croom Helm，London，1985，p. 49.

② ［美］詹姆斯·多尔蒂、小罗伯特·普法尔茨格拉夫：《争论中的国际关系理论》，邵文光译，75页，北京，世界知识出版社，1987。

③ Hans Staudinger，*The Inner Nazi*，Louisiana State University Press，Footnote，1981，p. 31.

④ 参见［美］威廉·夏伊勒：《第三帝国的兴亡》，董乐山等译，121页，北京，世界知识出版社，1979。

下设想：欧亚大陆人口最多，拥有强大的陆地与海上力量，具有统治世界的潜力。豪斯霍弗尔认为，相对于俄国而言，德国同样享有控制世界权力“枢纽”地区的有利条件，而且比俄国更易接近海洋，因此，德国应追求双重的世界权力，既控制“心脏地带”，又夺取海上霸权。前者需要的是与俄国的合作，因为德国要夺取的生存空间——额外的土地只能在欧洲而不可能在海外（自给自足的经济体制必需的），那么，俄国的土地自然就装在希特勒的脑子中了①；而后者则是豪斯霍弗尔倡导的逐步扩充德国势力范围的第二步，由“心脏地带”的控制向外延伸，便是统治“内新月地区”，尔后进一步夺取“外新月地区”，即全球霸权。

普遍的观点倾向于把豪斯霍弗尔的思想与希特勒的扩张主义政策紧紧联系在一起，认为（也许是错误的）他对希特勒的征服战略作出了重要贡献，甚至臆断希特勒在写《我的奋斗》一书时，豪斯霍弗尔参加了所谓的“智囊团”；加上法西斯德国正是利用“生存空间”概念和其他地缘政治学思想为其扩张政策服务，所以，在很长一段时间里，美国及其他国家的不少人都曾得出这样的结论：“地理学与政治学的任何结合都必将导致战争和征服。”② 因此，他们耻于使用“地缘政治学”一词。但是，迄今为止，人们对于豪斯霍弗尔对希特勒和纳粹的战略究竟有多少直接影响仍存在不少争议，也没有证据能证实豪斯霍弗尔的思想与《我的奋斗》一书存在直接联系。无疑，希特勒知道豪斯霍弗尔的研究，但如果因此而相信希特勒的“生存空间”概念就是豪斯霍弗尔的空间概念，那是错误的。地缘政治学派认为地理因素（地形、气候、原材料等）是一个国家兴衰的决定性因素，一个国家的地理因素，尤其是地理位置决定了其外交政策；但在希特勒那里，决定一个国家命运的不是自然环境，而是种族，“生存空间”概念与种族问题密切相关。豪斯霍弗尔也经常运用“生存空间”一词，但它纯粹是一种地理概念，完全忽视了种族这一决定因素的影响。如果说希特勒的思想受到了豪斯霍弗尔思想的影响的话，应该说是豪斯霍弗尔对拉采尔理论的推崇启发了希特勒，“是拉采尔操纵了希特勒的笔”③，正是这个老地缘政治学者影响了希特勒的种族学说。④ 但拉采尔自己从未阐述过优等民族与劣等民族的思想。希特勒的确是很好地利用了地缘政治研究所，并将之当成是为国家征服战略提供有价值的资料的若干机构之一，但这也决不意味着其外交政策或战略就是基于豪斯霍弗尔所创立的机构。⑤

总之，这些争论众说纷纭，莫衷一是。不过，有一点还是肯定的，即他的思想——关于宣传地图的运用以及新闻工作者和学者的训练无疑都对第二次世界大战期间德国的政治和军事战略作出了重大贡献。不少学者认为他对于将一门伪科学合理运用于纳粹的扩张政策负有主要责任。哈林和诺里斯在评论“德国地缘政治学流派”时就曾经指出：其把国家和国际权力的地理基础分析变成了一门伪科学；早期理论操纵和助长了德国的民族主义，并使德国边界扩张合理化。格拉斯纳和德伯里杰在探讨地缘政治学的起源时，又是这样概

---

① Hans Staudinger, *The Inner Nazi*, Louisiana State University Press, Footnote, 1981, p. 37.

② *International Encyclopedia of Social Sciences* (5-6), The Macmillan Company, New York, 1986, p. 121.

③ Hans Staudinger, *The Inner Nazi*, Louisiana State University Press, Footnote, 1981, p. 52.

④ Preston E. James and Geoffrey J. Martin, *All Possible World*, *A History of Geographical Ideas*, second edition, John Wiley and Son, New York, 1981, p. 170.

⑤ Hans Standinger, *The Inner Nazi*, Louisiana State University Press, Footnote, 1981, pp. 51-52.

述豪斯霍弗尔的观点的："他及其追随者们都致力于拉采尔的有机国家理论，契伦的进一步研究及马汉和麦金德的地缘战略原则，再加进德国沙文主义故意的模棱两可和神秘主义的内容，就为德国扩张主义政策提供了理论依据……""正是因为这一学派和杂志对在第一次世界大战中战败了的德国显得十分重要，所以，地缘政治学观点和思想才最终影响了决策"①。

第二次世界大战中德国的失败，也标志着"德国地缘政治学流派"所倡导的理论和战略的失败。地缘政治学思想和战略原则在德国的运用，在地缘政治学的发展史上留下了极不光彩的一页。

三、德国地缘政治学的理论核心

可以说，第二次世界大战前的德国的地缘政治学说虽受契伦、拉采尔、麦金德等人论述的影响，却主要表现了德国自身的特色内容。对自己国家脆弱性的自卑认识和要求向外扩张的两面心理构成了德国地缘政治学的相应内涵。

1. 国家是一个有机体

地缘政治学说的基本假定就是认为国家是一个由一定土地和人口构成的有机体。这一概念在19世纪由生物学领域进入地理学领域还得归功于拉采尔，他的《政治地理学》一书的第一章就是"固定于土地的作为有机体的国家"。他写道："人类国家是一种极不完善的有机体……它是一种能动的和具有精神的有机体，思想上的观念联系在各个体之间架起了一座桥梁，这一过程确实是在生物学上无法比拟的，和以在精神上操纵和引导一个国家有机体与其有机体世界是截然不同的。"②

拉采尔的观点为契伦所沿用，尽管他并不理解这一自然科学的公式，但他还是运用在他的理论观点中了。他指出，国家是一种生命形式，一种所有生命形式中最伟大的生命形式，因此，它们将成为生物政治学研究的主题，此种研究旨在揭示其发展的法则。"生长的意志、生活的意志、获取权力的意志，决定着国家的生命"③。

显而易见，契伦的观点为德国人所广泛吸收，即国家是一种不以人的意志为转移的必然遵循某些法则的有机体。

2. 有机体必须进行扩张

将国家视为一个有机体，必然的推理就是它需要生长，这为领土扩张者们提供了最合适的借口。在他们看来，"大国"不是一个数学概念，而是一个动力学概念；不是一个文化概念，而是一个生理学概念。它拥有向外扩张的意志，没有一个大国真正处于"饱和"状态，大国即是"扩张的国家"。一些人的扩张要以另一些人的丧失为代价，只有强权国家有权扩张，而小国注定是要被消灭的，因为它的狭小的面积和脆弱性正是其衰落的标志。大国是所有国家中自然形成的"贵族"，它们通过自身的权力而崛起并将日益壮大，拥有"不言而喻的特权"。所有有生命力的大国都居于有限的主权区域内，它们受制于无上的命令，要通过殖民、同盟乃至征服来扩大自身的区域，历史上的英国是这样，接着就

---

① Michael Pacione (ed.), *Progress In Political Geography*, Croom Helm, London, 1985, p. 44.

② 姜季辛编：《现代德国政治外交史》，90～91页，上海，中华书局，1935。

③ 同上书，91页。

轮到德国和日本了。

3. 战争是允许的

要扩张，就有战争或至少是战争威胁。对于大国而言，战争是必需的手段。契伦断定争夺空间的战争是历史的主题。这一点绝对影响了包括德国地缘政治学者在内的大多数地缘政治学者，他们都念念不忘“为空间而战”。军国主义思想在德国全体国民中得到了灌输，尤其是在年轻人中。他们把战争的概念放在对青年人教育和训练的中心位置，并在全体国民中唤醒和推崇以英雄意识为首要任务的价值观念。同时，在德国人的字典里，世界时钟所摆动的不是享受生活的音律，而是为生活而战斗的节奏，没有一种哲学或社会主义思想可以改变自然界残酷无情的事实。

4. 以极权主义为后盾

要想成功地进行战争，除了武装的先决条件外，经济上的自给自足也是必不可少的因素。每个国家都必须能依靠自身的资源生存下去，自给自足不是别的什么含义，只不过是“国家的独立存在性”，也就是说，为生存而进行的战斗要求经济的边界线不可超越防御的边界线。自给自足截然不同于基于全球贸易的世界组织，因为贸易容易导致单一经营。如果一个地区的要求，特别是其生存的大部分依靠于外部世界，那么它将在战争中明显处于不利地位。德国的自给自足至少是想要兼并俄国以西的所有欧洲大陆地区。简言之，极权主义和较小空间里的自给自足，成为与现存的最强大和资源最丰富的国家进行争斗的最有力的手段之一。

5. 以轴心国同盟为手段

从一定意义上讲，轴心国同盟只不过是延续了种族区域的范围而已。有人认为，日耳曼种族遍及北欧，并在大不列颠、西班牙、北非和诺曼底海岸地区建立了边缘王国，日耳曼居民的协约核心贯穿欧洲中心；还有些作者把欧洲看成是沿东西轴心而建立的“大厦”。在德国的理论中，轴心包括两层含义：一是在欧亚两洲之间沿东西向形成的一条文化、经济和人口轴心；二是南北轴心，它把中北欧与南部欧洲之间的人口密集区联系起来（即我们所熟知的罗马—柏林轴心）。在这种交叉轴心体系中，如果沿赫尔辛基—奥德塞线建立一条长久的分界线，那么东西轴心将失去其重要性，而欧洲的南北轴心因此将日益明显化。在当代世界，只有大国有能力改变轴心的方向。

综上所述，德国的地缘政治学说的核心内容是在特定历史条件下所提炼出来的某些特定的东西。关于任何一个政治单元的生存与特性都必然取决于位置与区域的论述，并不能完全解释德国的失败这一事实；地缘政治学者们从生物学中援引出的某些原则与在自然环境中国家行为的事实也大相径庭。实质上，他们只不过是删除了生物政治学法则中某些与德国扩张愿望不相容的部分；他们虽宣称领土扩张是不可避免的，但并没有解释一个国家何以能无限期地扩张下去；他们认识到了自给自足对一个处于战争状态中的国家来说事关全局，但忽略了一个起码的事实：全球没有一个国家或地区能够拥有全部所需资源；他们鼓吹陆权反对海权，但同时又与一个正与陆权国家中国交战并在俄国这个陆权国家挑起战争的海权国家日本结盟；实质上，他们只相信邻国间相互仇视的法则。

第二章

地缘政治格局及其演变的基本规律

重点问题

- 地缘政治的分析规模
- 地缘政治格局的构成
- 地缘政治格局演变的规律

第一节　地缘政治的分析规模

一、微观上的力量中心

从微观的区域看，战略地位重要的地域更容易被重视，占据它的国家或集团也容易成为主角。历史上，许多地域都因承载了国际舞台的主角而显赫一时。但与此同时，各个地域的国家或国家集团的地位变迁和荣辱兴衰也一直延绵不断，或是一种类型内部的代谢，或是为其他的类型所取代。

力量中心是指政治、经济、文化、军事、人口素质、技术等具有优势的大国或国家集团。力量中心的形成源于各种力量以不同形式的聚合，是一系列相关要素聚合而成的系统结构，是一定时期内世界经济、政治、文化发展的产物。力量中心对局部区域的影响往往是决定性的，而对于全球的政治、经济、文化也有着至关重要的影响力。为了维护各自的地位和利益，力量中心间既竞争又合作。

从世界历史的发展来看，力量中心结构始终大致呈现为"五极结构"（或"五极均势机制"）的基本规律。这一现象发源于欧洲，始于1814年9月在欧洲召开的维也纳会议。这次会议的主要功绩就在于创造了一个欧洲协调机制，其实质就是通过力量中心的一致行动来"协调国际事务，维护和平与均势"①。起初，会议的内容与进程主要由英国、俄国、

① 刘德斌主编：《国际关系史》，107页，北京，高等教育出版社，2003。

普鲁士、奥地利四大战胜国决定和支配。经过激烈的斗争与角逐，终于在1815年的6月9日通过了《最后议定书》，以条约的形式恢复了欧洲的旧的封建正统秩序。为了维护该秩序的权威性，维也纳会议结束后不久（1815年9月），俄、普、奥三国就签订了《神圣同盟条约》，紧接着，在同年的11月，由于英国的建议，神圣同盟成员和英国一起又成立了四国同盟，在此基础上确立了由四个主要战胜国支配和主宰欧洲的局面。但是这种状态并没有持续太久。仅仅在三年以后，法国便偿清了战争赔款，也加入了四国同盟。自此，完整意义的维也纳体系才算最终形成，这标志着由英、法、俄、普、奥五国共同主宰欧洲事务的机制与格局的确立。维也纳会议以后，欧洲正是在这五大力量的主导控制和协调下，才经历了有史以来最持久的和平。① 直至后来普鲁士统一德意志，一个统一而强大的德国呈现在欧洲各国面前，维也纳体系下的均势格局才轰然倒塌，取而代之的是另一种全新的均势机制——俾斯麦领导下的以“大陆联盟体系”为核心的五极均势机制。

19世纪70年代，普鲁士通过一系列战争排除奥地利并统一德意志，终结了维也纳会议确立下来的五极均势的“黄金时期”。俾斯麦统一德国后，为了防止德国陷入两面夹击的境地，处心积虑地建立了“大陆联盟体系”，该体系实质上仍然是一种由德、奥、俄、英、法五大力量主宰的均势状态。俾斯麦正是利用这五大欧洲力量间利益的牵制与协调产生的制衡效果，缓解了因德国统一和逐渐强大而给欧洲带来的恐惧与不安，有效地防止了欧洲各国将矛头对准自己，从而为德国乃至整个欧洲赢得了宝贵而又短暂的和平。

但是，第一次世界大战的爆发使原有的欧洲均势格局荡然无存，整个世界都被纳入了西方殖民体系之中，这标志着完整意义上的世界体系的诞生。战后的世界新秩序是在巴黎和会与华盛顿会议上建立的。巴黎和会的主要目的是确定如何处置战败国和建立国际联盟。会议由英、法、美、意、日五个战胜国发起，几经讨价还价后签订了《凡尔赛和约》。会议最大的功劳就是在各大战胜国之间达成了分赃协议并促成战胜国与战败国之间签订了一系列条约，从而初步确立了战后的世界新局势。另外，为了弥补巴黎和会的不足，美、英、日、法、意等国于1921年11月召开华盛顿会议，继续协商构建第一次世界大战后的国际格局。1921年12月13日，美、英、法、日签订了《四国条约》，仅仅54天后意大利又与前面四国签订《美、英、法、意、日五国关于限制海军军备的条约》（又称《五国条约》）。这两个条约最终确立了由美、英、日、法、意五国共同主宰世界的五国均势机制。在接下来的近20年时间里，该机制重新缔造了战后国际社会的均势与和平。

第二次世界大战的战火瓦解了凡尔赛—华盛顿体系。为了重塑战后新的国际体系和保障世界和平，各主要战胜国反复商议决定成立一个新的国际组织——联合国来维护世界和平与安全。1944年8月21日至10月7日，美、英、苏、中各国的代表在华盛顿附近的一座古老庄园敦巴顿橡树园举行会议，这次会议规划了联合国宪章的基本轮廓。在有关安理会成员的问题上，美国最初的方案是希望确立四个常任理事国和七个非常任理事国，后来又提出吸收法国作第五个常任理事国，甚至晚些时候还可能建议增加一个拉美国家为第六个常任理事国。但是苏方希望把安理会常任理事国暂时限定为四大国，以后法国加入后限定为五大国。英国代表也表示，理事会还是不要有第六个常任席位。他们认为，只要一突

---

① 参见［美］亨利·基辛格：《大外交》，顾淑馨、林添贵译，70页，海口，海南出版社，1998。

破增加法国作为第五个常任理事国这个框框，理事会就会受到强大压力，就会有提出进一步增加常任理事国席位的要求。后来，美国代表又提出，应该将以后如何增加常任理事国的条款列入基本文件，但英国和苏联代表对此均持否定态度，最后三方一致同意除法国之外不再增加常任理事国。

可见，自从国际舞台产生协调机制以来，国际地缘政治格局一直都是大致以一种五极均势的状态呈现出来的，尽管历经几个世纪的风雨沧桑，但这种均势机制的实质从未发生变化。旧有的五极机制下的均势的打破必将给国际和平带来巨大的冲击，并引发大规模的冲突与战争，但是动乱过后这种由五大力量中心共同主宰国际社会的均势机制又会自觉地恢复，唯一改变的仅是组成该机制的成员而已。正如阿瑟·李·伯恩斯指出的，从最佳角度讲，最为稳定的体系是一个"由五个力量基本相等的国家集团组成的世界，每一个集团中包含若干个有互换可能的成员国"①。

二、中观上的核心区

核心区是按其所拥有的经济、政治和文化特征来划分的。世界历史上曾经出现过三大核心区，它们分别是包含欧洲—地中海地区的"西部核心区"、主要包含南亚的"南部核心区"、主要包含东亚的"东部核心区"。这三个核心区都是世界历史进程中的主要中心区域，并在一定的空间中形成了相互联系的特殊个性。尽管各个核心区的总体特征完全不同，但都具有包括占统治地位的都市的存在、核心区域、主导文化、边缘的内侧和外侧、边界和通信系统等在内的共同的地缘政治特征。在三大核心区中，东亚核心区与南亚核心区有很强的相似性，它们在历史上都有国家统一的传统，其核心区域都比较单一，扩张的地理区位也不明显，都是集中在一定的范围内；另外，这两大核心区内的国家在国力足够强大的时候，都是由中心核心区主导着向内侧和外侧的区域扩张，其单一性显现得非常充分。西方核心区则是在一种分裂多于统一、以分裂为主的状态下产生和发展的。虽然西方国家在语言、宗教和文化等方面有着共同的特征，但由于这样的特征不断减弱，并且出现了欧洲东西部文化的裂痕，因此，欧洲的西部逐渐出现了多强并立的均势局面，西方核心区也因而更具复杂性。

近现代的东亚核心区主要由中国、日本、朝鲜、韩国和蒙古五个国家组成。东亚五国由于受到海陆位置的不同影响而具有两种气候：东部的季风气候和西部的大陆性气候。受到达海洋的不同距离以及地形地势等诸多因素的影响，最东部的日本群岛海洋性特征比较明显，夏暖冬温，且降水较多；韩国和朝鲜处于海陆过渡地带，兼受海洋和大陆的双重影响，季风气候也因此兼有从海洋性向大陆性过渡的特征；中国的海洋性特征由东向西逐渐减小，东部广大的地区为典型的大陆性季风气候，夏季高温多雨，冬季寒冷少雨，而中国西部和蒙古则同为典型的温带大陆性气候，夏季高温，冬季严寒，全年降水较少。由于兼有海洋性和陆地性两种特征，东亚地区具有海权国家和陆权国家两种特性，一方面对陆权始终非常重视，另一方面又表现出既抗拒海洋又重视海洋的矛盾性。

---

① ［美］詹姆斯·多尔蒂、小罗伯特·普法尔茨格拉夫：《争论中的国际关系理论》，阎学通、陈寒溪等译，49页，北京，世界知识出版社，2003。

南亚位于亚洲南部，地处印度洋北岸，东濒孟加拉湾，西临阿拉伯海，西北部有苏来曼山脉和阿拉干山脉等高大、绵延山体的围绕，面积430多万平方公里。南亚核心区在历史上的中心区域位于横跨次大陆北部的广袤的印度平原，其分水岭包括恒河和朱木拿河的上游，这些地区组成了中央邦，第一个印度国家就是在这个地区的中心陆地诞生的。恒河—加木拿河地区从最早起就一直是这个地区的中心，正是在这里出现了以印度为主体的核心地区，印度文化的显著特征也由此凸显出来，并开始向北面的环绕次大陆的山脉和南面的德干高原迈进，进而形成了从西北延伸到东南的沿河交通枢纽区。作为历史上的核心区，莫卧儿王朝在南亚的国力和疆域是空前强大的。

南亚次大陆的地形可分为三部分：北部为地形崎岖、形状狭长的喜马拉雅山地，中部为由河流冲积而成的面积广大的恒河、印度河平原，南部为位于印度半岛上、土地肥沃、地势起伏较小的德干高原。自古以来，印度河平原就是南亚灌溉农业发达的地区。恒河源出喜马拉雅山南麓，流经恒河平原；布拉马普特拉河上游在中国境内，中游在印度境内，下游在孟加拉国与恒河汇合，流入孟加拉湾。这两条河流在入海口地区冲积形成了面积很大的恒河三角洲，世界上最大的优质黄麻产地就分布在这里。现在的南亚核心区主要分布有七个国家，它们分别是北部的内陆山国尼泊尔、不丹，中部的临海国印度、巴基斯坦、孟加拉国，南部的印度洋岛国斯里兰卡和马尔代夫。南亚从北纬八度延伸到北纬三十七度，北回归线从其中部横贯，其轮廓似一楔形。这种地处低纬度，加之依山面海的地理位置，使南亚具有典型的大陆性热带季风气候。南亚全境是陆权的“心脏地带”国家通往印度洋的出海口，陆地地缘价值明显。南亚濒临的阿拉伯海及其扼守的印度洋，是重要的海上能源交通通道，具有极其重要的区位战略地位。需要说明的是，当今的印度在经济、文化、军事、科技等领域都相当发达，它不仅是南亚重要国家，也具有成为世界性大国的潜质。印度国土面积约298万平方公里，居世界第七位；人口11.12亿（2006年），仅次于中国，居世界第二位；印度发展农业的自然条件优越，是亚洲耕地面积最大的国家。印度不但是世界上历史悠久的古国之一，有着先进的文明，而且近年来其教育、科技、军事方面的发展也非常迅速，软件业等高新技术产业发展处于世界领先水平。另外，巴基斯坦也是南亚的区域大国，其经济、政治、文化、军事在南亚核心区的影响不容忽视。

欧洲—地中海地区的西部核心区由于受地理和历史因素的影响，传统上一直就有数个核心区并立存在。历史上，随着罗马帝国的衰弱和分裂，欧洲核心区出现了具有全球影响力的中心地区，一个位于博斯普鲁斯附近，另一个位于莱茵河地区。当博斯普鲁斯附近地区成为帝国中心时，莱茵河地区却最终未能成功建立一个国家。在欧洲核心区的东方，尽管均势的变化导致了早期帝国核心由博斯普鲁斯转移到了位于伏尔加盆地中部的俄国传统中心地区，但初具全球影响力的俄国能够维护其影响。在欧洲核心区的西部，位于欧洲内侧“边缘地带”的主权国家不断得到巩固，在普鲁士和奥地利，能够巩固并长期维护其政权的国家日益壮大，但它们不能像其他核心区那样建立和巩固一个具有绝对影响力的国家。法国和德国都曾尝试在欧洲半岛内部确立霸主地位，通过努力，它们分别在位于莱茵河西部和东部的中心建立了权力。然而，这两个国家都没有对这一核心区实现相对长久的控制，因此，欧洲核心区西部出现了一些较小的区域单位，并成为西方核心区的标准模式。小国独立于大国之外而存在，并成为防止大国出现的力量。19世纪以来，随着主权国家模式和民族自决的呼声渐起，越来越多的新的国家在这一区域诞生。此外，欧洲核心区西部的地理结构也限制了具有全球影响力国家的产生。欧洲核心区西部本身是一个大半岛，而其中几个主要地区，如斯堪的纳维亚半岛、亚平宁半岛、伊比利亚半岛都是影响中心与内侧“边缘地带”国家的关键区域，但是它们却是“半岛中的半岛”，因而，将力量由一个地区扩充至另一个地区显得十分困难。这样一些因素决定了该区不可能产生具有全球影响力的国家。

在欧洲核心区的东部，俄国的急剧扩张使其成为一个幅员广阔的国家。到了20世纪初，俄国的乌拉尔山脉以西部分的面积就占了整个欧洲的一半，俄国本身成为一个相对独立的地域，并具有了与一个核心区相联系的诸多地缘政治特征。俄国的领土向西扩展到了波罗的海—黑海地峡，并且，其疆域在鼎盛时期达到了波罗的海—亚得里亚海地峡以东部分，但俄国始终未能将它的影响力延伸到欧洲半岛，不过，俄国始终保持着对欧洲核心区东部绝大部分地区的控制，并具备了全球影响力。当然，苏联的解体使乌拉尔山以西的欧洲核心区东部出现了从苏联分离出去的九个独立民族国家，俄罗斯的地位和实力均遭到削弱，但它继承了苏联的主要国力，正逐渐走向崛起的俄罗斯仍具有成为大国的潜质和底蕴。如今的欧洲西部核心区仍然存在，区域一体化不断强化，虽然主权的界限难以逾越，但是这些国家所聚集的合力是非常强大的，对世界产生的影响也在逐渐加大。

在当今世界，对核心区的清晰划分显得越来越困难，区域化和集团化的趋势日益强劲，人们似乎有足够的理由认为，北美、南美、非洲等地都已具备了地缘政治核心区的本质特征。传统核心区的边界也大大延展了，形成了核心—外围结构。

三、宏观上的世界整体

从16世纪开始，世界初步变成一个地缘政治整体，一种新的结构超越了单个核心区的结构，“世界进程”也由此开始。由于是被极具活力的欧洲人所“开辟”的，所以成型于16世纪的地缘政治世界以欧洲模式出现。以地中海为中心的核心区让位于“全球核心区”，先前分离的“世界”开始受到其构成部分的影响，它们逐渐集中形成一个以西方核心区为中心的单个系统并为其所控制。西方核心区成为新的全球规模运作的地缘政治雏形，曾为常态的冲突形势扩展到了全球范围。因此，在20世纪初期，麦金德的世界观成为最初的地缘政治理论的基石。它试图解释世界地缘政治空间不同组成部分之间复杂的关系，虽然它后来被多次修正并分别促成了许多不同世界观的产生，但麦金德最初观点的影响仍然十分强劲，其在数十年的时间里经久不衰，对于冷战后时期再现的世界观的创立及世界体系和世界秩序观的发展仍然意义重大。

20世纪以来，很多人尝试从地缘政治的角度将世界作为一个整体来进行解释，这些观点可分为三类：二元论、多元论和一元论。尽管这些都是基于对世界本质的不同理解，但是三者都认同的是，虽然在任何特定时期都可能出现混乱与无序，但地缘政治的规律却是的确存在的；尽管这些规律在很长时间里都难以识别，然而通过可见的地缘政治形态的复杂性，我们可以去探寻其内在的结构。每一种世界观都可以通过分析其符合或偏离可见的世界现实的状况来检验。

第二节 地缘政治格局的构成

地缘政治格局与国际格局、世界格局、国际政治格局等概念具有密切的相关性，它是从全球视野出发来思考问题的。地缘政治格局这一概念本身有其独特的交叉学科背景，它是以国际政治格局为基础，以地理分布为外在表象的。地缘政治格局能体现出各方力量之间的配置，是国际格局反映在地缘关系上并以地理区位方式表现出的一种形态。

国内学者认为，国际格局是指在国际关系中起主导作用和支配作用的国家或国家集团基于力量对比关系而形成的一种相对稳定的互动结构和状态。① 而地缘政治格局是指在国际关系中对国际事务具有重大影响作用的国家或国家集团等主要战略力量，在一定的历史时期内相互之间形成的具有全局性的稳定的力量对比结构及其基本状态。② 还有学者认为，地缘政治格局是指在特定的历史时段内，以政治行为体（国家或国家集团）为单元的地缘政治力量中心，通过地理空间进行的相互作用所形成的相对稳定的空间结构。③ 可以说，地缘政治格局是国际政治格局的一种，它突出位置、面积、空间等地理因素。

地缘政治格局内的体系的互动，包括处于力量中心地位的主角国家和处于非力量中心的非主角国家间的互动，这种互动无时无刻不在进行着，并不断地改变、见证和推进着地缘政治格局的变迁。从地缘政治格局的分析规模来看，以主角为要件的力量中心是建构地缘政治格局的支撑点，力量中心和非力量中心间的互动影响着整个格局的变动，这种变动和互动不断地促进整个地缘政治格局的变化，并形成一个变动着的式样和规则。这些都赋予了地缘政治格局生命力，并使其表现出独有的能够反映国际格局的地缘政治特征。

具体而言，地缘政治格局的构成主要包括单极、两极、多极三种类别，其主角可以是一个具体的国家，也可以是一些由具有某类共性的国家组成的国家集团。

一、单极地缘政治格局

单极地缘政治格局，是指在特定的地缘政治空间结构中，存在一个占据绝对优势地位的国家或国家集团。该大国或国家集团在经济、政治、军事、文化等方面的实力远远超过其他国家，能强行推行其国家意志和地缘战略，在地缘政治格局中占据主导地位，并能在一定时期内保持这种态势的存在和延续。单极地缘政治格局可以是区域性的也可以是世界性的。世界历史上出现过的罗马帝国、阿拉伯帝国等都曾经盛极一时，在当时的地缘政治格局中，它们在各自的区域内都具有超群的实力和无与伦比的影响力或辐射力，能够制定和维持符合其利益的规则，并在一定历史阶段和地域范围内迫使其他国家或单元臣服其意志。大英帝国依靠其强大的海权，建构了殖民扩张时期在世界范围内的绝对统治力和影响力。

当今世界，虽然地缘政治格局多极化趋势已经不可逆转，但强大的美国一直梦想建立

---

① 参见李义虎：《国际格局论》，35页，北京，北京出版社，2004。

② 参见沈伟烈：《关于地缘政治学研究内容的思考》，载《现代国际关系》，2001（7）。

③ 参见陆俊元：《地缘政治的本质与规律》，246页，北京，时事出版社，2005。

以它为主导的单极世界，特别是冷战结束后，美国多次在公开场合提出建立“世界新秩序”的目标，其实质就是“在美国领导下，用美国的价值观来改造世界”①，力图建立以美国为主导的单极世界。1993 年，克林顿政府推出“扩展战略”，提出了“全球民主化”、“人权高于主权”、“人权无国界”、“主权有限”等思想。扩展战略充满了进攻性，强调将美式民主扩展到全球的每一个角落，是借“民主”的实现来实施美国的全球战略扩张，欲将美国的价值观和势力范围推广到全世界。“9·11”恐怖袭击以后，美国以“反恐”作为推进其全球战略的手段。2002 年 9 月，小布什总统公布了美国《国家安全保障战略》报告，描绘了 21 世纪美国建立单极霸权的梦想，认为“我们的军队必须非常强大，强大到足以让潜在的对手放弃为超过或与美国抗衡而进行任何加强军事实力的行动”。美国的这一意愿旨在打消美国所谓的对手超越美国的念头，并以此为基础，建立在美国强大军事力量主宰下的世界秩序。小布什还在他的报告里宣称，美国拥有先发制人的单方面使用武力的特权，而这种特权专属于美国。小布什的“先发制人”的战略是对 20 世纪 90 年代克林顿政府“新干涉主义”战略的延续和发展。

以“9·11”事件为分水岭，全球各种政治力量进行了重组。美国通过“反恐”把一些国家纳入到自己的势力范围内，从而冲击着世界地缘政治格局多极化的发展。美国的这一行为凸显了地缘政治格局中力量较强的个体试图摆脱原有结构，进而建立以自己为主导的霸权结构的过程，但是现有的结构必然会对试图摆脱结构的个体施加影响，以防止过强的离心力的出现。当然，这种尝试往往事与愿违。从近些年的实际情况看，美国的行为不但直接导致了美俄关系的恶化以及美中之间的矛盾与摩擦不断，而且造成其与欧洲盟国的关系渐行渐远，并且日本的政治大国图谋也愈加明显。从长远来看，美国对单级世界的构建将是一个复杂的不确定的过程。

因此，很多学者虽不否认单极地缘政治格局存在的可能性，但认为这种可能性是微乎其微的，或只是美国等少数国家的“理想”，因为单极地缘政治格局的存在必须具备下述条件：(1) 受制于由单一的超强力量控制的帝国体系；(2) 力量中心唯一、排他；(3) 力量中心长盛不衰；(4) 建构和长期稳定地维持核心—外围—边缘结构。

二、两极地缘政治格局

两极地缘政治格局是指在特定地缘政治空间结构中，存在两个实力相当的国家或国家集团。在这两者的边缘和外围，存在一些与它们实力相差较大的主权国家，这些主权国家或依附于两者中的一者，或受其影响而实际处于受制状态。两者都能在各自的势力范围内强制推行其国家意志和地缘战略，从而在地缘政治格局中占据优势地位。两者之间是既竞争又合作的关系。从两极形态下的竞争与合作来看，两者的竞争是主要的。两极地缘政治格局一旦形成，两者之间的对峙会在相当长时间内存在。两极地缘政治格局可以是区域性的或世界性的，这种格局呈现出的形态在于占统治地位的国家或国家集团形成了两个不同的力量“极”，二者彼此相互制约和对峙，形成“均衡态势”。

从历史上看，最持久的两极地缘政治格局集中于欧亚大陆。从最初爱琴海周围的陆地

① 方连庆等主编：《战后国际关系史》，814 页，北京，北京大学出版社，1999。

和小亚细亚岛的对抗，到罗马帝国时期的地中海与波斯帝国统治的东方大陆的对峙；从欧洲传统的英俄之间的海陆角力，两次世界大战前夕两大军事集团的对抗，到第二次世界大战结束后以美苏为首的两大阵营的博弈，都是例证。可以说，两极和两极主导下的地缘政治格局贯串于欧亚大陆权力中心地带的变迁之中，而全球性两极地缘政治格局的典型案例无疑是第二次世界大战结束后两种不同社会制度集团之间的“冷战”。

20 世纪 50 年代，两大阵营全面对峙，相互间在一系列重大国际问题上针锋相对，这些行为导致了德国东西分割、朝鲜半岛南北分裂等重大地缘政治事件的发生。美国还沿西欧—中东—南亚—东南亚—东亚一线拼凑军事同盟体系，打造了一个巨大的“新月形地带”，以实现对欧亚大陆社会主义阵营的遏制包围，并且在一些关键“点”上使“冷战”升级为“热战”，发动和进行朝鲜战争、越南战争等。20 世纪 60 年代，国际社会进入大动荡、大分化和大改组时期，原有的地缘政治格局中的力量结构发生了重大变化，以美国为首的西方阵营和以苏联为首的东方阵营内部都发生了分化，第三世界国家以独立的力量走向世界舞台，地缘政治格局呈现出两极多元的特征。到了 20 世纪 70 年代，两极地缘政治格局进一步向多极化过渡，在这一时期，第三世界国家在国际舞台上发挥着越来越重要的作用，它们不仅明确提出自己的政治、经济纲领，而且开始利用石油等资源同西方国家进行直接的集体交锋。此外，中国恢复了在联合国的合法席位，并始终坚持独立自主的外交政策，成为国际地缘政治格局中的一支强大力量。同一时期，西欧和日本的自主倾向也大为发展，西欧在国际事务中开始“用一个声音说话”，日本则提出“政治大国”的目标。各种地缘政治力量的发展构成了两极主导与多元化趋势并存的复杂地缘政治格局。

20 世纪 80 年代中后期，两极地缘政治格局发生了深刻变化，并逐步走向瓦解。1985 年，戈尔巴乔夫执掌苏联，鉴于苏联国内经济困难和国际关系紧张的困境，其对内实行重大改革，对外实行以谋求与西方全面缓和为核心的“新思维”外交，在地缘战略上对东欧国家进行“松绑”，并从中东、非洲、中美洲和亚洲等区域全面收缩。美国则针对苏联的变化进行了适时调整，提出了“超越遏制”战略，在政治、经济、意识形态等领域对苏联和苏联主导下的东欧国家实施渗透。在多重力量的作用下，东欧的社会主义国家在 1989 年下半年先后发生剧变，苏联也于 1991 年底解体，美苏两极地缘政治格局最终瓦解，以欧洲的分裂为核心的两极地缘政治格局不复存在。

两极地缘政治格局在历史的演进中呈现出的特征主要表现为：(1) 海权与陆权的恒久对抗；(2) 力量中心之间“零和博弈”；(3) 世界的地理现实被人为分割；(4) 势力范围之间全面对抗，缺乏合作；(5) 极易导致冲突和发生战争；(6) 意识形态因素突出。

三、多极地缘政治格局

多极地缘政治格局，指的是在全球或区域范围内，存在多个综合实力较强大的国家或国家集团，任何一方都无法单方面获取绝对优势地位。在多极地缘政治空间结构中，主要力量竞争共处，大国之间趋于正常良性互动，并通过建立对话协商机制进行合作、体现竞争，从而实现各自利益。

多极地缘政治格局大致包括三角关系格局、四边关系格局、五极均势格局、一体化格局等。从历史来看，多极地缘政治格局首先出现在欧洲，“维也纳体系”开启了英、法、俄、普、奥五强并立的欧洲地缘政治格局状态。以此为基础，五大国在欧洲上演了一幕幕合纵连横、纵横捭阖的大戏，虽然这维持了欧洲近一个世纪的和平，但也导致了两次世界大战的爆发。

冷战结束后，虽然美国仍在不断尝试建立以它为核心的单极霸权体系，但地缘政治格局的多极化发展趋势不可逆转。美国虽有一超独大的地位，但与世界其他几大力量中心的综合国力之间的差距在日趋缩小。从五大力量中心竞争和发展的状况来看，中国、欧盟、日本、俄罗斯的力量和影响力虽不及美国，但在全球和地区新秩序的构筑中发挥着重大作用，相互之间构成了紧密的多边关系。各力量中心还与美国构成了多重战略三角关系，这些力量中心间的互动决定着多极格局的走向。

值得我们注意的是，各地区力量中心实现了迅速发展，印度、巴西、南非等地区性大国快速崛起，它们在地区事务中的作用并不亚于某些全球性力量中心。同时，在全球化和区域集团化不断加深的背景下，非盟、东盟等区域性组织的实力不断增强，并以区域合作的形式形成一种合力来共同参与国际竞争，从而对地缘政治格局产生着重要影响和重大制衡作用。

多极地缘政治格局所表现出的特征在于：（1）三个以上力量中心复杂互动；（2）较为稳定的三角、四边或五极“均势”；（3）边缘—外围地带力量的行为取决于其利益偏好；（4）多重力量的相互牵制使国际局势总体安全，但局部麻烦不断；（5）地缘文化和地缘经济因素的作用凸显。

第三节　地缘政治格局演变的基本规律

地缘政治格局是以国际政治格局为基础，以地理分布为外在表象并以地理区位方式表现出来的一种形态。地缘政治格局有其固有的特性和变化规则，我们称之为地缘政治格局演变的基本规律。它是行为体尤其是国家行为体在处理国家关系和国际事务时分析地缘要素与战略行为的重要依据。同时，它也决定着国际关系的进程，这一进程是不以人的意志为转移的客观趋势。

探索地缘政治格局的规律，一是通过研究古今中外国家与国家间地缘关系发展变化的历史分析，找出其演变的基本法则；二是研究地缘关系所确定的相互依存的必然联系，特别是各行为体在处理国际事务过程中提出的地缘政治思想或地缘政治的实际概括，找出地缘关系在国际政治活动中的作用原理，从中揭示地缘政治格局演变的一般规律。地缘政治是一种复杂的人类政治现象，是世界政治的重要组成部分；而地缘政治格局作为国际格局在地缘政治上的反映之一，在国际关系的运行中也扮演着重要的角色。地缘政治格局演变的规律是地缘政治发生与发展过程中固有的、本质的、必然和稳定的联系，这种联系是由多种因素构成的。

一、科技进步是内在驱动力

科学技术进步是地缘政治中最活跃的因素，是地缘政治格局演变的内在驱动力。地缘政治格局的演变过程体现了一定技术条件下地理环境与人类事务之间的相互关系，也反映了人类控制与利用自然的能力。在地缘政治学的发展尚处萌芽阶段的时候，许多颇有见地的学者就提出了关于地缘政治与科技相联系的观点。随着进化论不断深入人心并逐渐从自然领域进入到社会科学领域，“社会进化论”产生，该理论为拉采尔、契伦开创“地缘政治学”创造了条件。随着航海技术的进步与发展，马汉提出了“海权论”的观点。蒸汽机车的发明，陆上铁路、公路系统的发展，使麦金德的“陆权论”随之产生。飞机等航天器的发明和运用则促进了杜黑“空权论”的提出。第二次世界大战后，军事技术的突飞猛进，尤其是第三次科技革命的发展，核技术、洲际弹道导弹的使用，不但丰富了地缘政治学研究的内涵，也让科技因素在地缘政治格局的演变中变得愈来愈重要。

冷战结束后，国家间的竞争实质是以科技实力为核心的综合国力的较量，科学技术对地缘政治格局的作用更加彰显。科学技术对地缘政治的作用主要表现在两方面：一是技术因素影响国际经济关系，进而影响和改变国际政治；二是技术因素能够改变地理空间的性质和意义，从而影响地缘政治。技术因素对国际经济关系的影响是通过改变政治本身而实现的，而对于地理空间上的影响则是通过改变空间性质来完成的。从技术因素影响国际经济关系从而改变地缘政治这一途径的角度来看，技术的发展引起经济结构和生产方式的改变，进而带动国际层面生产关系的变革，从而改变地缘政治。如科技革命促进了产业革命的发生，带来国际分工、资本流动、资源和市场供求关系等一系列国际经济关系的改变。经济对政治的影响是决定性的，经济领域的变革必然推动国际政治、社会、文化关系的变化，导致国际政治从内容、结果到秩序等方面的深层变化，从而改变地缘政治的实质。因此，技术因素通过国际政治经济关系对地缘政治的作用和影响往往是直接的和最为有效的。从技术因素改变地理空间性质，进而改变地缘政治的途径的角度来看，在不同技术条件下，空间对权力的意义不同，但其影响是客观存在的。在地缘政治逐渐联结为一个整体以前，正是因为造船业技术的进步和繁荣，15 世纪的新航路才得以被开辟，使世界连接为一个整体的地缘政治格局才得以出现。20 世纪初，铁路技术的发展改变了原先的海权优势，尤其是内燃机车和现代公路网的铺设使地面的机动性超越了海洋，陆权的加强在一定程度上打破了陆权与海权力量的平衡。飞机的诞生使人类政治的竞争从陆地上升到了空中，天空的机动性和战略性也极大地影响着地缘政治。此后，能够进入外层空间的各种飞行器陆续出现，地缘政治空间也进入远离地球表面的外层空间。

从技术发展与人类社会竞争场所关系的变迁来看，技术因素的不断发展往往能够打开新的地缘政治空间，技术因子通过对国际经济、政治的影响和对地理空间性质的改变，不断影响着地缘政治的运转模式，地缘政治舞台也由最初的陆地、海洋扩大到天空和太空，并不断在这几个领域内切换。随着技术的继续发展，地缘政治的新空间还在不断地被开辟，技术因素在这一系列过程中扮演着越来越重要的角色。

二、海权与陆权的对立统一是恒久的形态

海权与陆权的对立统一是全球地缘政治的重要内容之一，是地缘政治格局演变过程中的常态。在海权与陆权对立统一的过程中，“边缘地带”是两种性质的权力交互作用的最活跃地带。两极国际格局最能体现出海权与陆权的对立与统一，陆权和海权的两分始终是两极理论的中心部分。随着两极格局的瓦解，世界地缘政治格局进入到新的阶段，但是海

权与陆权对立统一的历史地理规律却始终未变。

地球地表系统存在着海洋环境和大陆环境的巨大差异，两类性质不同的空间使地球表面形成了陆权与海权两大地缘政治权力的基本形态，这就在地理上造成了世界地缘政治系统中海权与陆权的对立与统一。海权通常是领土较小、力量建立在商业财富基础上的海上国家的产物。当大的实体从海上世界崛起时，这些实体通常包括地理上接近的国家或海上帝国组成的联盟和集团。由海上帝国组成的联盟或者集团在地理上较为破碎，自然特征也有很大的不同，其不连贯的领土通过海洋联系到一起。而陆权是建立在领土扩张之上的，是由强有力的单个核心地区的领土扩张而形成的，这个扩张的过程使陆权国家在领土上连成了一片，并使其有可能在控制沿海大片海岸线后发展自己的海上力量，以达到统治世界的目的。对陆权而言，其最终的目标和权力的基础都在于获得领土，然而陆权国家对于领土的追求终究会威胁到海权国家的生存与发展，因此，海权国家与陆权国家的对立和对抗是结构性的，是难以避免的。从地缘政治格局形成的历史情况看，海洋环境和大陆环境的差异为完全不同的地缘政治形态的发展提供了场所，在这两种环境中演进的文明、文化和政治制度有着较大的区别。陆权国家与海权国家的争斗成为世界政治的主要态势。

麦金德认为，“各个时代的社会运动，基本上都是围绕着相对的自然特征进行的”①，而“任何可能的社会变革似乎都不会改变它和它赖以生存的巨大地理界线之间的关系”②。历史上海上强国和陆上强国的对峙很早就已经出现了，发生在公元前431年到公元前404年古希腊城邦国家间的伯罗奔尼撒战争，就是海上强国雅典与陆上强国斯巴达之间的争霸战争，也是海权与陆权争霸的历史端倪。在近代的拿破仑战争后，世界上最强大的国家——代表海权的英国与大陆国家俄国之间围绕欧亚大陆的霸权展开了长达半个多世纪的争夺，这被视为海权与陆权对立的经典案例。当时，尽管装备了蒸汽机的轮船和大小运河的开通增强了海上强国的机动性，但横贯欧亚“心脏地带”的长达9 000多公里的大铁路，加强了陆上强国的机动性。这个陆权国家向边缘地区扩张，并利用其巨大的大陆资源来建立舰队，欲求建立世界帝国，虽然最终强大的英帝国取得了对俄的阶段性胜利，但陆权国家挑战世界霸权的实力可由此略见一斑。此后，在20世纪持续了40多年的冷战也是由以美国为代表的海洋势力与以苏联为代表的大陆势力围绕着世界霸权所展开的，美苏争霸更是成为海权与陆权相对立的典型。

然而，海权与陆权的结构性矛盾并不意味着地缘政治格局系统的分裂，相反，如同一个完整的地表系统一样，地缘政治格局演变规律中的陆权与海权关系，是一个既对立又统一的系统。其统一性表现在：首先，陆权与海权有相互补充的一面，尤其在世界联系日益紧密、全球化进程不断加快的趋势下，陆权与海权相互补充的一面愈加明显；其次，从历史现实来看，海洋强权都注意其自身陆上力量的发展，而大陆强权则同样重视其海洋力量的建设，陆权与海权的划分实际上不是绝对的；最后，陆权与海权也存在着很深的依赖关系，大陆强权需要利用海洋走向世界，海权的发展则离不开陆上基地的供给与支持，海权和陆权可以相互转换，海权与陆权的统一是通过介于大陆与海洋之间的“边缘地带”实

① ［英］麦金德：《历史的地理枢纽》，林尔蔚等译，62页。

② 同上书，60页。

现的。

特别值得一提的是，当海权和陆权受到共同威胁的时候，海权和陆权通常选择联合起来共同对付破坏他们安全的危险力量。在第一次世界大战中，面对强大德国的威胁，海上强国英国、美国与俄国走到了一起，组成协约国集团，最终打败以德国为首的同盟国集团。第二次世界大战期间，德国发动了对苏联和欧洲其他国家的大规模入侵。面对德国的紧逼，当时最强大的海权国家美国与最强大的陆权国家苏联甚至放下了各自颇为重视的意识形态的斗争，选择共同合作对抗法西斯国家。这些都表明了海权国家与陆权国家既对立又统一规律的存在。第二次世界大战后，麦金德重提心脏地区的资源和自然特征的重要性，主张在战后分割东欧，清除德国力量，重组这一地区的政治版图，构建在德国东面存在有强大苏联，西面有英国、法国和美国联盟这样一种政治地理格局，这是对海权与陆权对立统一状况的一种反思和认同。因此，从地缘政治格局演变的历史规律来看，海权与陆权的对立统一是地缘政治格局演变的常态。

三、民族问题始终相随

民族问题是指在民族形成、发展直到消亡之前的各个历史阶段，不同民族和民族共同体间在社会生活的各个领域发生的各种矛盾。民族问题是一个社会政治问题，属于一定的历史范畴。① 民族问题一直给地缘政治格局带来重要影响。历史上，民族的发展是伴随着世界帝国的衰亡、殖民主义体系的崩溃、科学社会主义的实践及全球性民族解放运动的兴起而推进的，民族问题深刻地影响着地缘政治格局的形成与分布。世界上有 3 000 多个大小不等的民族，分布在约 200 个国家和地区，各民族之间会因为语言、文化、宗教信仰、生活方式、风俗习惯、经济发展水平等的不同而在相互交往的过程中产生一系列的矛盾和冲突，这些矛盾往往还伴随着宗教问题而出现，各民族间常常会因为教义和信仰的差异而出现冲突。民族因素具有两重性，民族主义则是一把双刃剑，它既有压迫的功能，又有反抗的功能；既可以成为国家统一的力量，又可以成为瓦解的力量；既是经济繁荣的产物，又是经济萧条的产物。② 历史上，民族问题会引发纷争，并会导致政治疆界与民族、宗教分布不相吻合的现象的发生，这些现象贯穿于整个地缘政治格局演变的全过程。

20 世纪 90 年代后，全世界的主权国家已经达到 190 多个，该数目相当于 20 世纪初的三倍，这深深地改变着地缘政治格局。世界上许多国家和地区都存在着民族问题，可以说民族问题在国际政治生活中是无处不在。民族问题导致区域性冲突，冲突的结果必然影响国家安全和社会稳定，地缘政治版图和地缘政治格局也有可能因此发生改变。原南斯拉夫地区的民族宗教矛盾就使该地区的地缘政治格局发生了巨变，地区版图完全改变。冷战结束后，一些长期被“两极”体系压制的民族问题和民族矛盾开始浮现并激化，加上某些不负责任的大国的插足，许多国家陷入了民族问题的困境中。中东地区的巴以冲突、巴尔干地区的南联盟内战、南亚印巴的长期对峙、东南亚印度尼西亚的内部冲突等都是伴随着宗教问题而引发的民族纷争，地缘政治格局也在这些纷争中不断发生着变化。

---

① 参见《中国大百科全书·民族》，314 页，北京，中国大百科全书出版社，1986。
② 参见［美］威廉·奥尔森等编：《国际关系的理论与实践》，王沿等译，26 页，北京，中国社会科学出版社，1987。

民族问题历来是国际政治中的重大问题，在不同的历史时期，民族问题总是以这样或那样的形式反映出来。在20世纪人类社会的民族进程中，出现过三次世界性的民族主义浪潮，它们分别发生于第一次世界大战、第二次世界大战和冷战结束前后。第一次世界大战确立了“凡尔赛格局”，第二次世界大战形成了“雅尔塔格局”，第三次则是通过“冷战”与“和平演变”实现的。无论是通过热战还是冷战，通过武力较量抑或是“和平演变”，伴随着这三次世界格局的转换而兴起的是三次全球性的民族主义浪潮，是三次民族独立运动。在每次世界格局的变换之后，都有一批新兴的民族国家诞生。由于每次具体的历史背景和国际环境不同，民族主义浪潮所针对的目标与所具有的内容和性质便有所不同。毋庸置疑，民族问题给地缘政治格局带来的影响是极为深刻的。

两极格局的解体造成了世界战略力量的失衡，两极体制掩盖下的各种矛盾，包括民族矛盾，不可避免地暴露出来。由于新的制衡机制尚未建立，从而使得民族分离运动在失控的状态下得以迅速发展。民族主义倾向的增长和民族分离运动的发展，使冷战后的国际政治关系趋于复杂，并给国际政治新秩序的建立带来了新的困难。大规模的民族分离造成了地缘政治关系的重大改变，新的地理版图诱发了新的政治版图划分的斗争。历史上，地理疆界的变迁总是与经济利益和安全利益的追求联系在一起的；地理版图的变化不可避免地会引起相关国家的战略调整，也必然会牵动着地缘政治格局的变迁。俄罗斯与西方就北约东扩问题所展开的长期斗争，以及针对乌克兰、中亚国家发生“颜色革命”后的激烈反应，都是这一规律的必然反映。国家地位的变化，国家间关系的调整，地区和世界格局的重组，都会不同程度地引发民族问题，进而使地缘政治格局发生改变。

第三章

地缘政治学理论与美国的全球地缘战略

重点问题

- 美国地缘政治学理论沿革
- 冷战时期美国地缘战略
- 冷战后美国地缘战略的调整及走向

地缘政治学理论在美国影响深远，它根植于人们的意识中，成为政治家、战略家们观察国际事务、思考战略问题的一种习惯性观念。在美国的国家安全战略中，始终隐含和贯串着深厚的地缘政治思想，这一战略是以稳定的地理考虑为基础的。由于地缘政治已经成为美国人考虑国际战略问题的一种习惯性的思维与观念，因此，在历届美国政府的国家安全战略报告中，无论是宏观的指导思想，还是微观的具体问题的分析处理，都渗透出浓厚的地缘政治气息。纵观美国从建国到冷战结束后地缘战略思维的发展轨迹，不难发现，尽管其在不同历史时期的具体内容有所不同，但这些地缘战略思维具有一个共同特征，即都是一种以陆权国家与海权国家的冲突与对立为前提、以追求海洋空间为重点、以控制欧亚大陆“边缘地带”为核心、以遏制欧亚大陆陆权国家为目的、以维持欧亚大陆力量均衡为手段的海洋型地缘战略思维。

第一节　地缘政治学理论在美国的发展与“复活”

地缘政治学理论是美国制定外交政策和全球战略的理论基础，而美国的全球战略目标始终与其所面临的国际战略环境紧密相关。历史上，美国地缘战略思维的形成和发展大致经历了四个重要的时期：

第一时期是从独立战争到19世纪末期的“门罗主义”的阶段。在这一时期，美国的地缘战略思维以“门罗主义”为代表，以美洲大陆为棋盘，不但力求避免卷入欧洲列强的争斗，同时也利用美国特殊的地理位置优势，积聚国力，集中全力在美洲大陆扩展势力，力争使“美洲成为美国人的美洲”。

第二时期是从1898年美西战争爆发到第二次世界大战前的“门户开放”阶段。在这一阶段，美国以“海权论”为指导，以美洲为依托，试图将整个美洲大陆和亚洲、太平洋地区纳入其势力活动范围。

第三时期是从雅尔塔体系形成到华约解体的冷战时期。冷战时期的美国地缘战略思维从全球视角出发，将美苏争霸视为核心内容，并在理论上极力推崇斯皮克曼的“边缘地带”学说。

第四时期是从冷战结束以后至今。处在这一阶段的美国以一超多强的世界格局为背景，继续巩固其全球霸主地位，地缘战略重心也由此从欧洲转向亚太地区。“9·11”事件发生后，美国的地缘战略开始了阶段性转型，并逐步转向以反恐战略为核心的“大战略”。同时，美国加强了对极具重要性的地缘战略区域和军事地带的掌控，这使美国在推进其全球战略的过程中取得了更为有利的位置。

一、美国地缘政治学理论的酝酿和初步形成

美国是一个后起的资本主义国家，在战略研究方面是西方国家中起步较晚的。由于其东西濒临两洋，南北相接弱国，因此，从其独立到19世纪末，这个国家在安全方面从未遇到过严重的威胁，也未遇到过迫切需要到海外作战的情况。

在美国建国之后相当长的历史时期内，美国外交所奉行的是由“国父”华盛顿所确立的孤立主义原则。华盛顿在其著名的《告别词》中就新生的美利坚合众国的外交政策提出下述基本原则①：

（1）要将美国建成自由进步的伟大国家，最为重要的是应该排除对某些个别国家抱有的永久且根深蒂固的反感，同时对另一些国家则又有感情上的依附。

（2）为了保卫美国的安全，自由的美国人民必须对外国势力的阴谋诡计和影响有清醒的认识，因为历史和经验证明，外国势力是共和政府最致命的敌人之一。

（3）美国应该与外国发展商务关系，但是要避免与它们发生政治联系，不能与任何外国建立永久的联盟，除非在非常紧急的情况下才可以建立短暂的联盟。对已经订立的政治性条约，虽然应该忠实履行，但仅以此为限，以后不再增加。

（4）由于欧洲有一些与美国无关或者关系非常微小的根本利益，因此美国不能通过人为的纽带牵连进欧洲的政局变换中去，或者卷进与欧洲为友或为敌的那些通常的结合和冲突中去。

（5）美国独处一方，远离他国，这种地理位置允许并促使美国能够推行一条独特的外交路线，使好战国家既不能从美国获得好处，也不敢轻易冒险向美国挑衅。美国也因此可以在正义的指引下，依照自己的利益，在和平与战争问题上作出自己的抉择。

美国长期奉行孤立主义，保持“超然地位”，不卷入欧洲旧大陆的纷争。在发展商业关系时，美国尽可能避免同外国发生政治联系，避免同任何外国订立永久性同盟，以维护美国自身的独立、领土的完整和选择的自由。从1783年独立战争胜利到19世纪末这100多年中，美国奉行的地缘战略实际上是一种“西半球防御”战略，其根本目标就

① 参见《华盛顿选集》，聂崇信等译，北京，商务印书馆，1983。

是防止东半球对西半球的入侵，从而获得其对北美的支配地位和对西半球的霸权。①

19世纪与20世纪之交，美国资本主义发展到帝国主义阶段，受到商业利益的驱使，美国开始将注意力转向外部世界，决定到更大的国际舞台上去扩大自己的影响。形势发展推动着美国"有特定目标的干涉主义"的形成，使其从大陆扩张转为海外扩张。正如彼得·特鲁博威兹所指出的："美国在19世纪创建了一个大陆帝国，遂把目光投向更遥远的边界"②。

在地缘政治学作为一门系统的学问在欧洲诞生之前，美国海军军官、理论家阿尔弗莱德·马汉就已经在研究国家力量与海洋地理环境之间的关系，并提出了著名的"海权"理论。他是近现代史上从全球地缘角度进行战略研究并首先取得重大成就的人。当时，英帝国主义正处于海外扩张高潮的后期，世界市场已被瓜分完毕；而美国正步入世界大国行列，欲从西半球走出来，开展世界竞争。马汉分析了海洋的历史，得出这样一个结论：美国必须控制海洋，特别是在战略上比较重要的海上航道，这样做对保持大国地位具有决定性意义。根据马汉的分析，海军大国国力的增长和繁荣是极端重要的；一个国家要取得海军大国地位，要依靠它的地理位置、地形构造、领土范围、人口、民族特征和政府形式。马汉所提出的"海权论"思想集中反映在1890年出版的《海权对历史的影响：1660—1783》一书中。他认为，谁能控制海洋，谁就能成为世界强国；而控制海洋的关键在于对世界重要海峡和航道的控制。

马汉的"海权论"代表美国地缘政治理论的初步形成。该理论深得时任美国总统西奥多·罗斯福的赏识，并促使他致力于美国海军的发展，马汉也被称为是"美国生活中最伟大、最有影响的人物之一"。富兰克林·罗斯福总统则称自己是马汉的"热心学生和信徒"，他相信对地理学的了解对于认识世界事务具有重要意义。③肯尼迪总统"控制海洋就意味着胜利"的思想，以及20世纪80年代中期美国军方宣布必须控制16个世界航道咽喉的事例，都体现了马汉的海权理论对美国国家战略的影响。美国史学界称马汉为带领美国海军进入20世纪的有先见之明的天才。如今，马汉的海权思想在英国、日本、德国、印度等国家仍有深刻影响。

二、美国地缘政治学理论的发展

1. 斯皮克曼："边缘地带"理论

美国现实主义理论家尼古拉斯·斯皮克曼是美国20世纪40年代初的著名地缘政治学家。在其著作《和平地理学》一书中，斯皮克曼指出，英国地理学家麦金德提出的"心脏地带"理论过高估计了亚欧"心脏地带"的作用。由于麦金德的"心脏地带"理论在当时的地缘政治研究中十分流行且影响很大，所以斯皮克曼提出的与"心脏地带"理论相反的

① 参见［美］约翰·柯林斯：《大战略》，153～154页，北京，中国人民解放军军事科学院，1978；［美］乔治·弗里德曼、梅雷迪恩·勒巴德：《下一次美日战争》，何力译，21～24页，北京，新华出版社，1992。

② Peter Trubowitz, *Defining the National Interest: Conflict and Change in American Foreign Policy*, Chicago & London: The University of Chicago Press, 1998, p. 31.

③ 参见［英］杰弗里·帕克：《二十世纪的西方地理政治思想》，李亦鸣等译，123、145页，北京，解放军出版社，1992。

理论，即边缘地区学说，瞬间引起了学术界和人们的兴趣与注意。

斯皮克曼认为，一个国家为了实现扩张的需要，总要寻求进入海洋的通道，支配接近交通要道的战略要点，控制大陆的“边缘地带”。相比而言，大陆“边缘地带”向外扩张时所遇到的阻力是最小的。为防止一个国家的扩张，别国同样必须首先控制“边缘地带”。因此，他认为对海权国家造成威胁的并非是位于欧亚大陆的“心脏地带”，而是位于“心脏地带”和西方势力控制的沿海地带之间的缓冲地带，这一地区在未来的政治格局中的地位将不断上升，并成为统治沿海地带的关键地区。因此，斯皮克曼认为，欧亚大陆的“边缘地带”是各强国进行占领和控制的核心地区。他抛弃了麦金德的口号，并提出：谁控制了边缘地区，谁就能控制欧亚大陆；谁支配着欧亚大陆，谁就能决定世界的命运。斯皮克曼的“边缘地带”理论对美国外交政策的制定产生了深远影响。

2. 科恩：地缘政治战略区模式理论

1973 年，美国地理学家科恩进一步发展了地缘政治理论，提出了著名的地缘政治战略区模式。他将世界分为海洋贸易区和欧亚大陆区两个地缘战略区：海洋贸易区包括五个地缘政治区，它们分别是北美—加勒比地区、西欧—马格里布、东亚诸岛—大洋洲、南美洲、撒哈拉沙漠以南的非洲；欧亚大陆区包括“心脏地带”和东欧、东亚两个地缘政治区，两区之间夹有南亚、中东和东南亚三个区，其中南亚是潜在的地缘战略区，而中东和东南亚处于超级大国的势力范围之间。由于这两个地区的各国之间相互对立，缺乏政治一致性，因此，这两个区域也被称为破碎带。1982 年，科恩修改了这一模型，指出原属战略政治区的西欧、日本、中国已发展为世界大国，并与美国、苏联一起构成了多核世界；印度、巴西、尼日利亚的作用和地位上升；撒哈拉以南到南非的地区转变成了第三个破碎带。

3. 格雷厄姆：“高边疆”理论

丹尼尔·奥·格雷厄姆是美国的安全问题专家，他的《高边疆——新的国家战略》一书是探讨美国“星球大战”计划和空间战争战略的重要著作。格雷厄姆曾任美国国家安全委员会特种计划室主任、里根政府的国家安全顾问。1976 年，他从国防情报局局长任上退休，担任起迈阿密大学国际研究所的教授、研究员等职。

20 世纪 80 年代初，格雷厄姆同美国 30 多位著名科学家、经济学家、空间工程师和军事战略家精心研究并撰写了《高边疆——新的国家战略》一书，为美国总统里根提出的“星球大战”计划在理论上和技术上提供了论证性依据。书中所提到的“高边疆”系指太空领域，“高边疆”战略实则指美国要通过开拓和利用空间领域来发展经济和军事实力，从而在美苏的全面竞争中占据战略优势。该书于 1982 年由美国高边疆学会出版，一经问世便受到美国政府、军方和公众的关注，对美国当时的经济、政治、军事和高技术发展以及世界局势均产生了重大影响。

格雷厄姆系统地论证了分阶段、分步骤研制、部署以天基为主，陆基、海基、天基相结合的多层弹道导弹防御系统的必要性，并在多数章节后的附录和附件中，分别从财政、政治、法律和技术角度出发，论证了其所述观点的可行性。他认为，美国奉行的“相互确保摧毁”的战略并不能为美国提供有效的核保护，这一战略束缚了美国进行军备控制的能力，导致美国及其盟国在核攻击和核讹诈面前无所作为；为了消除苏联军事力量对美国及其盟国现有的和日益增长的威胁，美国需要彻底摈弃“相互确保摧毁”的战略，实行新的“高边疆”战略；美国还要充分利用空间技术优势，把防御系统有效地部署在空间范围内，摆脱不稳定的“恐怖平衡”，走向“确保生存”的世界环境，有效地促进美国经济发展；另外，要使美国和盟国的战略思想体系从“相互确保摧毁”转向“确保生存”，唯一的出路就是部署全球弹道导弹防御系统。“高边疆”战略强调加强美国的进攻性战略力量，认为战略防御并不排斥替换过时的战略轰炸机、导弹和导弹发射潜艇等相关要求。“高边疆”战略的主要军事影响是其能以最快的速度、最经济的方式满足美国所要求的“安全”感，恢复美军传统的军事伦理道德。它还可使苏联面临其最害怕的武器竞赛，从而加重苏联的技术、工业和资源负担，动摇苏联在过去20年里花费巨资建造起来的战略结构的根基。

三、地缘政治学理论在美国的“复活”

由于地缘政治学与德国纳粹之间的某种特殊关系，这门学科在其发展过程中几经波折，甚至一度被打入冷宫。但是，地理和空间是现实存在的，正如人们不能忽视自己赖以立足的大地一样，人们也不能忽视地理同人类活动和政治发展的相关性。地缘政治学是地理和政治之间连接的产物，是人类智慧无法跳跃的一个逻辑地带。正因如此，许多人建议把地缘政治学从德国地缘政治学的捆绑中解放出来。把地缘政治学视为伪科学，实际上是把地缘政治学看做一个历史的现象，而且认定它包含了错误的观念，并应该被永久封存起来，这种主张拒绝把地缘政治学视为一个具有独立性、包容性、广泛性的学科。到了20世纪70年代，地理学界与政治学界重新启用了地缘政治学，并把它带回到国际论坛的核心地位。至此，地缘政治学开始步入回归和复兴当中，在这一过程中，美国和法国充当了先锋。

地缘政治学再次被引入美国并被普及，主要归功于美国前国务卿亨利·基辛格，他将地缘政治学说引进其有关外交政策的论述中。正是由于基辛格的认可，地缘政治学连同其形容词“地缘政治的”才很快进入了美国已经确立的政治和国际关系词汇中。在他看来，地缘政治意味着对外政策的非情绪化和非意识形态化，意味着要在现实主义的考虑之上准确地界定国家利益，然后根据自己的实力和掌握的资源来谨慎地维护。

在经历了历史上“大陆心脏学说”与“边缘地带”理论的竞争后，以陆权思想为主导的独具特色的美国地缘战略观最终形成。由美国前国家安全顾问、美国当代著名战略理论家、地缘政治学家兹比格纽·布热津斯基所著的《大棋局》一书正是体现这一思想的集大成之作。布热津斯基曾任卡特政府国家安全事务助理，其地缘外交思想主要表现在他的两本代表性著作《运筹帷幄》（1986）和《大棋局》（1997）之中，大致可归纳为以下三个方面：

（1）维护美国霸权地位的霸权主义思想。布热津斯基的这两本著作虽然著于不同的年代，但是它们的根本出发点却是完全一致的，即要不择手段地维护美国的霸权地位。在《运筹帷幄》一书中，布热津斯基声称：“美苏关系是一种两个大国之间的典型的历史性冲突。然而它不仅仅是两个国家之间的冲突；它同时是两种帝国制度的斗争。它是一场两个国家对全球霸权的争夺，这在人类历史上还是第一次。”“美苏争霸不仅是一个民主国家与一个集权国家的斗争，而且是两个大的帝国制度之间的冲突……美苏冲突确已变成了两个主要帝国在全球范围内的名副其实的历史性斗争。”① 至于“帝国”的含义，布热津斯基明确指出：“我使用的‘帝国’这个词在道义上是中性的，是用以描述一种从中心向外辐射的政治关系层次体制。”② 换言之，帝国就是指国际关系中的等级制度，不平等制度，它使所有国家受制或服从于一个或几个政治中心。而在《大棋局》一书中，布热津斯基则宣称，冷战结束以后，由于苏联的垮台，美国在全球取得独一无二的首要地位，“它成为第一个也是唯一一个真正的全球性大国”③。由于美国在军事、经济、技术和文化上所具有的明显优势以及其在国际体系中的支配地位，这个国家成了后冷战时代“一个唯一的、全面的全球性超级大国”④。但是，与历史上曾经出现的帝国相比，美国是一个新型的霸权国家，美国的世界霸权具有很大的广度，但其深度有限。美国的霸权意味着其将发挥决定性的影响，然而，与过去的帝国不同的是，它并不意味着直接的控制。因此，按照布热津斯基的看法，美国在冷战结束后实际上已经取得了全球霸主的地位，“美国在不到一个世纪的时间内获得了这一霸权，其主要的地缘政治表现是美国在欧亚大陆所发挥的前所未有的作用”⑤。但是，问题在于如何把美国的这种霸主地位至少保持一代人之久或者更长远一些，同时还要建立一种地缘政治框架，以便顺应将来美国霸权衰落之后的世界情势。

（2）重视欧亚大陆的地缘战略思想。从维护美国霸权地位的目标出发，布热津斯基非常重视欧亚大陆的地缘政治轴心作用。早在《运筹帷幄》中，他就写道：“美苏争夺虽然是全球性的，但有一个中心重点，这就是欧亚大陆。这一大陆块在双方争夺中是地缘战略的焦点，是地缘政治的争夺目标。争夺欧亚大陆的斗争是一场全面的斗争，是在三条主要战略战线上展开的：远西战线、远东战线和西南战线。”⑥ 第一条战线——远西战线，在地缘政治上至关紧要，是工业最先进的地区，并控制着大西洋的重要出海口。远东是第二条战线，其地缘政治的意义在于它控制着通往太平洋的主要出海口。第三条是西南战线，即西南亚，这里是重要的产油区。在这三条战线上，都分布有几个要害国家，如欧洲的波兰和联邦德国，远东的韩国和菲律宾，西南亚的伊朗、阿富汗和巴基斯坦等。对美国来说，阻止苏联控制欧亚大陆特别是周边要害国家是这场争夺取得可以接受的结果的前提。冷战结束以后，国际形势发生了根本的变化，美国的对手——苏联已不复存在，美国实际上成了欧亚大陆的操控者。但是，布热津斯基认为，欧亚大陆的地缘政治地位仍然不容忽视。他在《大棋局》中写道：“对美国来说，欧亚大陆是最重要的地缘政治目标。欧亚大国和欧亚民族主导世界事务达五百年之久，其间它们为了争夺地区主导权而相互争斗成为全球性大国。现在，美国能否持久、有效地保持这种地位直接影响美国对全球事务的支配。”⑦ 布热津斯基认为，从里斯本到符拉迪沃斯托克的整个欧亚大陆，就像一个巨大的、形状不规则的欧亚大棋盘，为“棋赛”提供着舞台。从地图上观察，欧亚大陆是全球面积

① ［美］兹比格纽·布热津斯基：《运筹帷幄》，刘瑞祥、潘嘉玢译，7～8页，北京，译林出版社，1989。
② 同上书，16页。
③ ［美］兹比格纽·布热津斯基：《大棋局》，中国国际问题研究所译，8页，上海，上海人民出版社，2007。
④ 同上书，21页。
⑤ 同上书，158页。
⑥ ［美］兹比格纽·布热津斯基：《运筹帷幄》，刘瑞祥、潘嘉玢译，31页。
⑦ ［美］兹比格纽·布热津斯基：《大棋局》，中国国际问题研究所译，26页。

最大的大陆和地缘政治中轴；主宰欧亚大陆的国家将能控制世界最先进和经济最发达的三个地区中的两个；控制了欧亚大陆就几乎自然而然地控制了非洲，并使西半球和大洋洲在地缘政治上成为这个世界中心的大陆的周边地带。目前，欧亚大陆拥有世界人口的75%左右，世界GDP的60%左右，世界已知能源的3/4左右。它还集中了世界上大多数在政治上非常自信和富有活力的国家，排在美国后面的六个世界经济和军费开支大国都在欧亚大陆，世界上的公开的核大国除美国外，也都集中在欧亚大陆。因此，对美国霸权地位提出挑战的国家将主要是欧亚大陆国家。根据欧亚大陆主要国家的实力及其与美国的关系，布热津斯基把它们划分为地缘战略棋手国家和地缘政治枢纽国家。地缘战略棋手国家是指“有能力、有民族意志，在其国境之外运用力量或影响去改变现存地缘政治状况以至影响美国利益的国家”①，它们是法国、德国、俄罗斯、中国和印度。地缘政治枢纽国家是指处于敏感地理位置、其潜在的脆弱状态会对地缘战略棋手造成影响的国家，包括乌克兰、阿塞拜疆、韩国、土耳其和伊朗。根据地理位置，布热津斯基认为，欧亚大棋盘还可分为西部、东部、中部和南部四个部分。其中，西部地区主要由美国的西欧盟国组成，他将这些国家称之为“民主的桥头堡”和美国“向欧洲大陆腹地逐步扩展民主的跳板”②。东部地区指包括中国在内的东北亚和东南亚国家。他认为该地区实现了经济的高速增长，同时又成为“世界的潜在政治火山”③。中部地区主要包括原苏联和中东欧国家。布热津斯基认为，苏联解体使该地区出现了一个地缘政治上的“黑洞”。南部地区主要包括东南欧的一部分，中亚、南亚的一部分，波斯湾地区和中东。该地区战略位置重要，蕴藏大量石油和天然气，虽然种族和宗教冲突激烈，但却是大国角逐之地，堪称“欧亚大陆的巴尔干”。根据对欧亚大陆地缘政治形势的分析，布热津斯基认为，美国必须制定一项全面的、完整的和长期的欧亚大陆地缘战略，旨在促进欧亚大陆地缘政治的多元化，阻止一个占主导地位的敌对的欧亚大国或任何威胁到美国霸权地位的反美联盟的出现。美国在欧亚大陆的中长期目标是培育真正的伙伴关系，建立一个能够分摊政治责任和进行全球合作的框架，这一框架“既能化解政治社会变革必然带来的冲击和损伤，又能演变成承担和平管理全球的责任的地缘政治核心”④。

(3) 分而治之的外交谋略思想。为了维护美国的霸权地位和推行美国的欧亚大陆地缘政治战略，布热津斯基主张实行分而治之的外交谋略。他认为，欧亚大陆的力量加在一起远远超过美国，但幸运的是，欧亚大陆太大，无法在政治上成为一个整体。另外，在今后一段时间内，或者说在一代人以上的时间内，不可能有任何单个国家向美国的世界首要大国地位提出挑战，因此，美国应当加强和永久保持欧亚大陆地缘政治的普遍多元化，促使人们重视纵横捭阖，防止出现一个最终可能向美国的首要地位提出挑战，并谋求将美国赶出欧亚大陆的敌对联盟。这种敌对联盟最有可能是中、俄与伊朗的同盟，其次是中日轴心以及或是德俄同盟抑或是法俄同盟的大欧洲联盟。无论是针对何种联盟，美国的对外政策都必须继续关注地缘政治问题，而且必须在欧亚大陆内运用它的影响，建立一种以美国为

① [美] 兹比格纽·布热津斯基：《大棋局》，中国国际问题研究所译，34页。
② 同上书，47页。
③ 同上书，127页。
④ 同上书，174页。

政治仲裁者的稳定的大陆均势。为此，布热津斯基特地精心设计了一个由欧盟、俄罗斯、中国、中亚国家、印度、日本组成的相互制约的连环套体系，以使这些国家的力量相互抵消、相互对立，从而确保美国能够高居欧亚大陆仲裁者的地位，进而控制全世界。对于欧洲，布热津斯基主张实行控制、主导和利用的政策；对于俄罗斯，他主张采取合作融合与遏制防范双管齐下的两手政策；对于中国，布热津斯基虽然主张中美实现“大和解”，反对遏制中国，甚至把中国称为美国实现欧亚大陆战略的“远东之锚”，但是他对中国的防范和演变之心也昭然若揭，布热津斯基写道，中国作为一个重要大国的兴起，引起一个非常重要的地缘战略问题，美国应对此给予高度关注。美国既不能采取遏制政策，也不能迁就，最理想的结果是把中国纳入亚洲区域合作框架。在台湾问题上，他主张维持现状，避免直接或间接地支持任何在国际上提高台湾地位的行动。但同时他也强调，对于中国一心想在朝鲜半岛占主导地位和用武力收复台湾的努力，美国可能在日本的支持下做出针锋相对的反应。为此，他主张保持美国在韩国的军事存在，维持美、日、韩三角安全关系。布热津斯基的地缘外交思想虽然一以贯之，但在不同的时期表现出了不同的侧重点。在冷战时期，他考虑的是要遏制苏联的扩张，强调在欧亚大陆的三条战略战线和“要害国家”与苏联进行争夺。在后冷战时期，布热津斯基主要关心如何保证美国的霸权地位及其在欧亚大陆的仲裁作用，以及如何运用纵横捭阖的策略来防范欧亚大陆新的超级大国的兴起以及反美同盟的出现。布热津斯基的地缘外交思想包含了某些积极的因素，例如，他承认了美国有效实力的局限性，认识到随着时间的推移，美国的实力会不可避免地减弱。他还预见到了未来世界多极化的前景。他认为，从长远来看，全球政治注定会变得与一国独掌霸权的状况越来越不相协调。据估计，美国的国内生产总值在20世纪占全球的20％，到2020年则可能降至10％～15％，同时，欧洲、中国和日本等大国的份额将上升到与美国差不多的水平，全球经济不再可能由某个单一实体所主宰，这显然将产生深远的军事和政治影响。但是，布热津斯基地缘外交思想的局限性也是很明显的。在他的著作《大棋局》中，布热津斯基公开地赤裸裸地鼓吹霸权主义，并为维护美国的霸权地位出谋划策。他以世界仲裁者自居，规定中国、俄罗斯、德国、法国只能做地区性大国而不能做全球性大国。他还以霸权主义的口吻称英国为已“退休的地缘战略棋手”，称日本为美国的“保护国”。另外，布热津斯基虽然对美国的粗俗文化时有苛评，但他仍然声称：美国的政治经验似乎正在成为学习的榜样；“中国国内的自由化不完全是中国的内政问题”；等等。布热津斯基对俄罗斯的看法仍然带有冷战思维的特点。他认为，俄罗斯对美国来说太虚弱了，不配成为伙伴；但如果只是作为美国的病人，俄罗斯又太强壮了。俄罗斯要么成为美国的小伙计，要么成为新的帝国。但为了防止后一种情景，美国的对俄政策应是合作融合与遏制防范双管齐下。最后，布热津斯基地缘政治分析中的一个重要缺陷是他实际上漏掉了对宗教激进主义的分析。

冷战结束以后，地缘政治学经历了一个新的发展高潮，这一术语也被政府官员、学界和新闻媒体广泛使用。英国地缘政治学者杰弗里·帕克指出：随着冷战走向终结，不仅新的地缘政治学与它的先辈不同，其大部分都不直接涉及国家的权力政治，而且连它的实干家也对国家在对付世界面临的许多问题上所扮演的角色提出高度批评。这些问题包括贫穷、落后、环境污染、生态恶化、资源管制，当然还包括国家坚持把战争作为政策的最后工具。可见，新的地缘政治学更多立足于全球与环境，而非过去的现实政治。这一内涵的转变既是对变革中的时代特征的即时把握，又是对世界的结构性转换的关注。由于结构的复杂性和结构分析的多层次性，所有与结构有关的内容都具有了地缘政治的色彩。

综观美国的全球“争霸”史可以看出，有一对矛盾一直贯串于其中，并左右着美国地缘战略的发展方向，这一矛盾即建立于“使命观”基础上的理想主义与追求现实利益的现实主义之间的矛盾。与生俱来的理想主义“使命观”与现实主义的利益追求，就像一条灯芯上的两根相互纠缠的灯草，因此，美国从来没有放弃过“救世主”式的文化扩张，也从来没有停止过它的地缘扩张，这使得美国的地缘战略具有复杂的两重性。

纵观美国的地缘战略，还可以发现两种思维的存在。第一种是马汉的海权思维。一方面，由于这种思维的存在，美国的霸权与俄、德霸权相比有所不同，美国对市场与世界经济政治秩序的追求胜于对土地的谋求，其通过秩序推动资本进行扩张的方式使其战胜了旧式的殖民主义霸权，从而在第二次世界大战后甚至当今都具有绝对的优势和旺盛的生命力。另一方面，美国的地缘利益诉求以及由此产生的地缘战略超出了本土，并转向了海外甚至整个地球。第二种是麦金德的陆权思维。英国地理学家麦金德的“大陆心脏说”认为，人类历史是海权国家与陆权国家的反复争夺史。对于作为英国衣钵传人的美国而言，类似岛国的地理环境使它承袭了这种麦金德式的战略思维，从斯皮克曼的控制欧亚大陆的边缘、进一步压缩陆权空间的“边缘地带”学说，到乔治·凯南的对苏遏制战略，再到基辛格、布热津斯基的地缘战略思想，美国的地缘战略一直是沿着这条思想发展脉络演进的。

第二节　冷战时期美国的地缘战略

冷战时期美国的地缘战略是以麦金德的“心脏地带”学说和斯皮克曼的“边缘地带”学说为基础，并集中体现在以遏制为基本内容的全球战略上。这两者对冷战时期美国全球战略的影响是不容否认的。里根总统曾总结说，在美国国家安全战略中一直存在着那种给人印象深刻的连贯性，它反映了这样的事实：这种战略是以固定不变的地理考虑为基础的。

一、冷战进程：遏制与缓和

冷战时期，美国的地缘战略是以苏联为敌手，在遏制与缓和中不断争夺地缘优势，争取美国的世界霸主地位。在整个冷战期间，美苏两国都在不断评估世界各有关地区的战略价值和战略形势，其地缘政治策略就是要按照世界地图来展开超级大国之间的权势斗争。冷战时期，美国决策者和战略思想界达成了一个共识，即必须对苏联势力控制欧亚大陆的行为进行阻止，否则美国的世界地位乃至根本安全将受到致命威胁。

遏制战略的创始人乔治·凯南提出，美国在冷战时期的核心地缘战略——遏制战略，就是要立足于麦金德所说的“外月牙形地带”，即北美、英伦三岛、南非、澳洲、日本等，守护“内月牙形地带”或称为“外围地带”，即欧亚内陆外缘，阻止苏联对这些区域的控制。遏制战略又可分成两种：“周线防御”和“要点防御”。前者将内月牙形地带的所有部分视为是同等重要的，因而要求当其中任何部分遭到苏联势力的进攻或侵蚀时，都一概用保全该部分必需的力量制止之，而不考虑可用资源和当地条件的限度；后者则区分了不同地区的不同重要性和不同条件，强调要集中有限的资源，使之用来守护那些特别重要也有较大成功希望的地区，就如马歇尔计划那样。

冷战时期，随着美国对苏实力的此消彼长，其地缘战略也呈现出遏制与缓和交替进行的状态。在从20世纪40年代末到1953年3月斯大林去世的这段时间内，美苏两国处于最紧张和最僵持的全面对抗之中，彼此间几乎毫无以谈判解决争端的尝试，而且两国都卷入了朝鲜半岛上的热战。总的来说，从1950年下半年开始直至越南战争结束，“周线防御”战略在美国越来越占据上风。而在欧洲，地缘政治的形势则要稳定得多、简明得多，此时欧洲大陆上的冷战实质上也是美苏两个超级大国的战略对峙。

从1953年到20世纪60年代初，美苏双方关系经历了一段局部缓和时期，但由于1956年的匈牙利事件以及包括柏林危机在内的一系列政治冲突，两国关系又重新紧张。1962年的古巴导弹危机使两国在这段时间里交替使用外交和武力威胁的心理战达到了顶点，随后，双方关系进入了长达10余年的相对缓和状态。在这一缓和期内，欧洲局势渐趋正常，中欧和东欧的领土界线与国际政治的现状大体得到了西方的正式认可，有关战略军备控制的谈判取得了显著进展，美国也正式承认了苏联的超级大国地位。然而从20世纪70代后期开始，两国关系再度紧张，其原因主要在于：一方面，苏联在亚、非两洲频繁地进行直接或间接的军事干涉；另一方面，越南战争结束后，美国扩展海外军事和政治义务的倾向日益显著。1985年，戈尔巴乔夫成为苏联的最高领导者，不久之后，苏联及其东欧盟国内部发生了剧烈变化，相应地，苏联也迅速丧失了同美国抗衡和竞争的意愿与能力，1991年苏联的瓦解为美苏冷战画上了句号。

二、冷战时期美国实施地缘战略的途径

1. 意识形态的争斗

在意识形态领域和社会制度方面，美国要把资产阶级的民主自由和美国式的资本主义制度推广到全世界；苏联则要把苏联模式向外扩展。美苏双方都宣称要最终消灭对方的思想意识和社会制度，实现本国所坚持的思想意识和社会制度。这一典型的冷战思维方式，完全违背了人类的社会形态是多种多样和共同发展的这一规律。对立的意识形态既是美苏各自在竞争中运用的旗号，更是它们从事竞争和对抗的一部分动因。一般被认为正式揭开了冷战序幕的“杜鲁门主义”，就是用“极权主义”和“自由制度”的两极对立来说明世界政治的。在1947年至1949年间，苏联按照自己的国内模式全面改造并加紧控制东欧，这进一步加剧了美苏对抗的意识形态色彩。到20世纪50年代初，美国掀起了以“麦卡锡主义”为代表的反共反苏狂潮，苏联和东欧则大张旗鼓地开始了清洗“内部敌人”的运动。此后，意识形态对抗始终伴随着美苏关系的发展，其激烈程度亦随冷战形式的变化而有所起伏。到了20世纪80年代，由于苏东各国先后出现大的动荡，加上以自由民主对“邪恶帝国”为意识形态范式和口号的里根开始执政，激变战略有了显著抬头的趋势，甚至被用来作为改变1980年军事管制后的波兰局势的一个主要工具。

2. 北约与华约的抗衡

组建北大西洋公约组织是遏制战略在军事上的一个重要战略体现。1949年4月4日，

美、加、英、法、比、荷、卢、意、冰、挪、葡、丹 12 国在美国首都华盛顿举行签字仪式，正式宣告“北大西洋公约组织”成立，这标志着北大西洋地区的共同军事防务体系的建立。1955 年 5 月 5 日，《巴黎协定》生效；同年 5 月 9 日，联邦德国加入北约。

北约的成立以及 1955 年联邦德国的加入，成为苏联与东欧国家组建军事同盟的理由。1955 年 5 月，苏联、波兰、捷克斯洛伐克、匈牙利、罗马尼亚、保加利亚、阿尔巴尼亚、民主德国 8 个国家正式缔结了友好合作互助条约并建立起联合武装力量，成立了与北约相抗衡的军事集团——华沙条约组织。

在从两大组织建立到 1991 年华约和苏联相继解体的这段时期，以美国为首的北约和以苏联为首的华约，在欧洲大陆展开了时而“对抗”时而“缓和”的激烈争夺，使欧洲乃至整个世界被纳入了美苏对峙的两极格局。冷战结束前，美国在欧洲的驻军高达 35 万人；在美国所有的设在海外的1 600个军事基地中，仅在欧洲的就多达 1 200 个。美国通过北约主导西欧的安全事务，维持着两大军事集团的平衡。欧洲是美苏争夺的中心，聚集了全球最多的军备力量，也经历了一场史无前例的冷战。

3. 经济援助

1947 年 6 月 5 日，美国国务卿乔治·马歇尔在哈佛大学发表演说，提出了援助欧洲经济的方案，这一方案被称为“马歇尔计划”（The Marshall Plan）。该计划的主要内容包括：美国拨款“援助”西欧各国在战后的经济复兴，但受援国必须购置一定数量的美国货，尽快撤除关税壁垒，取消或放松外汇限制，接受美国的监督，受援国还要把本国和殖民地出产的战略物资供给美国，设立由美国控制的对等基金，保障美国私人投资和开发的权利，削减同社会主义国家的贸易，放弃“国有化”计划等。马歇尔计划是一个欧洲复兴计划，更是一个遏制共产主义在欧洲发展的计划。该计划为美国以经济手段控制西欧铺平了道路，使西欧纳入了美国同苏联抗衡的战略轨道，并在西欧促成了以美国为盟主的抗衡苏联的力量的诞生。杜鲁门曾经宣称，执行马歇尔计划是为了明智而有效地实现美国外交政策的伟大事业。马歇尔计划为北大西洋联盟的成立铺平了道路，为欧共体的成立奠定了组织基础，同时也抑制了西欧人民的革命运动，加速了欧洲的分裂。

4. 积极插手权力真空地带

从 20 世纪 50 年代中期开始，国际格局呈现出大动荡、大分化、大改组的特点，美苏两个超级大国在国际舞台上展开了激烈的争夺，亚非拉国家成为它们争夺的重要目标。美国肯尼迪政府和约翰逊政府“恩威并用”，以经济援助和军事援助为手段来拉拢亚非拉国家和地区的人民，并对古巴、巴拿马等国发动武装干涉，同时策划了侵略越南的战争。而赫鲁晓夫在执政时期，提出了“三和路线”，支持亚非拉国家的民族解放运动，并加紧对这些地区的渗透和影响，妄图通过和平过渡使这些国家走上非资本主义道路。到 20 世纪 70 年代，美苏两国的激烈争夺仍在上演，尼克松上台后抛出了“尼克松主义”，在亚洲推广“新亚洲政策”，在中东继续阻止苏联的渗透和扩张。1981 年里根上台后，美国开展新的战略攻势，积极支持亲苏国家内部的反政府力量，第三世界也因此成了大国争霸的主战场。同时，苏联也在亚非拉地区发动了战略攻势。苏联在亚洲地区支持印度、越南，入侵阿富汗；在非洲则让古巴派军队进入安哥拉。到 20 世纪 80 年代中期，美苏关系出现缓和。戈尔巴乔夫上台后提出了国际政治“新思维”，对苏联的对外政策进行大调整，不但力争从亚非拉地区脱身，而且开始与美国合作共同解决地区冲突。老布什政府最终通过“和平演变”取得了冷战的“胜利”。

5. 军备竞赛

军备竞赛构成了冷战的一个重要方面。第二次世界大战后，美国拥有世界上武器装备最先进的强大军队，并且垄断了原子弹。到20世纪70年代，苏联在常规军备和核军备，特别是战略核武器的数量方面赶上并超过了美国，这使苏联在与美国的争霸中转入战略攻势，而美国则从战略进攻转为战略防御。美苏争霸的重点是欧洲，双方在欧洲都集结了重兵，并始终保持两军对垒的僵持状态，但是美苏双方都没有在欧洲发动战争。美苏皆企图控制世界各国，但是第三世界的崛起打破了美苏争霸的局面。20世纪80年代初，美国为了遏制苏联全球性进攻的势头，既打击亲苏的势力，提出了“战略防御倡议”，即“星球大战计划”，这一计划实际上是实施战略进攻，以“星球大战”提高美国的核威慑力量，从而在一定程度上遏制苏联的战略攻势。从20世纪70年代中期起，苏联国民经济的发展速度明显下降，甚至一度陷于停滞。1987年起，苏联的国民生产总值开始落后于日本，美苏两国间的差距实际愈加明显。由于苏联强大的军事力量缺乏雄厚的经济基础，因此它被迫放弃了对美国的战略进攻，转向全面收缩，放松对东欧等地区的控制并最终退出。苏联在军备竞赛中失败的根本原因在于其经济、科技实力落后于美国。

第三节 冷战后美国的地缘战略

“后冷战时代”的世界形势发生了巨大变化：热战频起，民族问题恶性膨胀，环境问题日益恶化，大规模杀伤性武器扩散渐趋严重，国际恐怖主义威胁增加，“信息化时代”、跨国化、相互依赖、非国家化和高科技化等全球化现象相继出现。地理因素似乎不再成为各国经济文化交流的障碍，地缘经济因素大有取代地缘政治因素之势。作为世界唯一超级大国，美国的空前强大和显赫身份使其跃居一种“难以撼动的世界权力中心”地位，其霸权战略目标就是要充当“世界领袖”。科索沃战争、对阿富汗的入侵、伊拉克战争等局部战争皆表明：美国急于充当世界的“灯塔”，填补苏联解体留下的地缘战略“真空”。这也同时表明：地缘政治仍是一个敏感而且现实的话题。世界上大国之间的控制与反控制预示着21世纪将是美国争霸与多强反霸演义的世纪，而我们的这个世界便是争霸与反争霸进行斗争的“大棋局”。

一、冷战后美国地缘战略的重大举措

1. 推进北约东扩

北约东扩是美国推行大西洋战略，加强其对欧洲主导地位，进而控制欧亚大陆战略图谋的重要组成部分。冷战结束后，在美国主导下的北约军事干预波黑危机、发动科索沃战争、启动联盟条约第五款支持美国在阿富汗进行的反恐战争，表明北约仍是美国可根据需要来随意使用的工具，美国不会轻易放弃对北约的控制。

1990年7月，北约第十一届首脑会议在伦敦宣布了冷战的结束。由于华沙条约组织解体和冷战结束，北约开始探寻新的战略，并由冷战前的“前沿防御战略”转变为“全方位应付危机战略”，开始逐步向中东欧和原苏联地区拓展。北约利用冷战后中东欧一些国家急于寻求西方安全保护的心理，积极筹划建立以北约为主导的欧洲政治与安全体系。1994年的布鲁塞尔首脑会议正式提出东扩计划；1997年7月的马德里首脑会议决定首批接纳波兰、捷克和匈牙利加入北约；1999年3月，波兰、匈牙利和捷克这三个国家正式成为北约新成员。“9·11”事件后，俄罗斯与美国以及北约加强了合作，这进一步刺激了北约扩大了的“胃口”，于是美国提出的“从波罗的海到黑海广泛扩大”的七国名单，在布拉格首脑会议上得到了确认。2004年3月29日，保加利亚、爱沙尼亚、拉脱维亚、立陶宛、罗马尼亚、斯洛文尼亚和斯洛伐克七国向北约正式递交了加入北约的法律文本，并随后被批准为这一组织的新成员。这是北约历史上规模最大的一次扩充，其成员国由19个增加到26个。

北约东扩是美国及其欧洲盟国推行共同价值观的需要，也是美国遏制“心脏地带”、控制欧亚大陆的地缘政治思维的具体表现。北约领导人曾说过，联盟需要继续对付威胁其安全的挑战，共同捍卫自由和民主。北约扩大迫使俄罗斯重新确定了它与中东欧和北约的关系。美国总统小布什在布拉格会议上说，扩大不仅将加强北约的军事能力，而且使最大联盟的民主精神更具活力。北约的新一轮东扩是要把中东欧纳入西方安全体系，这不仅将从根本上改变整个欧洲的安全格局，而且将对整个欧亚大陆乃至世界安全产生深刻影响。

毋庸讳言，北约东扩的主要目的是把俄罗斯挤出传统势力范围之外，防范和遏制俄罗斯东山再起。中东欧在历史上曾是西方列强与俄罗斯进行争夺的中间地带，无论对北约还是俄罗斯而言都具有重要的战略意义。冷战后的第一次东扩，使北约的防线向俄边界推进了800多公里。俄曾把从波罗的海到黑海一带列为北约不能逾越的“红线”，但北约第二次东扩已经突破“红线”，使俄西北部边界直接暴露在北约战车面前。

北约东扩对欧美关系也将产生直接影响。冷战时期，西欧盟国处在两大军事集团对抗的前沿，是美国依靠的重点；冷战结束后，西欧盟国的战略地位和作用有所下降。随着北约东扩，中东欧成了美国将欧亚大陆战略向纵深推进的关键，美国依靠的重点自西向东发生了转移。美国担心欧盟会建立自己的独立防务能力，从而摆脱美国的控制，故而在北约的行动中有意冷落西欧盟国，致使欧洲人发出了“被边缘化”的抱怨。

北约成员的不断增加，给北约今后的前途增添了诸多不确定因素。北约中的多数成员国是欧盟国家，随着欧盟势力范围的扩大和实力的增强，其摆脱美国控制的欲望越来越大，欧美矛盾与摩擦日益增多。北约作为世界上最大的军事集团，其组织与功能正处在历史性的变化时期。

2. 支持“颜色革命”

“颜色革命”是指发生在21世纪初期的一系列以颜色命名的用和平的、非暴力的手段进行的政权变更方式。这与近些年来美国推行“全球民主化”战略，并在世界各地发动“民主”攻势的行为密不可分。

(1)“颜色革命”的爆发。

1989年，捷克斯洛伐克发生“天鹅绒革命”（又称“丝绒革命”）。捷克斯洛伐克的“天鹅绒革命”是指没有经过大规模的暴力冲突就实现了政权更迭，其过程如天鹅绒般平和柔滑。“天鹅绒革命”也成为非暴力的通过和平方式更迭政权的代名词。“颜色革命”基本上都是属于“天鹅绒革命”类型。随后，2003年11月，格鲁吉亚发生“玫瑰革命”（格鲁吉亚盛产玫瑰，故得名）；2004年11月，乌克兰发生“栗子花革命”（又称“橙色革命”。乌克兰首都基辅的市花是橙色的栗子花）；2005年3月，吉尔吉斯斯坦发生“黄色革命”（又称“柠檬革命”。吉尔吉斯斯坦首都市花是迎春花，为黄色，发生革命的时间正是迎春花开的季节，故称黄色革命，或者柠檬革命）。席卷中东欧地区的“颜色革命”还波及伊拉克、黎巴嫩、津巴布韦、玻利维亚等地。

多数“颜色革命”的爆发都或多或少受到了美国意识形态的影响，虽然美国政府并不承认这一点，但很多证据显示，几乎所有的“颜色革命”的成功对于美国来说都有利于美国在当地的利益的实现。

(2) 美国非政府组织是策动“颜色革命”的重要工具。

发动“颜色革命”是美国在独联体地区推行其价值观的重要体现。在美国看来，这种方法可谓付出少、收效大。美国前总统小布什强调，美国在阿富汗和伊拉克推行“民主”、进行政权更迭的行为几乎耗费了3 000亿美元，而在其他许多国家推动“颜色革命”仅仅花费了不足46亿美元。这正是一语道破了“天机”。事实证明，美国的非政府组织在策动“颜色革命”中起了“冲锋陷阵”的作用。各类非政府组织出面到目标国进行活动，支持和资助当地的反政府势力，以求实现政权的更迭。概括说来，其活动主要包括三个方面：

一是资助各国内部的非政府组织开展反政府活动。如美国“索罗斯基金会”在此方面就显得非常活跃。它在欧洲、亚洲、拉丁美洲和非洲都设有分部，活动遍及60多个国家和地区。在推广西方价值观和策动“颜色革命”上，其一年的花费就达9亿美元。

二是渗入大众媒体和社科研究机构，影响政权高层的决策。在俄罗斯，有人专门花钱雇人撰写反华文章，并在报刊上发表，以挑拨中俄关系。这些“订货者”包括美国“卡内基基金会”莫斯科分部和其他驻俄基金会分部。一些俄媒体受金钱驱动，故意混淆视听，企图影响俄最高层的决策进程。“索罗斯基金会”另有一个融入独联体各国媒体的专项计划，这一计划投资巨大，效果显著。

三是邀请各类人员出国访问，培养亲西方的社会精英。在许多独联体国家中，无论是官员、学者、律师、记者还是其他各专业人员，都有可能得到美国基金会提供的免费培训，青年学生也会得到奖学金去美国留学。在此情况下，一些社会精英便会因受邀而有机会访问美国的名城重镇，并在那里进行“知识更新”。据统计，从1993年到2005年，已有9万多独联体的各国官员、学生因得到资助而去美国访问，其中许多人被培养成为从事“颜色革命”的骨干，有些人回国后，在参与本国立法、制定社会经济纲领乃至编制教材时都力求体现西方价值观。

(3) 美国策划“颜色革命”的意图。

从长远的战略来看，美国推行这种战略是希望其能够在欧亚大陆结合之处拥有军事和政治存在，这些力量就像是一个嵌入欧亚大陆中心的楔子，将独联体这些国家从原苏联的母体中分离出来，从而影响中亚，促使中亚国家和美国进行合作，以此实现向北遏制俄罗斯，向东遏制中国，向南抵御伊朗伊斯兰势力，进而使得欧亚大陆的整合成为不可能，以实现其在21世纪继续独享霸权的目的。这就是美国在欧亚大陆不惜血本地鼓动支持这些国家的反对派搞“颜色革命”的真实意图。

在美国看来，中亚地区战略地位非常重要，它处于欧亚大陆结合之处。布热津斯基在《大棋局》一书中指出，对美国来说，欧亚大陆是最重要的地缘政治目标，美国能否保持其在欧亚大陆举足轻重的地位，直接影响美国在21世纪的霸权地位，影响美国对全球事务的支配权。因为欧亚大陆强国的联合是美国不能承受之重，然而欧亚大陆之大又是美国难以轻易驾驭的，这就促使美国需要施展更高超的地缘政治战略手段，并在欧亚大陆大棋局中更审慎地、有步骤地、有策略地配置和部署美国的力量。除了大打反恐的旗号之外，美国策划“颜色革命”，利用选举争议作为突破口，用媒体洗脑愚民，用金钱培植反对派，也是必不可少的。

控制中亚地区的油气资源和管道也是美国策划颜色革命的一大动因。作为世界油气资源最为丰富的地区之一，中亚地区拥有石油、天然气和各种各样珍贵的金属资源，因此，美国急欲通过“颜色革命”这种方式在原苏联的战略空间中获得和捍卫自己的国家利益。美国几家大的石油公司，已经在开发并几乎控制了哈萨克斯坦的石油资源；另外，美国还在染指里海地区的石油。目前，俄罗斯和美国的石油公司、天然气公司在这里的争夺非常激烈。在全球油价动荡的压力下，作为世界最大石油消费国，美国需要确保石油来源的稳定性和持续性。美国若控制了这个两大陆地结合之处的油气资源以及俄罗斯、印度和中国边境线上的输油管道，就可以在能源供应问题上牵制俄罗斯和中国，从而在经济上遏制这两国的崛起，在地缘经济战略上抢占制高点。

防范伊斯兰势力在中亚扩散，使中亚地区不会成为恐怖主义的土壤，是美国发动“颜色革命”的又一意图。从这个角度来看，美国在中亚地区采取的是一个攻势，它的影响将越来越大。对于此点，中亚地区国家也看得非常清楚，它们不敢开罪于美国，甚至在某种程度上还要讨好美国。

美国在欧亚大陆结合之处的战略的另一个不容忽视的重要目的就是要配合美国的亚太战略和南亚战略，以期在中国的周边地区形成一个包围圈，对崛起中的中国进行军事和政治上的围堵。美国在东北亚跟韩国有军事同盟关系，在东亚与日本有美日军事同盟关系，在东南亚与菲律宾、印尼乃至澳大利亚都有双边军事同盟体系，这些军事同盟机制是冷战时期的产物，曾在很大程度上遏制了中国向太平洋的靠近。冷战结束后，美国不仅没有解除这些双边军事同盟，反而不断加以强化，其目的就是从这三方来围堵中国。然而，美国却未能在中亚和南亚形成围堵中国的力量。反恐给美国在中亚设立军事基地进而围堵中国提供了契机，美国借助于划分国家阵线的策略使中亚诸国不得不向美军提供空中走廊和军事基地。如今，美国又积极推动其与印度的战略伙伴关系，前国务卿赖斯在访问日本时就明确提出，由于中国未来的走向不明确，美国要与日本、韩国和印度结成联盟，促使中国走向“正确的方向”。这表明美国欲进一步从南面围堵中国，美国在中亚的战略不过是围堵中国战略的一步棋而已。

3. 实施资源战略

资源战略历来是美国全球地缘战略的重要组成部分，无论是麦金德的“陆权说”还是布热津斯基的“大棋局”，无不把资源放在重要的战略地位加以考虑。资源战略与美国等西方大国的地缘政治战略目标是紧密地联系在一起的。

从北非的马格里布到波斯湾、里海、俄罗斯西伯利亚和远东的这一巨型带状区域蕴藏着世界65%的石油和73%的天然气资源。美国国家安全委员会于1997年5月发表的题为《面向新世纪的国家安全战略》的报告称，为确保美国在21世纪的繁荣、安全和在世界上的领导地位，美国必须确保中东地区的和平、稳定和朝着民主制度过渡，必要时不惜以武力恢复并保持该地区的稳定和力量的平衡。苏联解体以后，中亚在世界地缘政治格局中的地位更加突出，并成为美欧和俄罗斯之间重要的缓冲地带。正如布热津斯基所言，美国的首要利益是确保没有任何一个大国单独控制这一地缘政治空间，保证全世界都能不受阻拦地在财政和经济上进入该地区，只有在油气管道和交通运输网络通过地中海和阿拉伯海以及陆地把这个地区直接与世界经济活动的主要中心连接起来的时候，地缘政治的多元化才能变成一个持久的现实，因此，必须反对俄国为垄断进入该地区的途径而做的努力，因为这不利于这一地区的稳定。美国给予了最有力的地缘政治支持的国家是阿塞拜疆、乌兹别克斯坦和乌克兰，这三个国家都是地缘政治的支轴，特别是乌克兰对俄罗斯未来的演变将起到一个关键的作用。美国在中亚的政治图谋也有针对中国的一面，其目的是为了阻挠中国在中亚地区扩大影响。美国对于中亚地区的控制已经上升到地缘战略的高度，这是与以美国为首的西方国家在西部实施北约东扩，在东部利用美日联盟来遏制中国和俄罗斯的地缘战略的总目标完全一致的。据有关统计表明，美国每年向中亚和外高加索地区8个国家投入22亿美元的人道主义援助和改革起步资金；美企业界已经深入到哈萨克斯坦、乌兹别克斯坦、阿塞拜疆等国经济生活的各个方面。在这些国家用于能源开发的外资中，有30%～40%来自美国。由此可以看出，资源在美国的地缘战略中始终处于重要地位，而且与美国的地缘政治战略紧密地联系在一起。

二、冷战后美国的地缘战略思维

在当今世界的各大国战略中，地缘因素依然是被优先考虑的因素，其在冷战后依然是国际地缘政治变革中的不变主题。传统地缘战略是以海权国家和陆权国家力量的相对均势和相对平衡为基础的。英、法、德、日、俄虽然都曾拥有过雄霸一方的势力，但从来没有控制过对方国家，欧亚大陆的地缘战略格局也从未产生过根本性的改变。然而，苏联的解体和冷战的结束打破了传统的欧亚大陆的战略均势格局，美国成为当今世界的唯一超级大国。在冷战结束后的时间里，美国的综合国力大幅度飙升，其在欧亚大陆的影响力比过去的任何时候都大，欧亚大陆没有任何一个国家或国家集团能够和美国相抗衡，几乎所有的欧亚大陆国家都不同程度地感受到了美国战略的影响力。

为了控制欧亚大陆，美国在冷战后主要是通过两场战争来向欧亚大陆“心脏地带”渗透。1991年的海湾战争使美国得以在海湾地区长期保持军事存在；1999年的科索沃战争使美国的军事触角伸到了巴尔干地区。这两场战争使美国巩固了它在“欧亚大陆的巴尔干”的力量。当亚太地区在欧亚大陆地缘政治中的地位呈上升之势时，美国开始逐渐把战略重心从欧洲转向亚太。苏联的解体解除了欧洲国家和美国在欧洲战略利益的最大威胁，美国领导的北约也发生了变化，它从军事组织转变为政治军事组织，其目标也变成对付冷战结束后的地区矛盾和冲突。北约东扩、科索沃战争使欧洲真正成为美国人和欧洲人共同管理下的欧洲。俄罗斯的地缘政治影响遭到打击，并沦落成为欧洲的“二流国家”。由于亚太地区地缘经济地位的上升，整个世界都把目光投向了这一地区，关于“太平洋世纪”、“亚太世纪”的说法更加凸显了亚太地区的地缘战略地位。除此之外，美国还意识到，中国的崛起有可能改写亚太地区的地缘政治地图，因此，从克林顿后期开始，美国的战略重心便逐渐从欧洲地区向亚太地区转移。

1. 牢牢地控制欧洲

欧洲是美国大西洋联盟不可或缺的一部分，是美国的战略重点。在军事上，北约是美国在欧洲的战略支撑点；在经济上，欧洲是美国最重要的经济伙伴；在政治上，欧洲国家是美国实行“民主扩展战略”的桥头堡。

在整个冷战时期，美国的战略重点始终在欧洲，即使在两场最大规模的局部战争——朝鲜战争和越南战争爆发期间，美国的战略重点也从未发生转移。当美国在欧洲的利益与其在其他地区的利益发生冲突时，美国将毫不犹豫地确保欧洲这一重点地区。冷战结束后，美国的战略重点虽然逐步向亚太地区转移，但美国仍把欧洲看做美国安全的“核心”和“利益中心”，并对欧洲战略进行了一系列的重大调整，如改造北约，推进北约东扩，南侵巴尔干半岛，加紧限制俄罗斯与欧盟间的利益等。

2. 战略向亚太地区倾斜

冷战结束后，随着亚太地区经济的快速发展及其在全球事务中的影响力不断增强，美国开始越来越关注亚太地区，其军事政治活动和手段也随之展开，如频频在亚太地区进行军事演习，大举增兵亚太，加强与日、韩、澳等亚太军事同盟的关系等。

3. 控制中东

冷战时期，中东地区一直是美国和苏联两个大国角逐的竞技场，阿拉伯国家和以色列的冲突在一定意义上也是美苏冲突。中东地区盛产石油，赢得较量的国家就能控制世界的大部分石油，也就能左右西方经济的发展。在这场竞争中，美国获得了最终胜利。在此后的阿以和谈中，美国的“主导”更多地体现在对各方让步的经济补偿和安全担保方面。另外，美国发动了对所谓“邪恶轴心国”之一的伊拉克的大规模军事入侵。它打着“伊拥有大规模杀伤性武器和生化武器”的幌子，在未经联合国授权的情况下，纠集英、澳等国成功地颠覆了被它视为“眼中钉、肉中刺”的萨达姆政权。“伊拉克战争”的“胜利”使美国进一步控制了中东的石油资源，提升了其在中东的政治、军事地位。它所推行的“经济私有化、政治民主化和市场自由化”不但把伊拉克纳入了其战略轨道，也进一步加强了其对伊朗的遏制，推进了其向中亚的渗透步伐，实现了对俄罗斯等大国的战略围堵。

4. 稳住拉美

冷战结束后，世界格局发生了重大变化，美拉之间的冷战联盟失去了其存在的基础，美国开始寻求一种新的战略，继续把拉美国家纳入以它为首的新体系内，以便适应新时期的美拉合作。美拉之间在经贸合作上取得了巨大进展，在安全领域也加强了合作，如美国与哥伦比亚的安全合作、美国与古巴之间的关系都得到了改善。

5. 关注非洲

非洲虽不处于美国对外战略的中心地位，但出于长远的战略考虑和保证国家经济安全的需要，美国对非洲的关注日益增强。冷战结束后，尤其是近两三年来，美国高举经济私有化、政治民主化、市场自由化的大旗，力图在非洲打出一片天地。纵观美国对非政策的变化可以看出，美国对非政策的重心正由政治转向经济，由援助转向贸易和投资。同时，美国并没有忽视政治的作用，除采取经济手段外，美国仍利用民主和人权向非洲国家施加压力，力图将非洲政治纳入自己的战略轨道上来。美国还想方设法地扩大自己在非洲的军事存在。美国对非洲的战略目标非常明确：通过维和行动以及对非洲的政治改革、经济发展的参与来主导非洲事务，扩大美国影响，维护并发展美国在非洲的经济利益和战略利益。

第四章

欧洲的权力中心地位及其地缘政治变化趋势

重点问题

- 西欧的地缘战略地位
- 西欧成为世界地缘政治权力中心的原因
- 侧翼大国的兴起对欧洲地缘战略地位的影响
- 东欧地缘政治地位的变迁
- 冷战后欧洲地缘政治地位的变化
- 欧盟东扩和北约东扩对欧洲地缘战略的影响

公元1500年通常被当做近代和现代的分界线：在1500年之前，世界各地区是相互隔绝的；在1500年之后，全球意义上的历史开始形成。全球意义上的历史形成的主要原因在于西欧持续数百年的向海外的大规模的扩张，这种扩张的直接后果就是欧洲成为世界地缘政治的权力中心。就其对国际关系的影响而言，欧洲国际关系体系以及在欧洲国际关系体系形成过程中所确立的国际关系的基本原则，成为全球国际关系的基本准则；就其覆盖的地理区域而言，亚洲、非洲、大洋洲以及美洲的绝大部分地区沦为了欧洲的殖民地，欧洲（严格说是西欧）在世界权力政治中占据着支配地位。第一次世界大战前后，俄国、日本、美国等侧翼大国的兴起，对欧洲的权力中心地位提出了第一次挑战；第二次世界大战以后，相比美国和苏联而言，欧洲的权力地位大大衰落了；冷战后，欧洲不断地进行北约东扩和欧盟东扩，欧洲的地缘政治发生了巨大的变化，欧洲力图维持其作为世界权力中心之一的地位。

第一节　西欧的地缘战略地位与发展趋势

政治地理意义上的西欧，是一个比较模糊和笼统的概念，人们很难明确它的具体的地理位置或者地理范围，尤其是东欧和西欧之间的分界线——更何况欧洲的地理政治版图经历了多次变迁，像欧洲那样支离破碎、错综复杂的历史实属罕见。不过，就历史传统来说，西欧的范围大致包括公元4世纪末罗马帝国分裂为东西罗马帝国后的西罗马帝国统治的区域。西罗马帝国灭亡后建立起来的查理曼帝国，其疆域西临大西洋，东到易北河、多瑙河，北靠北海、波罗的海，南到地中海。在查理曼帝国分裂后的相当长的一段时间里，神圣罗马帝国并没有实现统一欧洲的梦想。正是被众多河流和山脉所分割的西欧地区，有利于使用某种语言的一个民族倚靠山水等天然屏障建立自己的民族国家。这就是近代西欧的政治地理含义。

一、西欧的地缘战略地位及其影响

通常来说，考虑某一个国家或者某一地区的地缘战略地位，主要涉及地理位置和资源两个方面。地理位置是指地表上某一事物（如国家、城市、经济区、战略基地等）与其他地理事物之间的空间关系，通常用方位和距离来表示。① 其主要含义是某事物占有的场所，当然也含有位置、位置关系等方面的意义。不同的地理位置所持有的属性和资质不同，也不能同样地满足人类所从事某项活动的要求，因此，地理位置不同，其战略价值也就不一样。地理位置的战略价值是指它对一个国家政治、经济发展特别是对国家安全所具有的作用和意义，“地理位置限制和影响其他的一切因素，因为在世界上的位置确定气候带，从而决定经济结构，而区域位置确定潜在的敌人和盟国，也许还决定一个国家作为一个集体安全体系参加国能承担多大的任务”②。自然资源是国家实力的重要组成部分，并且是可以计算的。一个国家能够掌握和控制的资源数量，也就成为衡量其国力强弱的重要指标。自然资源典型的特征是其相对的稀缺性和分布的不均衡性。在不同的地域，自然资源的种类、质量、数量以及空间组合是有差别的。资源集中地与资源消耗地的不一致，就产生了资源的国际贸易。由于资源对国家安全和经济建设至关重要，所以在全球范围内对资源的竞争成为地缘政治学的核心内容之一。从西欧的地理位置来看，它并非处于世界最关键的位置，但是它濒临海洋；从资源来看，其资源也并非十分丰富。但是，西欧人却有追求资源尤其是追求财富的强烈欲望。在中世纪前后，相对于伊斯兰世界、印度莫卧儿王朝以及中国的明帝国来说，欧洲在文化、航海、科技、政治制度、公众的生活水平等方面是远远落后的，其他的文明中心同欧洲相比具有明显的优势，欧洲丝毫没有展现出会成为世界权力的中心的迹象。

1500年以来，欧洲在世界事务中逐渐稳固地成为商业和军事的先驱，按照著名的战略学家保罗·肯尼迪的观点，其关键因素在于欧洲特殊的地缘条件以及欧洲持久的政治分裂。③ 欧洲没有大平原和广阔而肥沃的大河流域，其地形支离破碎，众多山脉和大森林将分散的各个人口中心隔离开来，其气候从南到北、从西到东都有很大变化。这种地形和气候使统一控制变得很困难，但减少了遭受像蒙古游牧部落那样的外部势力入侵的蹂躏的可能性；相反，多样化的地形促进了分散政权的发展和继续存在——欧洲从来就没有一个实质性的统一帝国。欧洲不同的气候条件有利于产出适于交换的种种不同产品，众多可通航的河流又显著便利了不同产品之间的交换，周边环海这一状况刺激了造船业并促进了海上

① 参见沈伟烈、陆俊元主编：《中国国家安全地理》，39页，北京，时事出版社，2001。

② ［美］斯皮克曼：《和平地理学》，刘愈之译，44页，北京，商务印书馆，1965。

③ 参见［美］保罗·肯尼迪：《大国的兴衰》，陈景彪等译，15～22页，北京，国际文化出版公司，2006。

贸易，也最终导致欧洲沿海新的财富中心的确立。定期的远距离商品交易促进了国际范围内的汇票、信贷制度和银行业的发展，而世界其他的地方却享受不到这种条件。欧洲支离破碎的地形，加上多变的气候，有助于促成并维持政治上的分裂，而这对于欧洲的崛起具有关键意义：不存在任何统一的权威可以有效地阻止贸易和完全压制经济发展，不存在任何中央政府可以因其取舍安排而随意使某一产业在欧洲范围内兴盛或衰败，没有了无所不在的苛税体系来对商人和企业家进行系统的、全面的掠夺，而正是这样的掠夺严重阻碍了欧洲以外各个帝国的经济成长。不仅如此，为维护生存与独立，欧洲各个分散的和互相竞争的政治实体竞相加强军备。繁荣的武器贸易大大刺激了军事技术在各国的发展，每一支竞争力量都可以接触新的军事技术，技术的革新反过来产生了战争新技术，还促使人们完善船只设计和创造财富，这既阻止了某一个欧洲强国能凭借绝对的军备优势建立大一统的"普遍帝国"（universal monarchy），也使得欧洲因在军事技术这个特别领域受到繁荣武器贸易的刺激而取得对其他文明和实力中心的决定性领先地位。武器数量螺旋上升产生两个后果：一是确保了欧洲政治的多元化，另一个后果是帮助欧洲最终获得了海上霸权。英国学者杰弗里·帕克也认为，波罗的海—黑海地峡以西是影响中心与内侧"边缘地带"国家之间关系的关键区域，由于它分裂成许多具有独特地理结构的区域，因此，它限制了具有全球影响力的国家的出现，而更有利于较小的单位的生存。麦金德则提出，作为海上国家的欧洲，始终与邻近的东方大陆国家进行冲突，这导致了西部一系列小国要确保自己的自由。① 吉尔平则从国际体系的角度作了论述：陆地的地势、水上交通的状况以及气候对国家间相互作用显然具有巨大的促进或抑制作用，国际体系往往是围绕水上交通线而组成的。② 地缘上的这些独特因素，加上陆上游牧民族的反复入侵，使得欧洲大陆从未在一个特别强大的国家领导下实现过统一。到了近现代，欧洲大国或加强了中央集权制度，或实现了统一；同时，一个分散的、不受监督的贸易、商人、港口和市场的政治社会结构已经独立形成③，此时，再要实现扩张性统一就非常困难。英国、法国、德国和俄国都是强国（奥匈帝国也算是大国），任何一个强国的过分扩张都会引起其他大国的激烈反应。战争更多是局限于争夺欧洲之外的殖民地、夺取海上通道和出海口、削弱邻国上升的力量、争夺王位等范围内。④ 这些地缘上的条件和诸多因素，在其他文明中心看来，不免是缺点，甚至有些悲痛的色彩，但它对于欧洲的历史来说，未必如此。

二、西欧后来居上的关键性因素

中世纪后期，西欧人向海外大规模扩张，这一扩张给世界后来的历史以极其重要的影响，"它使西欧人控制了外洋航线，能够抵达、征服南北美洲和澳大利亚的人迹稀少的地区，并移居那里；从而，改变了世界各种族传统的地区分布。最后，通过扩张，西欧财富

① 参见［英］杰弗里·帕克：《地缘政治学：过去、现在和未来》，刘从德译，120页，北京，新华出版社，2003。

② 参见［美］罗伯特·吉尔平：《世界政治中的战争与变革》，宋新宁、杜建平译，45页，上海，上海人民出版社，2007。

③ 参见黄春高：《西欧封建社会》，10页，北京，中国青年出版社，1999。

④ 参见刘鸣：《对现代国际体系形成过程中的地缘差异的一些思考》，载《世界历史》，2005（6）。

迅速增加、力量大大加强；到19世纪时，已能渗入并控制位于中东、印度和中国的古老的欧亚文明中心"①。这一历史进程的变迁，与下面几个因素密切相关：

第一，地理大发现和由此起步的欧洲海外殖民扩张。地理大发现的直接原因是奥斯曼帝国对中东的征服，其标志是1453年君士坦丁堡陷落，东罗马帝国灭亡，罗马时代结束。奥斯曼帝国攻占君士坦丁堡之后，立即切断了东西方的陆上贸易通道，不仅如此，欧洲经北非通往亚洲的海上通道也处在奥斯曼帝国的威胁之下。为了能够继续从东方获得丝绸和香料，欧洲被迫转向大西洋，去寻找一条通向东方的新航路。大航海时代由此开始，并最终导致了地理大发现。大西洋和印度洋的航海探险，连同新的东西交通路线和全球"环状构造"的创立（它取代了先前以威尼斯为枢纽或中介的"旧世界线性体系"），是葡萄牙人做出的富含世界历史意义的创新。② 葡萄牙（还有西班牙）位于有众多天然良港的伊比利亚半岛。当经过中东的东西方贸易通道被奥斯曼帝国无情地截断之后，欧洲的商业中心便从意大利沿岸和地中海的西岸转移到北大西洋东岸，伊比利亚半岛恰好居于航路的中心位置——它同样位于西欧和非洲海岸的中间；葡萄牙人对反对穆斯林的圣战始终充满着狂热的宗教情绪，这种历史记忆激励着他们去消灭位于非洲的穆斯林；葡萄牙三面被西班牙所包围，不会受到诱惑而将自己的财富浪费到欧洲大陆上去；葡萄牙还有从意大利人那里学来的丰富的航海知识以及一批具有冒险精神、颇有才能的海员；地图、航海知识、造船业以及火药的革新等亦可支撑葡萄牙人的远洋航行。在15世纪50年代，第一批葡萄牙小帆船沿着非洲海岸航行，试图找到直接通往香料群岛的航路，这导致了葡萄牙对大西洋和印度洋上一系列岛屿的占领和殖民，并促成了1450—1850年的大航海时代的开始。地理大发现引起了有关新发现地区的专有权问题。1493年，教皇亚历山大在亚速尔群岛和佛得角群岛以西100里格③处划了一处分界线，线以西地区被授予给了西班牙，以东地区则被授予给葡萄牙。1494年，西班牙和葡萄牙又签署了《托尔德西拉斯条约》，把这条线向西移动270里格（东经48度线左右）。这样，全球大洋航海、远洋商业和殖民权利就被葡萄牙和西班牙所垄断。《托尔德西拉斯条约》更广泛的意义在于其创设了"一个支配全球层次交往的体制，世界上第一个全球性政治体制"④。

第二，政治革命也是欧洲成为世界权力中心的重要基础。欧洲的思想革命经历了文艺复兴运动、宗教改革运动和思想启蒙运动。在思想启蒙运动中，人们要求结束神权政治，建立人民主权。人民主权学说加速了英国革命、法国革命的爆发，使资产阶级登上历史舞台，使自由市场经济和商业贸易、财政税收摆脱了封建王室的束缚。在这个过程中，人们对村庄和教会的认同与忠诚转移到了民族国家，北大西洋沿岸的法国、英国、西班牙、葡萄牙成为最早的民族国家。与其他政治组织方式相比，民族国家是加强国家凝聚力、动员和集中社会资源、提高政治效率的最好手段，是保护确定的共同体抵御有害的全球性影响、特别是抵御国家控制力之外的政治及其他事态之有害影响的一个主要装置，世界不发

① ［美］斯塔夫里阿诺斯：《全球通史：1500年以后的世界》，吴象婴、梁赤民译，10页，上海，上海社会科学院出版社，1999。

② George Modelski, *Long Cycles in World Politics*, Seattle: University of Washington Press, 1987, p. 70.

③ 1里格＝5.556公里。

④ George Modelski, *Long Cycles in World Politics*, Seattle: University of Washington Press, 1987, p. 69.

达地区的传统社会之所以处于被发达国家控制的依附地位，主要原因之一是其缺乏民族国家，或现代民族国家。[①] 早期的民族国家之间的竞争以领土、财富和支配权为目的，手段则主要是战争，因为地缘政治的基本规律之一就是富国强兵，欧洲海外殖民的扩张、争夺，以及欧洲大陆均势的变迁，都是以国家实力为后盾的。

第三，欧洲的工业革命。1800 年以前，欧洲是一个多元的世界，它没有一个经济中心，也没有任何明显的完全为西方自己独有的内生优势。只是 19 世纪欧洲工业化充分发展以后，一个占支配地位的西欧中心才具有了实际意义。18 世纪中叶，英国首先发生了以大机器生产和广泛采用蒸汽动力为标志的工业革命，而后这场革命波及中欧和北美。19 世纪晚期爆发的第二次工业革命，其主要标志是内燃机、电气工业、化学工业和电信设施的使用。就对世界政治产生的效应而言，它是"旧秩序的溶解剂和新秩序的催化剂"[②]。工业革命给各大国，尤其是英国带来了相对于世界其他国家的决定性优势，英国的工业革命赋予其制造商巨大的比较优势来摧毁印度、土耳其、中国、埃及以及其他地方的生机勃勃的工业；军事技术和战术的进步赋予了欧洲人及其在美国的文化后裔无敌于天下的优势；医疗、营养学、大规模生产、国家和国际信贷以及公共卫生的巨大进步，使政府具备了向在全世界的丛林、沙漠和山地作战的军队提供给养的能力；这些工业、技术和组织的进步，不仅使西方大国和稍后的日本能够进行征服活动，而且还可以以相对较小的代价统治其他民族。[③] 到 1800 年，欧洲人占领和控制了世界土地面积的 35%；到 1878 年，这个数字上升到了 67%；到 1914 年，达到 84%以上。[④] 对欧洲而言，工业革命是一把双刃剑，在给欧洲带来巨大权力的同时，它也外溢到美国、日本和俄国，引起了地缘政治力量中心的巨大变化，这一变化隐含了其他国家向欧洲权力中心的挑战。美国和俄国这样的侧翼大国悄然但不可阻挡地兴起了，相对而言，英国这样的传统岛国和其他"中等国家"则急剧衰落，国际权势分布的现状终究会被打破。

第四，西欧国家和民族的海洋性属性。从历史的角度看，西欧之所以能够成为世界力量的中心，其原因主要在于海权，其标志也在于海权。伊曼纽尔·沃勒斯坦认为，20 世纪之前的两个霸权国家，17 世纪中叶的荷兰和 19 世纪中叶的英国，它们的全球军事力量模型是相同的，其霸权主要体现为海上力量。[⑤] 这里，海上权力是霸权获取和维护的一个前提条件，也是霸权的物质表现之一。乔治·莫德尔斯基和威廉·汤普森在研究了海权和全球政治之间的关系后认为，海权是采取全球军事行动的必要条件，要想拥有全球性的强国地位，海军虽然不是充分条件，却是必要条件；海军为大国跨洲活动的能力提供了不可或缺的机动性。[⑥] 他们甚至提出，1500 年以来，海权是世界政治的重要组成部分，并与长

---

① 参见时殷弘：《现当代国际关系史（从 16 世纪到 20 世纪末）》，69 页，北京，中国人民大学出版社，2006。

② Geoffrey Barraclough, *An Introduction to Contemporary History*, Baltimore: Pelican Books, 1967, p. 50.

③ 参见［美］威廉·内斯特编著：《国际关系：21 世纪的政治与经济》，姚远、汪恒译，4142 页，北京，北京大学出版社，2005。

④ 参见［美］保罗·肯尼迪：《大国的兴衰》，陈景彪等译，146 页。

⑤ Immanuel Wallerstein, *The Politics of the World Economy: The States, the Movements and the Civilization*, Cambridge: Cambridge University Press, 1984, pp. 37-46.

⑥ George Modelski and William R. Thompson, *Seapower in Global Politics, 1494—1994*, Seattle: University of Washington Press, 1988, pp. 3-26.

周期问题直接相关。16 世纪初，由于航海技术的发展，人类进入全球时代，全球时代是一个海洋体系，它为欧洲的扩张和殖民提供了充分的空间。此后，16 世纪的葡萄牙、17 世纪的荷兰、18 和 19 世纪的英国（以及 20 世纪的美国），分别靠主导各自时代的海军而成为全球性的强国，同时对维持国际秩序起到了决定性的作用。每一个周期大致持续 100 年，在每个周期内都有一个拥有强大海军实力的国家。海权对全球性冲突至关重要，因为海权是洲际互动不可缺少的因素，它使得新兴的大国能够有效地向外施加政治、军事和经济影响力，并使之足以支配整个国际体系。① 海洋国家在建立霸权方面比大陆性国家更具优势。②

三、西欧的发展和欧洲力量中心的形成

近现代以来，几个主要的国际体系：威斯特伐利亚体系、维也纳体系、凡尔赛—华盛顿体系，都是以欧洲为中心的国际体系。西欧在世界地缘政治中的中心地位，是与以欧洲为中心的国际体系紧密相连的。以欧洲为中心的国际体系，是在欧洲海外殖民扩张的过程中形成的，因此，这一过程也是欧洲世界权力中心的形成过程。

早在 1648 年以民族主权国家为国际关系的基本交往单位的威斯特伐利亚体系形成以前，随着新航路的开辟，西欧便沿着自己开辟的航路开始了征服与扩张之路，西班牙、葡萄牙和荷兰充当了扩张的先驱。西班牙的对外殖民扩张采取征服的方式，实行血腥暴力式的掠夺，其手段残忍而彻底，缺乏一种长久的战略眼光；葡萄牙的扩张从总体来说是商业性质的；其后的荷兰，也大体沿用了葡萄牙的扩张方式。于是，在从地理大发现到 17 世纪这段时间里形成了西欧扩张的两大模式：西班牙的帝国征服和归并模式以及葡萄牙、荷兰的商业和行政藩属（或宗主）模式。③ 在 15 世纪末至 16 世纪初的 10 余年间，西班牙人先后占领了加勒比海和西印度群岛，并在海地岛的圣多明各和牙买加、古巴、波多黎各等岛上建立殖民据点，然后进一步侵占广大的中南美洲。16 世纪 40 年代，葡萄牙殖民者侵占了南美洲东部的地区。至此，西班牙几乎独占了除巴西以外的整个美洲。葡萄牙则将亚洲和非洲作为自己的势力范围。这就是世界史上第一次瓜分殖民地的行为。“17 世纪标准的资本主义国家”荷兰的航运业、造船业和渔业超过其他所有国家，首都阿姆斯特丹成为欧洲的金融中心，并拥有一支雄厚的海上力量。荷兰利用海上优势和商业霸权，处处排挤日益衰落的葡萄牙和西班牙的殖民势力，积极向亚非美洲进行殖民扩张。1622 年，荷兰西印度公司占领了北美洲的哈德逊河流域，建立了新阿姆斯特丹城。1623 年，荷兰从葡萄牙手中夺取了殖民地巴西（1661 年又被葡萄牙驱逐，巴西长期成为葡萄牙的殖民地）。在亚洲，荷兰人从葡萄牙人手中夺取了马六甲、锡兰，并在当地贸易中占主导地位。在非洲，荷兰还夺取了好望角。到 17 世纪中叶，荷兰在航海、殖民、贸易等方面进入了空前的鼎盛时期，它取代了西班牙的海上霸主地位，为许多国家转运商品；它还垄断了世界航

① George Modelski and William R. Thompson, Long Cycles and Global War, in Manus I. Midlarsky (ed.), *Handbook of War Studies*, Boston: Unwin Hymn, 1989, p. 24.

② 参见周桂银：《欧洲国际体系中的霸权及其限制性因素》，载《史学月刊》，1999（6）。

③ Adam Watson, European International Society and Its Expansion, in Hedley Bull and Adam Watson (ed.), *The Expansion of International Society*, New York: Oxford University Press, 1984, pp. 17-20.

运业，成为世界上的“海上马车夫”；它组建了许多大规模的商业公司，以商业为先锋、武力为后盾的对外殖民越来越具有规模性。伴随着殖民扩张的进行和加强，殖民国家之间的矛盾和争夺逐渐尖锐起来。通过三次英荷战争，以及法荷之间的多次战争，到18世纪初，荷兰丧失了海上优势和贸易的垄断地位，沦落为一个依附于英国的二等国家。西班牙的衰落，以及葡萄牙和荷兰的扩张模式，使得这一段时期欧洲的海外殖民地除绝大部分中、南美洲和小半个北美洲外，仅仅有菲律宾、东印度群岛、印度东北角、非洲的南端和西端及其南大西洋和南印度洋沿岸等这些零散地块。总之，“从哥伦布和达·迦马往后的300余年里，欧洲虽然是世界上最有活力的地区，但它对美洲除外的非欧世界远未建立起压倒性优势和统治权”①。在这个过程中，欧洲形成了威斯特伐利亚国际体系，其运行的基本法则适用于占优势的欧洲国家，但在地理上并不具有全球意义。

从19世纪初到19世纪70年代，由于第一次工业革命令欧洲的物质实力大大增强，非西方世界一下子处在了极端的弱势地位，两方面的实力对比强烈地刺激了欧洲国家的扩张欲望，此时的欧洲人“望欧洲之外，变得越来越确信……他们的体制和道德价值之优越。欧洲人和亚洲人一样，长期以来认为尚无文字的民族是原始民族，但若加以开化便还有救；现在，许多欧洲人开始认为开化的亚洲人是衰败腐朽的。在他们眼里，现代文明就是欧洲方式和欧洲标准，他们的责任和利益就在于使其布之四海，以便使世界变得更好更安全”②。英国是其中最主要的扩张国家。英国的主要扩张方向在亚洲。通过两次鸦片战争，英国还有法国迫使中国清政府按照西方国际体系的标准同它们签订了不平等条约，这大大冲击了在东亚存在了几百年的、完全不同于威斯特伐利亚国际体系的东亚朝贡国际体系。在这一段时期，英国还把次大陆、新加坡、缅甸等变成其殖民地，英国海外殖民地的面积，由1800年的1 130万平方公里，迅速扩大到1850年的2 000万平方公里，到1876年，英国海外殖民地面积达2 250万平方公里（是其本土面积的110倍），人口达2.5亿人（是本土人口的8倍），成为世界上最大的殖民帝国。拿破仑战争使法国重新回缩到1790年的疆界。经过十几年的积蓄力量，到18世纪30年代，法国再次加强了殖民扩张，占领了阿尔及利亚、越南等。从18世纪50年代起，法国在亚洲、非洲和美洲进行了一系列战争，殖民扩张达到高潮。法国殖民地的面积由1820年的5万平方公里，增加到1876年的90万平方公里，同期的殖民地人口由40万增长为600万，法国成为仅次于英国的殖民强国。至此，以欧洲为中心的国际体系囊括了新旧世界的绝大部分。

19世纪晚期，第二次工业革命使得欧洲国家之间，尤其是新兴大国和传统大国之间实力的差距缩小了。列强民族主义的变本加厉和经济政治的不平衡发展导致国际力量对比急剧变动，列强间的关系由此变得高度紧张，于是寻求并抢先控制具有重要战略和军事意义的海陆据点、运输通道、物资产地和缓冲地带，便被普遍地奉为几乎至高的国策③，欧洲再次掀起了海外扩张的新浪潮。欧洲国家海外扩张的重点是面积广袤、资源丰富、毫无防御又尚未被其他国家瓜分或者纳入势力范围的非洲。在1870年以前，欧洲国家在非洲

① 时殷弘：《从欧洲体系到全球体系——现代世界进程的一个基本方面》，载《太平洋学报》，1999（3）。

② Adam Watson, European International Society and Its Expansion, in Hedley Bull and Adam Watson (ed.), *The Expansion of International Society*, New York: Oxford University Press, 1984, p. 17.

③ 参见时殷弘：《现当代国际关系史（从16世纪到20世纪末）》，129页。

只占有一些无关紧要的地区，主要是海港、设防的贸易站以及少数作为从事贸易场所的附属地。这次瓜分非洲的序幕始于1881年，在这一年，法国突然出兵把突尼斯变为它的保护国，这引起了极为敏感的其他欧洲国家如英国等国在非洲迅速的连锁反应。为避免迎头相撞，在欧洲国家间达成某种协议实属必要，于是，在1884—1885年冬季，世界主要国家在柏林举行会议，以图就西非和刚果的边界、贸易、航海以及在非洲实行有效占领等原则达成更广泛的协议。此次会议定下的对非洲领土的合法要求权基于"有效占领"原则，有力地激励欧洲国家在非洲大力攫取殖民地，这次柏林西非会议在许多方面被看做是旧欧洲在全球事务中居统治地位的巅峰时期的象征。日本不是这次会议的成员，美国仍在国际舞台之外，俄国被列在被邀请与会的二流国家的名单中，全球事务的中心是伦敦、巴黎和柏林之间的三角关系，地球的命运取决于欧洲总理（首相）们的办事处，"欧洲是世界的中心"①。到20世纪前10年，整个非洲大陆为欧洲列强所瓜分，只有利比亚和埃塞俄比亚这两个国家例外。工业化的欧洲强国不仅完全拥有这些殖民地，而且还控制了那些广阔的附属地区——中国、奥斯曼帝国、波斯等，拉丁美洲也是各强国的经济附属物。在第一次世界大战的前夜，即1914年，地球上的大部分表面和世界上的大部分人口已经受到少数欧洲国家以及俄国和美国的直接或间接的控制，"这一发展是人类历史上前所未有的"②，毫无疑问，在20世纪之前，欧洲一直是全球地缘政治力量的中心。

当欧洲在全球中的实力达到巅峰状态时，它紧接着走向相对衰落也成必然之势，这正如抛物线到达顶点以后必然下落一样。以欧洲为主战场的第一次世界大战由于苏俄的退出以及美国的参与而轻易结束。这次战争向欧洲表明：欧洲大陆均势体系并非一种完全封闭和自我平衡的体系，其保存和运作有赖于且是在越来越大的程度上有赖于欧洲大陆东西两翼的国家不断以欧洲以外其他地区的资源来对欧洲局势进行干预；另外，由于欧洲大陆均势体系的保存和运作必须依赖于外部力量的不断介入，因此，这种体系在防止欧洲区域霸权的同时，也促成了欧洲以外地区的强盛，这种趋势从长远看势必造成欧洲总体权势地位的相对衰落。③战后建立的凡尔赛—华盛顿体系表明，在欧洲以外，欧洲不能够发挥决定性的作用，而欧洲以外的列强在欧洲内部充当了平衡者的角色，欧洲在国际体系中的中心地位受到了严重削弱。经过第二次世界大战，到20世纪后半期，欧洲已经毫无疑问地失去了其在国际体系中的中心地位，取而代之的是相对于西欧在国际体系内占据着中心地位的侧翼大国——美国和苏联，"美国在扭转战局使之不利于希特勒方面所作的巨大努力导致世界权势改而偏向西半球，俄国在欧亚大陆的优势则是另一个激荡全局的划时代的结果"④。美苏两国的实力过于庞大，欧洲已经完全不能主宰欧洲以外的事物，甚至欧洲自己的命运也不能掌握在自己的手中：欧洲被分割成西欧和东欧，并分别为美国和苏联所控制；欧洲赖以信奉的多极均势无情地演变为美苏两极格局，传统的欧洲中心主义走向了终结。

---

① ［美］保罗·肯尼迪：《大国的兴衰》，陈景彪等译，188～189页。

② ［美］斯塔夫里阿诺斯：《全球通史：1500年以后的世界》，吴象婴、梁赤民译，315页。

③ Ludwig Dehio, *Germany and World Politics in the 20th Century*, New York: W. W. Norton & Co., 1959, pp. 38-71.

④ B. H. Liddell Hart, *Strategy*, second revised edition, New York: Frederick A. Praeger, 1967, p. 237.

第二节 东欧的地缘政治变迁

与西欧一样，由于东欧在历史上经历了多次的分分合合，其政治地理范围也是一个模糊而笼统的概念。追根溯源，东欧的历史可以回溯到东罗马帝国。西罗马帝国灭亡后，与西欧相望的、处于欧亚平原的东部欧洲，在东罗马帝国统治下度过了一千年。地理上，东欧地区处于内陆，气候寒冷，各国长期处于异族帝国统治之下，相对于西欧来说，东欧较为封闭、落后。西欧的宗教比较单一，而东欧不同的民族和国家则分属西欧天主教拉丁文明、东正教拜占庭文明、伊斯兰教文明等三种文明。大体上说，东欧包括波罗的海沿岸国家、多瑙河流域以及巴尔干半岛，但通常不包括俄国的欧洲部分。这就是东欧的地理概念和历史文化概念。东欧的地缘政治地位极其重要，它是连接西欧沿海地带与欧亚大陆内陆的战略通道，也是西欧海洋性民族与欧亚大陆大陆性民族争夺的桥头堡，起着两者之间重要的缓冲地带的作用。争夺东欧的主角主要是西欧大国和俄国，因为“历史地看，东欧代表的是俄罗斯与西欧之间的过渡……是俄罗斯与西方之间的中间状态。在有些地方它极像西方，而在另外的一些方面则接近俄罗斯与东方”①。

一、东欧的地缘政治特点及地缘战略地位

在地理位置上，东欧位于俄国、西欧和南部奥斯曼土耳其之间，对东欧自身来说，这一中间位置的地缘战略作用是双重的：一方面，它有利于东欧与俄国、西欧以及奥斯曼之间的交往，使东欧因成为极为重要的战略交通要道而获益；另一方面，这一中间位置与交通要道恰恰也是东欧地缘战略的弱点之所在——它容易成为这三方争夺的战略目标，因为东欧倒向其中的任何一方都会使它们的实力对比发生倾斜，各国对其紧张的程度几乎是神经质的。从地形上看，东欧以平原为主，一望无涯的大草原几乎毫无天然的地理障碍，这种地形在安全上利于进攻而不利于防守，缺乏战略纵深的中小国家或者弱国很难依赖自身的力量来保证安全。唯一重要的山脉戈尔巴叶山多处被河流切断，并由此形成诸多天然通道，这使得一些民族和国家禁不住诱惑而不断通过这些通道入侵。东欧国家“好像是一些只有脊椎和动脉而没有外壳的生物体，不多的几条山脉都被河流切断，既不能阻绝游牧部落，也抵挡不了一支所向披靡、攻无不克的军队；唯有那一望无垠的灰绿色波涛起伏似的草原构成的海洋，延绵不断地伸入欧亚大平原。这一辽阔的地区，既对东方游牧民族敞开门户，又吸引着西方人前来殖民”②。地缘政治赋予东欧安全上的天然的脆弱性使得东欧容易成为其他有野心的国家觊觎的对象，没有野心的国家因为安全上的原因也必须时刻关注东欧地缘政治环境的微妙变化。显然，东欧是地缘政治的动荡区。

东欧成为国际政治的动荡区也是由于其破碎地带的属性所造成的。就内部原因而言，东欧作为一个政治地理区域，是由一些较小的国家组成的，这些国家的分界线常常是变动

① ［美］霍华德·威亚尔达主编：《非西方发展理论：地区模式与全球趋势》，董正华等译，124页，北京，北京大学出版社，2006。

② ［英］艾伦·帕尔默：《夹缝中的六国：维也纳会议以来的中东欧历史》，于亚伦等译，3页，北京，商务印书馆，1997。

的，并且都有自己独特的民族、文化和宗教特征。东欧地区的民族主义与种族相联系，并且更加强调个体文化和语言的特殊性和价值，常常是被作为排外的工具使用，因而表现出对异族和少数民族极端的仇恨和粗暴。① 每个国家都是多民族国家，民族间的相互认同程度非常低，无论是主体民族还是少数民族，对这种民族结构都很难满意，且大多是相互充满怨恨。② 东欧地区还是天主教、东正教、基督新教和犹太教等多种宗教和种族文化的交会点。③ 虽然这里曾被东罗马帝国、神圣罗马帝国、奥斯曼帝国以及奥匈帝国等相继统治，但由于其内部缺乏凝聚力，因此，东欧未能成为这些帝国所渴望的内聚力较强的较大规模的民族国家。东欧在历史上没有统一的地理政治核心，其内部自然就容易分裂。东欧各国内部以及相互之间矛盾重重，相互的信任度很低。这些因素至少造成了两个方面的后果：一是削弱了东欧自身的力量，便利了外族的入侵；二是为大国从中进行操纵和驾驭提供了方便。所以说，中东欧国家的亡国与其说是被谋杀，还不如说是自杀。④ 就外部原因而言，来自大陆内陆核心区域游牧民族持续的战略压力则是关键。"在从五世纪到十六世纪的全部时期中，图兰语系的游牧民族——匈奴人、阿瓦尔人、保加利亚人、马扎尔人、哈扎尔人、帕济纳克人、库曼人、蒙古人、卡尔梅克人从人们所不了解的亚洲内地，穿越草原，通过乌拉尔山与里海之间的隘口，令人惊异地接踵而至。"⑤ 受到来自东西方不同文化的影响，中东欧国家在漫长的历史中成为"光怪陆离的国家和民族集合体"⑥。

由于上述原因的共同作用，东欧国家必须同时与俄国和西欧的大国打交道——这是它们永远逃脱不了的历史宿命。作为西欧与俄国之间的战略缓冲地带，东欧犹如弹簧一般，交替或者同时忍受并吸收来自东西两面的战略压力。自身力量的弱小使得它们在国际政治中常常采取与强者为伍、依附于某一个强国或者集团的追随战略，它们总是倒向力量强大的一方（主动或被动）以寻求国家安全。如果大国卷入冲突或者战争，这意味着它们也必须加入，受大国牵连之苦；如果大国相互勾结或者讨价还价，达成某些协议，它们就有可能成为大国交易的筹码并被抛弃。它们既无法获得真正意义上的独立，又无法完全信任任何一个大国（集团），这种尴尬地位和忧虑心态渗透进了整个东欧的民族情绪。东欧在地缘战略竞争的地位上总是处于欧洲主流的边缘（margin）和外围（periphery）⑦ ——它是西欧的东部边缘和内陆区域的西部边缘。东欧位于两个或更多强盛和稳定区域之间的不稳定地带，其地缘战略地位还具有全球意义，作为"破碎地带"⑧ 的东欧，其地缘政治态势

① Adrian Hyde-Price, *The International Politics of East Central Europe*, Manchester: Manchester University Press, 1996, pp. 55-59.

② 参见［英］艾伦·帕尔默：《夹缝中的六国：维也纳会议以来的中东欧历史》，于亚伦等译，213～214 页。

③ Vladimir Baranovsky (ed), *Russia and Europe: The Emerging Security Agenda*, Oxford: Oxford University Press, 1997, p. 356.

④ 参见［英］艾伦·帕尔默：《夹缝中的六国：维也纳会议以来的中东欧历史》，于亚伦等译，29 页。

⑤ ［英］麦金德：《历史的地理枢纽》，林尔蔚等译，50 页。

⑥ ［美］特里萨·拉科夫斯卡-哈姆斯通、安德鲁·捷尔吉主编：《东欧共产主义》，林穗芳译，5 页，哈尔滨，黑龙江人民出版社，1984。

⑦ Vladimir Baranovsky (ed.), *Russia and Europe: The Emerging Security Agenda*, Oxford: Oxford University Press, 1977, p. 356.

⑧ Andrew H. Dawson, A Polish Bridge, in Andrew H. Dawson and Rick Fawn (ed.), *The Changing Geopolitics of Eastern Europe*, London: Frank Cass, 2002, p. 9.

的变化影响到欧洲和世界。近代以前，游牧民族侵略了东欧，引起了民族大迁徙，促进了东西方的文化交流和西欧海洋民族的兴起；近代以来，东欧的衰落非常有利于俄国参与整个欧洲事务和崛起。在整个20世纪，发生的关涉欧洲和世界命运的几件大事，包括第一次世界大战、第二次世界大战、冷战以及冷战的结束，都是在东欧发起并围绕东欧而展开的。

二、欧洲均势体系中作为战略通道和瓜分对象的东欧：1648—1914年

东欧地区主要的比较优势在于其地处西欧、俄罗斯和奥匈帝国的交通要冲，在欧洲大国的外交战略中具有重要地位。在第一次世界大战以前，东欧先是由于其地理位置而在游牧民族的侵略中成为战略通道，后又在欧洲大国瓜分波兰以及奥匈帝国争夺遗产和势力范围的争斗中具有了关键的地缘重要性。欧亚大陆中心的腹地是一个面积广袤的地带，其周围（除西面外，这里主要是东欧地区）有山系环绕，还有内陆和北冰洋水系，由此，一座庞大的天然要塞得以形成。这片广袤且人烟稀少的地区在历史上一直由各种游牧民族所控制，这里的自然条件及马和骆驼的机动性使他们能不断汇集起强大的军事力量，从而对边缘地区造成严重的威胁。平坦的东欧作为欧洲东部的边缘地区，不断地承受着来自东方游牧民族如匈奴人、蒙古人和俄国人的压力。14世纪时，奥斯曼土耳其开始入侵处于封建割据状态中的中东欧。1569年，波兰与立陶宛合并成为欧洲的大国之一。15世纪以前，俄波两国未发生过大规模的武装冲突，自16世纪起，俄国兴起，其向西扩张的目标与波兰发生了冲突，自此，两国的矛盾一直贯串两国的历史，因为波兰是俄国“保证它对欧洲的统治……的地理据点”①。16—17世纪，强大的哈布斯堡王朝从奥斯曼土耳其手中夺取了匈牙利、斯洛文尼亚和克罗地亚，并占领了捷克和斯洛伐克。瑞典则以征服东欧的波兰来树立大国威信。

进入近代以来，欧洲国际体系总的特点是均势，欧洲整体均势是由欧洲大陆大国之间的均势、英国与欧洲大陆之间的均势、欧洲与其边缘地区的均势综合组成。② 在欧洲大陆大国之间的均势中，东欧的虚弱突出了它对于大国争夺地缘政治遗产和势力范围的战略价值。位于欧洲东翼的、在人力和领土这两方面都占有绝对优势的大陆强国——俄国兴起后便积极参与到东欧的一切纷争中去。东欧的波兰建国于10世纪中叶，在15、16世纪时最为强盛，17世纪中叶以后开始衰落，到了18世纪中叶，波兰仍然是一个多民族大国，面积达73万平方公里，在欧洲排第三位。17世纪中期以后，俄国开始强大，到18世纪初，俄国已经占压倒性优势，波兰则处于从属地位。18—19世纪上半期，俄国与普鲁士（后来是德国）、奥地利（后来是奥匈帝国）三国之间相互斗争、相互勾结，多次重新划分东欧国家的领土和边界。波兰在18世纪先后遭到俄国、普鲁士和奥地利的三次瓜分（1772年、1793年和1795年），甚至一度在世界地图上消失，其亡国时间长达123年之久，直到1918年，波兰的主权和独立才重新被承认。俄法于1807年签订《提尔西特和约》，以维斯瓦河为界，瓜分了波兰和普鲁士。这个和约是俄国和法国瓜分欧洲的条约，“西方归拿破仑，东方归亚历山大”③，它标志着西欧正式承认了俄国在东欧的特殊利益。在这期间，

① 《马克思恩格斯全集》，中文1版，第22卷，15页，北京，人民出版社，1965。

② 参见金重远：《欧洲均势纵横谈》，载《探索与争鸣》，1997（5）。

③ 《马克思恩格斯全集》，中文1版，第22卷，31页。

拿破仑还假道东欧对俄罗斯实施入侵（1812 年），这影响了俄罗斯日后对东欧的政策。从维也纳会议到 1848 年的欧洲革命，俄罗斯成了镇压革命的宪兵，在东欧事务中占有主导地位。19 世纪，在奥匈帝国解体的过程中，俄、普（德）、奥、法等国也在东欧地区获得了相应的份额，并保持着欧洲的均势。到了 19 世纪下半期，由于德国实力的上升，俄罗斯在东欧地区的影响力有所下降，两国对东欧的争夺也因此变得更加激烈了。鉴于德国强大的军事力量和向东扩张的历史以及中东欧地区唯一具有高度的工业化和组织性的国家的身份，麦金德将东欧看成是控制“心脏地带”的关键，这一看法被他缩略为一个著名的三段式警句：“谁统治了东欧便控制了心脏地带；谁统治了心脏地带便控制了世界岛；谁统治了世界岛便控制了世界。”[①]

三、结盟的东欧和作为缓冲地带的东欧：两次世界大战期间

在地缘政治中，两个相邻的大国之间容易产生结构性矛盾，一国力量的增长会引起另外一个国家的不安全感，即我们一般所说的安全困境。两国之间的地理距离愈近，这种结构性矛盾的作用就愈加明显；如果两国距离比较远，中间被一个或者多个中小国家隔开，则这两个大国之间的关系就有可能相对缓和。这些中小国家如果奉行与大国结盟的政策，它们就起着平衡力量的作用（无论实际效果如何）；如果保持中立，则起着缓冲地带的作用。第一次世界大战后的东欧在地缘政治上主要起着力量平衡者和缓冲地带的作用。

第一次世界大战后，由于大国在《凡尔赛和约》上的交易，东欧出现了新的地缘政治现象，那就是一批小国实现独立，新的民族国家出现，这是“欧洲最引人注目的变化”[②]：原奥匈帝国分裂成为奥地利、匈牙利和捷克斯洛伐克三国；波兰得以恢复；爱沙尼亚、拉脱维亚和立陶宛在十月革命后宣布独立；罗马尼亚领土扩大；保加利亚领土缩小；斯洛文尼亚、克罗地亚、波斯尼亚和黑塞哥维那同塞尔维亚和门的内哥罗合并，成立“塞尔维亚—克罗地亚—斯洛文尼亚王国”（1929 年改称南斯拉夫）。各国关系出现了新的不平衡，东欧国家内部或者国家之间的局势经常因民族冲突而不稳定，再加上大国的渗透、扩张，这一地区的形势日益复杂化，其内部矛盾重重。《凡尔赛和约》签订后，在东欧制衡德国的力量消失了，因为奥匈帝国已经解体，俄罗斯一度隐匿于国际社会。[③]战胜国在处理由奥匈帝国遗留下来的东欧问题时所依据的不是均势原则，而是民族自决原则。它通过对中东欧国家的领土和边界的任意改划来满足战胜国的要求，使东欧成为苏俄共产主义的防疫区和遏制德国重新崛起的力量。处在大国外交夹缝中求生存的东欧中小国家，或奉行结盟的外交政策，或保持中立，以求最大限度地保证自己的国家利益。

第一次世界大战后，东欧地区几乎所有的国家都奉行了结盟的外交政策，纷纷投靠法西斯或追随英法。新独立的匈牙利因《特里亚农和约》而损失了近 2/3 的疆域和一半的人口；保加利亚也因为《纳伊条约》而被迫割让领土、赔付巨款。作为战败国，匈牙利和保

① ［英］麦金德：《民主的理想与现实》，武原译，134 页。

② ［美］保罗·肯尼迪：《大国的兴衰》，陈景彪等译，268 页。

③ 参见［美］亨利·基辛格：《大外交》，顾淑馨、林添贵译，218 页。

加利亚受到战胜国的严厉压制，“两国都被迫接受战胜国所强加的和约条件这一事实，使它们在两次世界大战之间心中的不满有罕见的相似之处”①。由于对凡尔赛体系强烈不满，再加上德国是这些国家更加天然的贸易伙伴②，匈牙利和保加利亚便在外交上采取了亲法西斯国家的政策，从而增强了德国和意大利的力量。

实行亲英法政策的国家是捷克斯洛伐克、罗马尼亚、南斯拉夫、波兰等国。这些国家地处中东欧的心脏部位，是英法与德国直接交锋的前沿阵地或缓冲地带。这些国家中有的是在第一次世界大战结束后在奥匈帝国瓦解的基础上获得独立的国家，有的是英法传统的势力范围。它们在外交上选择了亲英法的立场，企图以英法做靠山，利用英法的保证来确保自己的独立与安全。1921 年，针对匈牙利和保加利亚的由捷克斯洛伐克、南斯拉夫和罗马尼亚组成的小协约国集团正式成立后，法国通过种种努力，建立了同小协约国的同盟关系，加强了法国与小协约国的合作。这不但巩固了法国在东欧的阵地，同时也有利于罗、捷、南、波等欧洲小国维护民族独立和国家统一。在整个 20 年代和 30 年代初期，小协约国在反对修约、对抗大国主宰、抵制德意扩张、维持欧洲均势以及维护欧洲和平与安全等方面，发挥了不容忽视的作用。③ 从 20 世纪 30 年代中期起，小协约国因为内部矛盾及大国的分化拉拢逐渐走上了分崩离析的道路，到 1939 年，小协约国正式宣告瓦解。小协约国的解体对欧洲均势产生了重要的影响：一方面，法国丧失了其在中东欧的盟友和同盟体系，其在这一地区的优势顿然消失，国际地位进一步下降，对德国的牵制力量也因此被大大削弱；另一方面，德国不仅排除了向中东欧扩张的一大障碍，而且开始向英法挑战，希特勒发动侵略战争的决心也由此得以增强。在第二次世界大战前夕，英法在慕尼黑会议上推行以牺牲弱小国家的民族利益来换取“和平”的绥靖政策，出卖了他们的盟国捷克。

东欧地区在地缘政治上的另一个重要作用是它充当了德国与苏联的安全缓冲地带。在苏联成立后的整个 20 年代，苏联“对外政策的主要目的是防范外来进攻”④，因此，那时候还不存在苏联对德国的威胁。法西斯德国崛起后，苏联的安全被提上了议事日程，为确保东欧国家在平衡德国方面的战略作用，苏联积极与东欧国家发展关系。由于社会制度、意识形态以及历史原因等，东欧地区的国家亲近英法而疏远苏联，波兰是其中的代表。在第一次世界大战结束后获得独立的欧洲新国家中，波兰虽然幅员最大，但地位最脆弱。波兰处在两个强大的邻国德国和苏联之间，表面上“一贯拒绝和它的强大的邻国联合起来反对另一个强大的邻国”⑤，奉行所谓“等距离外交”，但实际上波兰长期实行反苏政策，“它同苏联的关系自 1920 年以来一直是不好的”⑥。英法和欧洲小国对苏联建立集体安全体系的不懈努力持消极乃至破坏态度，这些加剧了苏联的危机感和孤立感。苏联在发现与英法合作成为不可能时，转而与希特勒签订了《互不侵犯条约》（1939 年）。在此情况下，

① ［英］艾伦·帕尔默：《夹缝中的六国：维也纳会议以来的中东欧历史》，于亚伦等译，250 页。

② 参见［美］保罗·肯尼迪：《大国的兴衰》，陈景彪等译，282 页。

③ 参见陈永祥、蔡娥香：《“小协约国”的兴衰与欧洲均势》，载《湘潭大学社会科学学报》，1998（1）。

④ ［美］特尔福德·泰勒：《慕尼黑：和平的代价》，石益仁译，272 页，北京，新华出版社，1984。

⑤ ［法］让·巴蒂斯特·迪罗塞尔：《外交史：1919—1978》（上册），李仓人等译，256 页，上海，上海译文出版社，1982。

⑥ ［美］威廉·夏伊勒：《第三帝国的兴亡》，董乐山等译，641 页，北京，世界知识出版社，1979。

东欧国家再次充当了苏德两国的缓冲器，东欧国家的存在有利于避免苏德两国之间直接而快速的对抗。在第二次世界大战后期的一系列国际会议上，中东欧尤其是波兰再次成为苏、美、英等大国争夺的焦点，各方就波兰的疆界和政府构成展开了激烈的争吵。最终，波兰的疆界整体西移，其他中东欧国家的领土疆界也都作了较大的有利于苏联的调整。

四、作为苏联势力范围和作为海权遏制陆权前线的东欧：冷战期间

在第二次世界大战后期，战争的进程毫无疑问地预示了德国的失败，德国在其权势达到巅峰状态时所侵占的东欧各国终将会获得独立；同时，经过第二次世界大战，西欧大国也因精疲力竭而无力顾及其在东欧的影响。面对战后这种情况，东欧有可能沦落为真空地带，“一个甚至一周也难维持的真空，它必定要有某种东西填补”①，这个“东西”就是苏联权势和不容其独占的美国权势。苏联之所以坚持要把东欧变成其势力范围，首要的因素是基于对国家安全的考虑，因为东欧作为亲苏的缓冲国有助于苏联避免由德国发动、经过东欧来进攻苏联的噩梦重现。在第二次世界大战后期，苏联坚决要求在东欧一带建立自己的影响区域，把东欧看做自己本土外的重点战略利益区域。② 战争后期及战后的边界安排承认了波罗的海沿岸及苏联与波兰、罗马尼亚、捷克斯洛伐克的边界线。德国的边界也作出了有利于波兰的调整，意大利和匈牙利的边界则作出了有利于法国、南斯拉夫、希腊和捷克斯洛伐克的调整。这些边界线和军事占领区的分界线相结合，从德国的波罗的海沿岸顺着盟国在德国苏占区和西占区的分界线，南接德捷、奥捷边界线，顺盟国在奥地利的苏占区和西占区的分界线，到意南边界线并穿过的里雅斯特直到亚得里亚海，形成了一条把欧洲分为东西两部分的分界线。这条分界线以东的欧洲部分，在苏联的影响、控制之下，纷纷走上了社会主义道路。从经互会到共产党工人党情报局，再到华沙条约组织，东欧最终成为苏联加强安全、对抗西方的势力范围。

尽管东欧地区是苏联的势力范围，以美国为首的西方国家还是非常关注这一地区，期望东欧国家脱离苏联的控制。美国对东欧政策的地缘战略思维非常明显。东欧在东西方冲突中具有世界性的关键地位，它直接关系到西欧的安全和政治定位（倾向性）。③ 冷战的直接对抗点在欧洲，东欧地区则是美国与苏联对抗的前沿，因此，东欧的重要性是不言自明的。处理东西方关系是美国对外政策的中心问题，而东欧则是这种关系中的整体部分。东欧是苏联在欧洲和全球地区平衡西欧与美国的重要力量，美国也认为，“卫星国在当前欧洲大国的平衡中是重要的，因为他们加强了苏联的政治、军事和经济力量，使苏联的势力延伸到了欧洲心脏地区。苏联在这个地区长久、稳固的控制构成了对欧洲和美国安全的威胁……消除苏联在卫星国的统治符合美国根本利益所在”④。美国通过杜鲁门主义、马

① Louis J. Halle，*The Cold War as History*，New York：Harper Collins Publications，1991，p. 36.

② G. A. Craig & A. L. George，*Force and Statecraft：Diplomatic Problems of Our Time*，New York：Oxford University Press，1990，p. 427.

③ Lincoln Gordon，Eroding Empire：*Western Relations with Eastern Europe*，Washington D. C.：The Brookings Institution，1987，p. 67.

④ *Foreign Relations of United States*（*FRUS*），1955—1957，Washington D. C.：U. S. Government Printing Office，1990，Vol. 25，p. 199.

歇尔计划和北大西洋公约组织于1949年建立起以自己为首的资本主义阵营，两大阵营经历了长达40年的对立和斗争，东欧一直是大国对抗的前沿阵地。在整个冷战期间，东欧被纳入苏联的势力范围，以美国为首的西方国家则要把东欧变为资本主义国家，俄国与西欧大国在东欧的竞争被苏联与美国之间的争夺所取代。

“苏联帝国的壮大似乎证实了麦金德等地缘政治学家的预言：欧亚大陆的心脏地带的资源将被一个庞大的军事强国控制；海洋强国若想保持全球力量均势，须抗击该国向大陆边缘地带的进一步扩张”①。因此，从更广泛的历史看，苏联控制东欧和美国（当然还有西欧）对东欧的遏制和演变政策乃是历史的地理延续。麦金德认为贯串于世界历史的最持久的主题，是大陆国家和海洋国家之间的历史冲突及这两种国家间权力的转换方式。②俄苏具有鲜明的陆权大国的性质，西欧和美国则是海洋强国，两大势力反复争夺权势主导者并不十分明朗的东欧，并互有得失。战后，陆上国家（苏联）依赖其在第二次世界大战中迅速崛起的权势，正在削弱海洋国家的优势，而东欧是确保海洋国家安全的枢纽地区，西方必须防止苏联同时成为有力的海权竞争者。虽然历史走过了数百年，但双方对抗的地缘政治含义并没有因为时代的变化而有丝毫减弱。

第三节　冷战后欧洲的地缘政治整合

20世纪80年代末90年代初，国际关系的发展经历了一些重大事件：东欧剧变，苏联解体，冷战时期的以美苏对抗为主的两极格局结束了。雅尔塔体系的终结③不同于历史上任何一个国际体系的终结：自近代以来，它是唯一一个没有经过战争而结束的国际体系。历史经验证实，任何一个国际体系的结束都意味着维系该国际体系的某一方的权势出现减弱甚至崩溃，也意味着其一定会留下新的权力真空。以战争形式结束的国际体系，通过交战各方的讨价还价和签订条约来划分各自应得的势力范围，从而能够很快确定新的秩序。然而，在以和平方式而非战争方式结束雅尔塔体系后，各国并没有以条约的形式很快确定新的权力真空由谁来填补，因此，对于雅尔塔体系之后的欧洲国际秩序而言，地缘政治的整合将是一个较长的历史过程。

一、冷战后欧洲地缘政治结构的变化

冷战结束后，欧洲的地缘政治结构，尤其原来是苏联势力范围的东欧地区的地缘政治态势发生了根本变化。在剧变前，欧洲分为截然对立的两个部分：西欧和东欧，它们分属不同的阵营。东欧是苏联的势力范围。一方面，东欧是苏联在欧洲对抗资本主义阵营的缓冲地带；另一方面，苏联在东欧具有绝对性的影响，并有经互会和华沙条约组织予以保障，东西方的力量大致平衡。冷战后，东欧的地缘政治版图发生了重大的变化，国家行为体增多，东欧以及在苏联解体后独立的一些国家逐渐被纳入了西方阵营。具体说来，东欧

① ［美］保罗·肯尼迪：《大国的兴衰》，陈景彪等译，358页。

② 参见［英］杰弗里·帕克：《地缘政治学：过去、现在和未来》，刘从德译，130页。

③ 参见李世安：《从国际体系的视角再论雅尔塔体系》，载《世界历史》，2007（4）。

剧变、苏联解体后引起的欧洲特别是东欧地区地缘政治态势的变化主要表现在以下几个方面：

第一，东欧和原苏联地区国家的统一和分裂导致了这一地区的国家边界的巨大变化。德国的统一使原来把欧洲划分为东西两部分的界线由原来的民主德国和联邦德国之间的边界线移到了原来民主德国与波兰之间的边界线，即奥得—尼斯河边界线上，德国在欧洲的中心位置更加突出了。从长远看，德国的实力将会大大增加，人们不得不更加关注实力增加之后的德国的外交政策。苏联解体后，俄罗斯的边界回到了300年前的地方，与东欧接壤的国家变成了从苏联独立出来的国家。在俄罗斯和中东欧、东南欧之间存在有乌克兰和白俄罗斯、立陶宛和摩尔多瓦等国。俄罗斯与波兰唯一接壤之处是加里宁格勒，它是被立陶宛和白俄罗斯从俄罗斯分割开来而形成的一块“飞地”。捷克斯洛伐克在1993年分裂为捷克和斯洛伐克两个国家。到2006年，巴尔干半岛的南斯拉夫因为内战和外来干涉而分裂为六个国家。由于民族国家的增多而导致的国家之间的关系变得更加复杂。

第二，欧洲安全形势的变化。第二次世界大战之后的东欧成为苏联的势力范围，其在某种程度上可以说是苏联的安全地带。东欧剧变并走上亲西方的道路以及苏联从东欧撤军，标志着苏联军事上控制东欧的时代结束，新独立的俄罗斯失去了安全屏障。由于内部的民族矛盾和对俄罗斯根深蒂固的不信任感，东欧国家纷纷提出加入北约和欧盟，欧洲的地缘政治结构出现了史无前例的变化。

第三，在整个原苏联和东欧地区，存在着因历史边界变动较大而引发的民族分裂问题。这个地区的民族构成本就十分复杂，加上历史上各国之间领土的多次变动，几乎每个国家都形成了以一个民族为主、多个民族相互杂居的态势。苏东剧变后，原先被两极对抗掩盖的民族问题和民族矛盾暴露出来，如罗马尼亚与匈牙利、捷克与斯洛伐克、阿尔巴尼亚与南斯拉夫之间的民族问题和领土问题等。这些民族矛盾成为这个地区国际关系紧张、政治争议和外交争端的重要原因，甚至还引发了多起战争，在巴尔干地区，民族宗教冲突不仅分解了南斯拉夫，还导致了战乱。东欧国家虽然也想通过谈判和缔约来解决问题，但由于问题复杂，积重难返，它们不可能完全依靠自己来解决。在国际舞台上，民族问题的重要性日益增加，少数民族的权利问题日益被认为是国际关注的事件，而非仅仅是国内问题。

第四，东欧剧变、苏联解体后，俄罗斯与中东欧、东南欧国家基本上不接壤的事实具有了重大的政治、军事意义，它至少使俄罗斯更加远离“欧洲心脏”，从而使它的欧亚特征得到了加强。在俄罗斯和西方之间出现了一片不受俄罗斯控制和影响的“中间地带”，这与冷战期间东欧是苏联的势力范围的情况完全不同。苏东剧变后，在俄罗斯和西方之间出现的一大批国家是地缘政治图景最重大的变化。这些国家既包括原来东欧地区的国家，也包括从原苏联独立出来的国家。虽然冷战后的东欧摆脱了苏联的控制并奉行亲西方的政策，但其先天的地理位置决定了它仍然处在西方和俄罗斯之间，属于两国间的中间地带。这一事实存在在很大程度上成为它们进行交易和讨价还价的筹码，一旦涉及有关它们的任何重大国际问题，它们必定首当其冲。

第五，俄罗斯地缘战略地位的变化。作为一个地缘政治实体，俄罗斯因苏联解体而遭到了严重削弱：失去了波罗的海三国后，俄国西部边界退回到1600年左右的伊凡雷帝时代；里加和塔林港的丢失，使俄国进出波罗的海的战略通道更受限制；东欧诸国倒向北约和欧盟，使俄国丧失了一个重要的产品市场和与北约之间的安全缓冲地带，而这些是原苏联维持其超级大国地位和地缘政治平衡的重要基础；乌克兰的独立，不仅使俄国失去了一大块潜在富裕的工农业经济区域和在种族与宗教上同俄国人极为接近的5 200多万人口，也使俄国失去了其在黑海的主导地位，而黑海是俄国与地中海地区及更远国家的重要贸易通道；高加索国家的独立使俄国在这一地区的边界退回到了19世纪；中亚国家的独立意味着俄国东南部边境的一些地方向北后退了1 000多英里。[①] 作为原苏联的继承国，俄罗斯失去了大量的战略要地和纵深地带，昔日世界上两个超级大国之一的俄罗斯现在却被许多人视为第三世界的一个地区性大国而已。但是，俄罗斯仍然有成为世界大国的潜力。苏联解体后，俄罗斯继承了原苏联的大部分遗产，其国土面积、人口规模以及资源、经济和军事潜力决定了它的大国地位。但总的来说，俄罗斯的地缘政治环境大大恶化了。

二、冷战后欧洲的地缘政治整合之一：欧盟东扩

冷战结束后，欧洲地缘政治整合中最引人注目的现象之一就是欧盟东扩。欧盟是欧洲联盟的简称，前身是欧洲共同体。1993年，欧洲联盟条约（即马斯特里赫特条约）生效，欧共体开始向欧洲联盟过渡。欧盟东扩的实质是将第二次世界大战后在中东欧建立的原社会主义国家纳入欧洲统一进程，从而建立一个欧洲人千百年来梦寐以求的、和平统一的大欧洲[②]，其目的就是“维持一个稳定、民主、繁荣的俄罗斯，建立一个统一的不存在新分界线的欧洲，确保欧洲大陆的持久和平与稳定”[③]。欧盟东扩在冷战后主要经历了三次：1995年1月，奥地利、瑞典和芬兰加入欧盟；2004年5月，波兰、匈牙利、捷克、斯洛伐克、斯洛文尼亚、爱沙尼亚、拉脱维亚、立陶宛、塞浦路斯和马耳他10国正式成为欧盟的成员国，其中8个为中东欧国家；2007年1月，罗马尼亚和保加利亚两国加入欧盟。欧盟还将继续东扩，其下一步的潜在目标有土耳其、克罗地亚、亚美尼亚、格鲁吉亚、阿塞拜疆等国。由此可见，中东欧国家将是欧盟东扩的主角。欧盟东扩是整合欧洲地缘政治的进程，这一进程会给欧洲的地缘政治格局带来重大影响。

从欧盟来看，其在扩大的过程中首先会获得越来越多的战略资源，包括自然资源、人口、经济实力和军事力量等要素。其次，欧盟东扩还有着深刻的地缘政治意义，这主要表现在：

第一，在无政府状态、主要靠实力说话的国际社会，中小国家不仅力量十分有限，甚至可能成为大国政治的牺牲品。欧盟东扩所吸纳的国家，无论是从国土面积还是从人口来讲，都是中小国家。通过走统一之路，欧洲国家在联合中不断增大了自己的战略空间和人口规模。欧共体成员变为15国时，其总面积达到了315.6万平方公里；2004年欧盟扩大

① 参见［美］兹比格纽·布热津斯基：《大棋局：美国的首要地位及其地缘战略》，中国国际问题研究所译，116～125页。

② 参见高华：《北约欧盟双东扩：机遇、挑战和前景》，见李慎明、王逸舟主编：《2005年：全球政治与安全报告——国际形势黄皮书》，北京，社会科学文献出版社，2004。

③ Christopher Hill and Karen E. Smith, *European Foreign Policy, Key Documents*, Padstow: Cornwall Press, 2000, p. 283.

为25国之后，其国土总面积达到了389万平方公里，人口达到了4.537亿；2007年罗马尼亚和保加利亚加入欧盟，若再加上候选国土耳其，欧盟在可以预见的未来将形成一个拥有500多万平方公里陆地国土和5亿多人口的大联合体。面积越大，人口越多，相应的资源也就越丰富，这样的政治实体才有潜力在国际社会中发挥自己的独特作用。欧盟东扩将会深刻地改变欧盟与美俄中等地缘政治实体之间的力量对比关系：欧盟作为一个整体，将会更加有实力，并在国际社会中用一个声音与美国、俄罗斯和中国打交道。

第二，因拥有"心脏地带"、"缓冲地带"的地缘优势地位，几个世纪以来，中东欧地区历来是大国必争之地。欧盟通过东扩，对中东欧国家进行政治、经济、文化上的渗透和整合，改变了中东欧地区几个世纪以来一直是欧洲动荡和冲突的源泉这一情况，并尽可能地利用中东欧国家的屏障作用来缓冲来自俄罗斯的不利影响。欧盟通过东扩的方式整合了欧洲的地缘安全结构。从地域上看，欧盟的东扩已涵盖了南欧、北欧和中东欧的广大地区，加上原来的西欧，这一联合体已包括了欧洲一大半国家，甚至还有可能包括外高加索地区的部分亚洲国家；从战略上讲，除了北冰洋，欧盟国家已控制了欧洲周边的所有海域，包括北面的波罗的海，西边的大西洋，南面的地中海和东面的黑海；另外，欧盟还已经扩大至俄罗斯的边界，这有利于防止未来俄罗斯的再度渗透，这种战略上的接近，导致双方无论是合作还是冲突，都必然会形成极为密切的互动，成为面对面的对手；一旦欧盟吸收土耳其入盟，其地域将直接与中东产油国接壤，里海原油外运通道所在的地区也将被囊括其中，这将有利于欧盟获取这些地区的油气资源。

第三，从历史背景和文化心理上看，东扩对于欧盟而言不仅意味着地域的扩大，更意味着其生命力和价值观念的扩展。冷战时期的欧洲一直在美苏对峙中求生存，其自身的安全没有保障，因此，安全上的重要性促使它们紧密团结了起来。通过这次东扩，欧盟吸纳了一批在国内政治体制及社会文化传统方面符合欧洲价值观的中东欧国家，这不仅使欧洲在更广泛的范围内有了一个稳定的政治结构，而且有利于欧盟摆脱美俄控制和确保欧洲地区的安全与和平，对增加欧洲大陆的政治稳定和安全系数有着非比寻常的意义。

从中东欧国家来看，其加入欧盟的目的首先是寻求安全保护。东欧国家由于其地理位置的特殊性而不得不跟德国和俄国打交道，但由于其没有比较稳定的政治核心，且中小国家数量较多、力量分散，因此，这些国家跟俄国和德国相比总是处于劣势。就历史经历而言，中东欧国家经常遭到大国的侵略，或是成为大国间讨价还价的筹码。中东欧国家对俄罗斯侵略历史的感触尤为深刻。从莫斯科公国到苏联，俄国正是靠着不断地征服、掠夺他国而发展成为横跨欧亚大陆的霸权强国。在这条以侵略扩张为特征的大国道路上，俄国形成了十分突出的大国意识，它满怀大国抱负，总想以扩大势力范围、谋求战略缓冲区、占据出海口的方式来确保自身的安全和地位。俄罗斯具有大国雄心，不甘沦为二流国家，不愿失去大国地位，更不能容忍西方国家对它的轻视。中东欧国家对俄罗斯具有深深的不信任感和恐惧感，虽然现在俄罗斯的国力远不如苏联时代，但俄罗斯的大国潜力仍然使得中东欧国家怀有戒心，它们担心俄罗斯一旦强大后又会重新把它们纳入俄罗斯的势力范围，因此，加入欧盟在很大程度上可以保证它们的安全。其次，中东欧国家民族成分比较多，宗教信仰也不像西欧那样单一，处在这一地区的国家边界问题复杂，经济发展水平不一，缺乏地区认同感。在这样现实的条件下，依靠中东欧国家自身的力量实现联合并获得安全和发展是比较困难的，只有借助欧盟才能解决这些问题。最后，大部分中东欧国家对欧洲的历史和文化有一种认同感。冷战时期，由于东欧成为苏联的势力范围，欧洲进入分裂状态，政治意识形态成了东西欧的人为分界线。冷战结束以后，出于历史、战略、文化和经济原因，中东欧的国家可望成为“欧洲”的一部分，欧洲分裂的政治意识形态标准被欧洲统一的文化认同感和归属意识所取代，于是，中东欧国家纷纷提出“回归欧洲”的口号，力争加入欧盟。

三、冷战后欧洲的地缘政治整合之二：北约东扩

1949 年成立的北约，是以美国为主导的军事政治组织。所谓北约东扩，是指北约将原苏联加盟共和国和中东欧原社会主义国家纳入该组织的行为。① 自冷战结束以来，美国主导北约进行了引人注目的两次东扩：1999 年波兰、捷克和匈牙利加入；2004 年，罗马尼亚、保加利亚、拉脱维亚、立陶宛、爱沙尼亚、斯洛文尼亚和斯洛伐克加入。北约的成员国由原来的 12 个扩大到现在的 26 个。北约目前还有 23 个“和平伙伴关系计划”② 签署国，5 个联系伙伴国和对话国③。东扩后的北约对东欧、中欧、东南欧、中东甚至中亚都表现出了较强的整合力和影响力，其势力已深入到欧亚大陆的腹地，对欧洲的地缘政治环境产生了持久而深远的影响。

北约东扩具有地缘政治和文明要素的双重内涵。④ 从地缘政治视角看，中东欧属于斯皮克曼概念中的“边缘地带”，北约控制了这一地区后，俄罗斯便失去了一个战略上的缓冲带，战略空间会受到很大压缩。从文明特性的角度看，中东欧国家“回归欧洲”是俄罗斯难以强制阻拦的，因为如果中东欧这一敏感的“边缘地带”在安全特性和文明特性上长期没有方向感和归属感，那么在这一地区就可能发生种族冲突、文化冲突，乃至出现不可预测的政治动荡。

北约的首轮扩大把北约的防线向东推进了大约 700 公里至 900 公里，这使北约增加了 485 万平方公里的土地和 6 000 万的人口，在地理上更加接近俄罗斯边界。第二轮的扩大使北约的总人口达到 8.199 亿，总面积达到2 397.98万平方公里，军队人数达 474.76 万，与俄罗斯之间的距离几乎为零。北约东扩对欧洲的安全格局乃至整个世界的安全都产生了重大影响⑤，具体表现有：

第一，由于北约进一步向中东欧拓展阵地，欧洲的地缘安全格局被大大改写。冷战时期的华约、北约激烈对峙；北约东扩后，几乎所有前华约成员国都转变成了北约成员国。北约以输出安全带动对政治的输出，让原苏联东欧阵营的新成员接受了它的价值观和理念，使它们同俄罗斯分道扬镳。

---

① 参见高华：《北约欧盟双东扩：机遇、挑战和前景》。

② 该计划于 1994 年提出，现有成员乌克兰、阿尔巴尼亚、摩尔多瓦、格鲁吉亚、阿塞拜疆、芬兰、瑞典、土库曼斯坦、哈萨克斯坦、吉尔吉斯斯坦、俄罗斯、乌兹别克斯坦、亚美尼亚、白俄罗斯、奥地利、马耳他、马其顿、瑞士、爱尔兰、克罗地亚、塞尔维亚、波黑和黑山。

③ 它们是埃及、以色列、摩洛哥、突尼斯和毛里塔尼亚。

④ 参见刘靖华、牛军、姜毅：《论北约东扩——地缘政治与文明特性的双重分析》，载《欧洲》，1997 (4)。

⑤ 参见高华：《北约欧盟双东扩：机遇、挑战和前景》。

第二，北约东扩有利于加强美国对欧洲乃至整个欧亚大陆的掌控和美国对唯一超级大国的战略目标的维护。冷战结束后，北约的影响和势力范围在不断扩大：军事干预波黑内战，发动科索沃战争，启动《北大西洋公约》第五条支持美国在阿富汗进行的反恐战争，推动北约在阿富汗实施并扩大维和行动。北约成员国从 19 个变为 26 个，但比这一数字的扩大更有意义的是地理范围的扩展，因为这些国家覆盖了从波罗的海到黑海之间的广大中东欧地区以及俄罗斯的传统势力范围，这对美国反恐、挤压俄罗斯、长期控制欧亚、掌控两洋（大西洋、太平洋）和维护美国唯一超级大国地位无疑具有重大作用。

第三，俄罗斯与北约关系进入新的合作与冲突并存期。北约与俄罗斯之间虽建立了协商机制，但这一机制是双方既斗争又妥协的产物。俄罗斯通过“北约—俄罗斯理事会”赢得了对北约安全事务更大的发言权，增加了对北约的牵制；而北约的第二轮东扩则直抵俄西北部边界。因此，俄罗斯对北约的策略表现出矛盾的两面和软硬的两手：一方面，它不得不以务实的眼光看待北约东扩，但另一方面，它又一再声明反对东扩的立场没有变。两者之间斗而不破，双方的关系也将会在充满对抗与合作的曲折中前进。

冷战后欧洲地缘政治的整合集中表现为欧盟东扩、北约东扩和在双东扩的过程中俄罗斯所采取的战略反应。就欧盟和北约内部（仅限于欧洲）来说，这意味着西方在欧洲占据着经济、政治、文化和安全优势，同时也意味着欧盟和北约作为国际法的地缘政治实体，实力非常强大。受到东扩影响的首先就是俄罗斯，俄罗斯的战略空间受到史无前例的挤压，地缘政治环境大大恶化。俄罗斯与欧盟、北约相互间的不信任感极大地影响了欧洲地缘政治的整合。尤其是一些东欧国家部署导弹防御系统地行为使俄罗斯与北约之间的关系充满了不确定性。地缘政治的边际效应表明，两个力量单元距离愈近，且相互间不信任，那么两者间的结构性矛盾（最常见的表现是安全困境）就会愈加明显。俄罗斯和北约之间的这种矛盾已经显现出来，如果这种矛盾继续存在，毫无疑问，它将深刻地影响欧洲乃至世界的地缘政治格局。

第五章

日本的地缘政治脆弱性及其地缘战略选择

重点问题

- 日本的地缘政治脆弱性
- 第二次世界大战前日本北进和南进的地缘战略选择
- 冷战时期日本在美国地缘战略中的地位及其对经济的影响
- 冷战后日本抑陆扩海的新动向
- 日本能源外交的发展和变化

第一节　日本的岛国地位及其地缘政治脆弱性

一、日本的岛国地位

“岛国”是个地理范畴，常常作为与“内陆国家”或“大陆国家”相对立的概念使用，“岛国”向来没有一个严谨的定义，一般指大部分国土为一座“岛”的国家。地理学上对于“岛”的定义比较简单，是指四面环海的较小土地。一般认为面积大于格陵兰岛①的土地算作陆地，相应地，“岛”就是指面积小于格陵兰岛的土地。日本是个四面环海的群岛国家，国土总面积不足格陵兰岛的1/5，是世界上公认的岛国。

日本位于亚洲大陆的东部边缘，日本海、东海和西太平洋之间，是一个由东北向西南延伸的狭窄、细长的弓形岛国。领土由北海道、本州、四国和九州四个大岛以及周边的琉球群岛、先岛群岛、硫黄列岛等6 800多个小岛屿组成，国土总面积约为37.7万平方公里，海岸线总长33 889公里，全国任何地方距离大海都不超过120公里。

从地缘政治学的视角而言，日本处于麦金德“心脏地带”理论中所描绘的“外新月地带”。在《历史的地理枢纽》（1904年）一书中，麦金德第一次以全球视角将世界划分为

① 格陵兰岛属于丹麦，位于北美洲的东北部，地处北冰洋和大西洋之间，总面积约为218万平方公里，约为美国面积的1/4，是世界上最大的岛屿。

"心脏地带"、"内新月地带"和"外新月地带"。"心脏地带"位于欧亚大陆的中心，是一片由草原和沙漠构成的内陆地区；"心脏地带"之外就是广大的"内新月地带"，该地带因围绕世界岛而成为连接"心脏地带"与"外新月地带"的"中间带"，也被称为"边缘地带"；"外新月地带"则是海权国家的势力之所及，包括位于欧亚大陆边缘的近海岛屿国家英国和日本，南、北美洲，撒哈拉沙漠以南的非洲以及大洋洲。日本就处于外新月地带的东侧，这样的地理位置使日本远离了世界权力的中心，但由于它西临中国东海，西南接台湾海域，周围还有朝鲜海峡、津轻海峡和宗谷海峡，因此扼守着东北亚陆权国家通向太平洋的重要通道，被视为抵御陆权东扩的桥头堡。

对于一个伴海而生的国家而言，海既能够体现开放和自由，也可以代表闭塞与隔离，海的这一双重属性赋予了岛国两面性。四面环海的地理现实在历史上曾限制过日本的发展，成为日本闭塞、落后的根源，但也为其在近代迈向强国之路提供了巨大优势，使日本在历史发展的长河中既充分吸纳了外来文化的精髓，也避免被外来文明所同化，从而形成了日本与外部沟通的不排斥、不盲从的风格以及兼容并蓄的特质。

对一个岛国的入侵往往是从海洋推及海岸，再由海岸延伸至内陆，因此，在人类文明不发达的过去，人们往往将一国的地理安全等同于陆地安全，海洋仅仅被看做是一道保持大陆免受外来入侵的天然屏障。在此情况下，四面环海的岛国地位成为阻隔外来侵犯的有利条件，并被看做是一种地理上的优势。莫尔的"乌托邦"和康帕内拉的"太阳城"都是设计建立在"孤岛"之上的。修昔底德也曾经指出，阿提卡的兴起就在于这个城邦地处"偏僻"的半岛。海洋的环绕使日本有了一道天然的防御屏障，从而有效抵制了外来势力的渗入和同化。身处海洋之中虽不易受到外来的攻击和侵袭，但这样的地理环境也割断了日本与外界的沟通和联系，尤其在航海技术不发达的条件下，日本几乎完全被隔绝于海上。正是由于岛国地理环境在过去体现更多的是一种内敛性，因此，与海相伴而生的地理现实为日本的发展带来了诸多限制，使日本一直表现出一种封闭、落后的地理文化特征。

随着人类社会的发展和文明的进步以及航海技术的日新月异，人类驾驭海洋的能力日益增长，"岛国"也开始带有"面向世界"、"开拓进取"的开放性特征。对日本而言，日益发达的航海技术为其参与世界提供了先进的交通手段，使其具有了向外拓展的便利条件，日本作为一个岛国的开放性也因此展现出来，并成为具有外向进取型特质的"海洋国家"。"海洋国家"虽由"岛国"演化而来，但它不再拘泥于地理意义上的海洋，而是在概念的内涵与外延上都进行了实质性的扩展，成为海上民族面向世界和追求利益的体现。"大海邀请人类从事征服、从事掠夺，也鼓励人类追求利润"①，作为一个岛国，日本并没有多少可开发的国土，但是可供日本开发的广阔海洋使日本具有了"通商国民"这一巨大的优势。一改以往封闭、内敛的地理特征，日本的大和民族成为活跃的海上骑马民族，并在19世纪末期开始了武力扩张之路。

二、日本地缘政治的脆弱性

作为一个岛国，日本的地理环境存在诸多不利因素，这些不利因素最终在现实上构成

① ［德］黑格尔：《历史哲学》，王造时译，123页。

了日本地缘政治的脆弱性。

1. 领土范围狭小

领土之于国家的重要性，自古以来就为人们所熟知。马克思曾经指出，“土地是一切生产和一切存在的源泉”①，是人类繁衍和发展的物质基础。犹如空气、水和阳光一样，没有土地，人类就无法生存。土地作为财富的一个极为重要的组成部分，是日本严重缺乏的，也是日本极其渴望得到的。正如森岛通夫所说：“远离广阔的大陆，在岛国上生活的日本人，有史以来就渴望土地，明治以后，日本人所贪图的就是土地”②。

日本是个由众多岛屿组成的地域狭窄的岛国。国土面积狭小，仅有37.7万平方公里（相当于中国的1/25，巴西的1/23，印度尼西亚的1/5）。国土的狭小给日本造成了巨大的生存压力，使日本人产生出对土地的强烈渴望和罕见的生存危机。“土地贫瘠，使人勤奋、俭朴、耐劳、勇敢和适宜战争，土地所不能给与的东西，他们不得不以人力去获得”③，日本在近代不断地从战争走向战争，归根结底，还是在于获得土地。

领土的狭小成为日本发展过程中不可规避的劣势。首先，日本存在着巨大的安全隐患。狭长的地域使日本国内任何地方距离海岸都不超过120公里，再加上空间的限制，日本的战略回旋余地不足，防御纵深短浅，极易遭受攻击。摩根索通过分析领土在国家发展中的作用论证了领土面积对国家安全的积极意义，他说：“苏联的广阔地域占了地球陆地面积的1/7以上，是美国领土的两倍半。领土广阔是国家巨大力量的永久源泉，迄今为止，它挫败了外界进行军事征服的所有努力”④。第二次世界大战以后，作为战败国的日本谋求美国为之提供安全保护伞，一个十分重要的原因就在于日本深刻地意识到，领土面积的缺陷令其在安全方面缺乏优势。

其次，有限的领土空间限制了日本国内市场的发展。对外贸易是日本经济发展的基础，在不断输入国外原料和能源的同时，日本的产品源源不断地流向世界各地，在这个过程中，日本获得了巨大经济利润，实现了经济腾飞。离开了国际市场的支撑，日本的经济繁荣将成为昙花一现。正因如此，日本在贸易方面的脆弱性表现得非常明显，一旦全球资源和世界贸易的流通出现任何微小的混乱，日本都将遭受沉重打击。

2. 自然灾害频发

国土的狭小制约了日本的发展，而在这有限的国土上，日本又饱尝了各种严重的自然灾害：地震、火山、海啸、台风、暴雨等，山地丘陵造成了交通不便，“陆沉”之说一度侵扰日本。因此，日本被视为世界上自然灾害最严重的国家之一。

在日本所遭受的自然灾害中，火山喷发和地震是最为频繁的。日本之所以多火山和地震，与日本的地理分布密不可分。日本地处大亚洲山脉的边缘地带，这一地带同时也是环太平洋火山地震带的一部分，正因如此，日本成为一个与火山和地震相伴而生的国家。在日本境内分布的火山大约有270座，其中约有80座是活火山，占世界活火山总量的10%，

---

① 《马克思恩格斯全集》，中文1版，第46卷上，44页，北京，人民出版社，1979。

② ［日］森岛通夫：《透视日本》，江先安等译，254页，北京，中国财政经济出版社，2000。

③ ［法］孟德斯鸠：《论法的精神》（上），张雁深译，279页。

④ ［美］汉斯·摩根索：《国家间的政治》，杨歧鸣等译，153页，北京，商务印书馆，1993。

日本领土有 2/3 是被火山喷发物所覆盖，日本也因此被称为“火山之国”。另外，地震在日本也尤为常见，据统计，日本境内平均每天出现 4 次震级在 3 级以上的地震，年均地震数千次。

位于火山地震带内的日本时刻都在经受火山喷发和地震的侵扰，其民族生存和国家发展也因此蒙上了巨大阴影。地震等自然灾害给日本的农业、经济和整个社会带来巨大灾难，甚至使像东京、大阪等这样的大都市处于随时可能被彻底摧毁的威胁之中。自然灾害的侵扰对日本整个民族的心理造成了巨大打击，成为日本发展的巨大制约性因素，也是日本这个国家永久的安全威胁。

3. 资源匮乏

资源匮乏对任何国家的发展来说都是难以规避的劣势，这里所说的“资源”并非是一般的生活资源，而特指人类生产和生活过程中所必需的短缺资源。量的匮乏以及严重依赖进口的资源状况给日本造成了一种缺少依赖感的生存环境，正如一位日本人所说：日本的天然物产种类虽多，但数量极少，对于近代经济的发展来说，量的不足构成了致命的缺陷。

首先，从农业方面看，农业活动是国家发展与民族延续的前提条件，土地尤其是耕地则是农业的基础。但这一基础对日本而言显得较为薄弱。由于处在地壳变动带之上，日本的地形较为破碎，农业用地面积占土地总面积的比例很小，仅为 14.9%。在有限的农业耕地中，平地的面积仅占一半左右。日本是个人口密集的国家，在这种人口背景下，耕地尤其是平地面积的不足意味着日本最基本的粮食问题不能得以解决。相对于一个粮食能够自给自足的国家而言，粮食的严重不足和粮食进口将成为日本资源劣势的一个重要体现，并会在一定程度上限制日本在国际社会的发展。

其次，从能源资源来看，日本是仅次于美国和中国的第三大能源消费国，但却是个名副其实的能源生产小国。作为支撑经济发展和工业生产命脉的能源资源虽遍及全国，且种类繁多，但在量上没有任何优势，尤其是地下资源分布零散，难于开采。不但如此，在日本境内能够作为这些能源的替代品的原料至今也没有发现。资源的尴尬境地使日本不得不大量进口海外资源，迄今，日本已经成为世界最大的资源进口国。日本的铝土矿、镍矿石、磷矿石 100%依赖进口，铁矿石、铜矿石、锡矿石等 90%以上依靠进口；日本探明煤炭储量为 8.65 亿吨，但产量极少，煤炭进口约占世界煤炭贸易量的 1/4，是世界最大的煤炭进口国；日本国内探明的石油储量仅为 5 900 万桶，即便一次性全部开采出来，也仅够日本消耗 11 天，因此日本原油进口率达到了 99.7%；日本天然气探明储量为 1.4 万亿立方英尺，1999 年产量仅为 0.08 万亿立方英尺，消费量却高达 2.64 万亿立方英尺，进口依存度为 97%。① 尽管是仅次于美国的第二大经济强国，但若没有了海外资源的支撑，日本非但谈不上经济的持续发展和国家的强盛，甚至连基本的生存都将产生困难。

4. 过分依赖海路

由于土地和资源的短缺，日本经济的发展和国民物资的需求必须靠不断地输入海外能

① 参见傅云庆等编：《世界主要国家能源形势》，129 页，北京，中国大地出版社，2004。

源来满足。日本在石油、煤、铁矿等资源上的对外依存度非常高，可高达90%乃至100%。另外，日本生产的产品也需要海外市场的支撑，日本制造的汽车、船舶和电子产品大多以海外市场为主。无论是从海外输入原料还是向海外输出商品，日本都需要依赖外部世界，没有了和外部世界的广泛联系，日本的经济就会陷入崩溃，割断了日本与世界的联系就等于割断了日本的动脉。在这种严重依赖外部的情况下，一旦日本在国际社会陷于孤立状态，其地缘政治的脆弱性就会显露无遗。

因此，对日本而言，海权就是发展权，连接日本与外部的海岸线就是其生命线。对海洋贸易和海上通道的完全依赖令日本的战略物资运输存在巨大风险，尤其是陆上交通工具日新月异的变革更加使日本意识到缺乏陆上通道带来的弊端，海上交通运输线一旦被切断，日本国民经济将陷入崩溃和恐慌之中。

5. 周边压力巨大

日本东濒太平洋，西隔朝鲜海峡与韩国相望，西南临东海，与中国是一衣带水的邻邦，北隔23海里宽的宗谷海峡的是俄罗斯的库页岛。这样的地理位置使日本列岛构成了一道由东北向西南延伸的岛弧线，环绕在韩国、朝鲜和中国东部沿海的正面。

日本虽然是一个太平洋西北部的海上岛国，但与亚洲大陆仅一峡之隔，历史上日本与东亚大陆国家尤其是中国保持了密切的联系和交往，中国的任何波动都会给日本带来强烈冲击。中国幅员辽阔，人口众多，是一个典型的海陆复合型国家。“作为一个面积、资源都极为有限的岛国，日本不足为其邻国的大患”①，但物产丰富、资源辽阔的邻国却给了日本巨大的压力，再加之中国在历史上的大多数时期都是领先于日本的，这使得日本这个民族始终难以摆脱源自其民族文化内部的深层自卑感、压迫感和不安全感。

与英国相比，虽然两国同为岛国身份，但两者的周边环境却有着根本的区别。英国地处一个历史上就一直纷争不断的欧洲大陆周边，虽处在民族主权国家的纷争之中，但欧洲各国在领土面积、文化基础和历史发展方面的差距并不很大，欧洲的权力中心地位也并非被一个国家长期把持（葡萄牙、西班牙、荷兰、法国、英国、德国都曾先后崛起为欧洲强国），因此，当英国的经济、军事力量强大后，欧洲大陆非但没有令其产生自卑意识和不安全感，反而使其因操纵欧洲的均势而产生了强烈的优越感。周边环境的差异塑造了不同的民族性格，有别于英国的优越感，自古以来的中强日弱的态势以及泱泱大国与弹丸小国的差距使日本形成并延续了对周边的“安全困境”意识。对邻国的担忧和恐惧也是日本不安心理的真实写照。

第二节　第二次世界大战前日本的地缘战略选择

日本对外开疆拓土的思想可以追溯到远古时期，但受到传统东亚朝贡体制的束缚，日本对外侵略扩张的野心表现一直并不明显。1868年明治维新后，日本国力大增，其对外侵略扩张的基本国策也日渐明朗。在“开国和亲方针告示”中，日本就曾宣称将“大力充实兵备，耀国威于海外”；之后在以天皇名义发布的“安抚亿兆之宸翰（天皇谕告）”中，

---

① ［美］宓亨利等：《远东国际关系史》，姚曾廙等译，6页，上海，上海书店出版社，1998。

日本再次宣称要“开拓万里波涛，布国威于海外，措天下于富岳之安”①。传统地缘政治学的传入令日本的统治阶级如获至宝，在“国家有机体论”和“生存空间说”等的影响下，日本明确了以扩张领土、扩大陆权为宗旨的地缘战略。在以后的扩张过程中，无论是北进过程中的“主权线”和“利益线”，还是南进期间倡导的“大东亚共荣圈”，都反映了日本对外扩张的目的和本质。

一、向北攫取陆权

1. 大陆政策的出台

“大陆政策”早在19世纪初丰臣秀吉侵犯朝鲜和中国台湾时就已初露端倪，到19世纪末期被定为基本国策，成为日本“开拓万里波涛，布国威于海外”的重要体现。事实上，“大陆政策”这一术语真正在国家正式文件中出现是在1936年的《国策基准》当中，但在此之前，无论是日本国内的理论发展、宪法制定或是对外军事行为都强烈地反映了这一思想的内涵。这一政策的宗旨就是要对外侵略扩张，称霸东亚地区，实现日本从弹丸岛国到东亚陆权强国甚至世界强国的转变。

“大陆政策”的侵略步骤分为五个阶段：第一阶段是征服中国台湾，第二阶段是征服朝鲜，第三阶段是征服中国“满蒙”（中国东北和内蒙古地区），第四阶段是征服“支那”，第五阶段是征服亚洲乃至全世界。②“大陆政策”反映了日本北部扩张的路径和目标，“北进”是“大陆政策”的核心思想。在推进“大陆政策”的过程中，征服中国是整个计划的基础，也是该政策的重中之重。“欲征服中国，必先征服‘满蒙’；欲征服世界，必先征服中国”，出自《田中奏折》的这番言论深刻地说明了中国政策在整个“大陆政策”中举足轻重的地位。

山县有朋是“大陆政策”的集大成者，其推出的“主权线—利益线”成为“大陆政策”的核心。1890年12月6日，当选为内阁首相的山县有朋在施政演说中公开提出他的“主权线”和“利益线”主张：“盖国家独立自主之道有二：一曰捍卫主权线，不容他人侵害；二曰防护利益线，不失自己有利地域。何谓‘主权线’？国家之疆域是也。何谓‘利益线’？同我主权线之安危有紧密关系之区域是也”③。他认为日本领土的疆域是日本国家的“主权线”，而与日本主权线之安危有密切联系的、包含朝鲜和中国在内的地区则是日本的“利益线”；仅仅防守主权线不足以维护国家的独立与安全，必须开拓和保卫利益线才能立足于亚洲，称霸于世界。因此，要以武力“保卫”利益线，确保日本本土的安全，同时将朝鲜和中国纳入日本的外围空间，使日本成为一个既具有海洋优势又具有陆上优势的超级大国。

在不断扩充军事实力的同时，发动战争成为日本侵略的主要方式。19世纪70年代，日本开始侵略中国台湾并吞并了琉球。1894年，甲午战争爆发，随着清军的节节败退，

---

① ［日］信夫清三郎：《日本政治史》，第2卷，周启乾等译，157页，上海，上海译文出版社，1988。

② 参见《田中奏折》，见日本历史学研究会编：《太平洋战争史》，第一卷，金锋等译，北京，商务印书馆，1959。

③ ［日］大山梓编：《山县有朋意见书》，203页，东京，原书房，1966。

日本以武力扫除了中国在朝鲜的宗主权，并占领了台湾，至此，日本第一阶段的计划得以完成。在随后的十余年间，日本通过与朝鲜缔结一系列的不平等条约，最终实现了朝鲜政策的所有目的，以侵吞朝鲜为目的的第二阶段的计划成功实现。1905年，日俄战争爆发，俄国的战败既是俄国外交的失败，也是日本“大陆政策”战略实施中的又一次巨大成功，日本彻底改变了历史上中强日弱的态势，崛起为东北亚的军事强国。俄国的失败和清政府的软弱使“满蒙”地区在事实上成了权力的空白区域，日本借机与清政府签订了《关于满洲的日清条约》，“大陆政策”中的中国政策正式分为“满蒙”政策与“支那”政策，此后，日本开始了“满洲经营体制”的构建，第三阶段的战略目标大部分得以实现。为了独占中国，日本于1927—1928年三次出兵中国山东、1931年侵占中国东北、1937年发动全面侵华战争。通过一系列的战争，日本不断地迈进“北进”步伐，大大扩展了其在东北亚的陆权优势。

2. 结盟策略的运用

19世纪末20世纪初，世界各主要资本主义国家开始向帝国主义阶段过渡，并在全球范围内掀起了新一轮的瓜分狂潮，抢占殖民地和势力范围的争斗愈演愈烈。在东亚，不但有英国、法国等老牌资本主义国家之间的角逐，新兴帝国主义列强美国和日本也加入到这场势力争夺之中。相比英、法这些早已将势力渗透到东亚的列强，日本并没有太多的优势，但日本却在列强激烈的争夺中取得了“北进”战略的巨大成功，并在短短几十年的时间里将其势力范围拓展到朝鲜、中国东北甚至俄国。日本的领土扩张政策之所以能够得以实现，与西方列强的绥靖和妥协不无关系，但更为重要的是，日本推行“远交近攻”的外交策略，在扩军备战的同时，穿梭于各大列强之间，不断利用强国之间的矛盾和周边邻国的危机，广结盟约，参与对邻邦的侵略。概言之，明治维新以来日本确立的“北进”扩张策略从一开始就包含着大国结盟的战略，通过结盟的方式来实现对地缘利益的瓜分是日本侵略扩张政策的重要体现，并渗透在日本“北进”战略的每一个步骤与进程当中。

1894—1895年甲午中日战争后，中日地位有所逆转，但相比早已将势力填补进东亚的俄国和英国，日本在这一地区并不具有绝对的优势。一直以来，日本将海上强国英国看做权力的轴心，鉴于英俄、日俄之间的矛盾，日本采取了与霸权国英国结盟的政策。日本利用日英同盟的支撑发动了日俄战争，不但击败了近邻强国俄国，占领了库页岛南部，也强化了日本对衰败中的近邻中国的优势，并最终吞并了朝鲜，从而在历史中第一次确立了日本在东亚的地区性优势。正如英国人罗伯特·莫狄所说：“日本今已凭英日同盟之助力，一跃而为世界强国之一矣”①。之后，日本又援引日英同盟的条款对德宣战，并在第一次世界大战后进一步获得了德国在中国和太平洋的殖民地。日俄战争结束后，列强在东亚争夺殖民地和势力范围的争斗愈演愈烈，在“以求不仅同英国，而且也同俄、法两国结盟来预先做好应付战后国际竞争的部署，通过多边同盟来发展日本帝国主义的利益”② 的结盟策略的指导下，日本又与俄国缔结了短暂的日俄同盟。通过同盟关系以及列强间的矛盾，日本完成了以武力向周边拓展的计划。

① ［英］罗伯特·莫狄：《太平洋上之霸权》，载《东方杂志》，第18卷，3页，北京，商务印书馆，1921。

② ［日］信夫清三郎编：《日本外交史》（上），天津社会科学院日本问题研究所译，411页，北京，商务印书馆，1980。

在20世纪初期，以结盟为策略的日本构筑了当时在东亚堪称最大的同盟网络，除了日本，这一网络还吸纳了诸多帝国主义强国。通过对同盟关系的不断调整，日本顺理成章地介入了东亚区域事务，甚至突破东亚而将其触角延伸到了南亚印度。与大国缔结同盟为日本成为独霸中国的主导力量打下了基础，同时避免了日本因侵略而陷入孤立状态，为日本的崛起与发展营造了极为有利的国际环境。

二、向南扩展海权

向南推进是日本地缘战略的必然选择，是日本试图建立以日本为主导的地区国际体系中的重要一环，反映了日本地缘战略重心的转变。“南进”的构想在1936年8月7日的《国策基准》中已初露端倪：“帝国当前应该确立的根本国策，在于外交和国防互相配合，一方面确保帝国在东亚大陆的地位，另一方面向南方海洋发展”。随着日本在“北进”过程中不断取得胜利，日本军国主义野心急剧膨胀，其以夺取东南亚欧美殖民地为目标的“南进”战略日益明朗。新的战略动向表明日本已将南部扩张作为下一阶段的战略重点，在向南部渗透的同时，排挤在整个西太平洋地区业已存在势力范围的英、美等国，建立日本统治下的国际体系。

“南进”的实施主要体现在对“大东亚共荣圈”的提出和构建上。“大东亚共荣圈”的构想既是出于维护既得利益的考虑，也包含进一步扩张的需求，是旨在囊括东北亚和东南亚的地缘战略。有关“大东亚共荣圈”的构想在1938年11月3日的《第二次近卫声明》就已有体现，这一声明提出建立以日本、东北亚和东南亚“共存共荣”为目标的新秩序。“大东亚共荣圈”一词则是在1940年8月1日发表的《皇道外交宣言》中第一次公开提出的。时任外相的松冈洋右声称“皇道”就是日本的使命，根据皇道的伟大精神应建立一个以“皇国”为核心，以日、满、华的强固结合为基础的“大东亚共荣圈”，共存共荣。① 该宣言的发表标志着“大东亚共荣圈”构想的正式登场。1943年11月5日至6日，“大东亚会议”在东京召开，会上通过了《大东亚共同宣言》，宣言强调“大东亚各国应互相合作，完成大东亚战争，从英美的桎梏下解放大东亚，完成其自存与自卫，建设大东亚，以求贡献世界和平的实现”②。大东亚会议的召开以及《大东亚共同宣言》的发表标志着“大东亚共荣圈”构想的最终确立。这一构想就其本质来说是要建立与西方霸权并存的亚洲区域霸权，它虚构了整个亚洲地区都处在欧美帝国主义统治之下的事实，美化了日本的侵略政策和侵略行径。

为了顺利完成构建“大东亚共荣圈”的战略目标，日本加快了其“南进”的步伐，并将这一战略分成两个阶段来加以贯彻。第一阶段以夺取法属印度支那、泰国、缅甸、荷属东印度、菲律宾、英属马来亚、婆罗洲，葡属帝汶等内圈地带为主；第二阶段以夺取英属印度、澳大利亚、新西兰等外圈地带为主。

1940年7月27日，题为《适应世界形势演变的时局处理纲要》文件的通过标志日本迈出了南进第一步。随后，日军强行侵入了法属印度支那北部，并进军法领越南，封锁了

---

① 参见［日］奥村房夫：《近代日本战争史》，第四编，298页，东京，同台经济恳话会，1995。

② ［日］服部卓四郎：《大东亚战争全史》，张玉祥等译，640页，北京，商务印书馆，1984。

滇越，这一举动宣告日本正式走向以夺取东南亚势力范围为目标的太平洋战争。为了日后全力进军东南亚，日本还与国民党政府签订了一系列条约，并与苏联缔结《日苏中立条约》。这一系列条约的签订解除了日本在东北亚的军事威胁，日军的“南进”没有了后顾之忧。1941年6月25日，日本政府通过了《关于促进南方政策的决定》，决定在法属越南及泰国设立海、空军基地，该政策成为日本南进的第二步。在此基础上，1941年7月2日的御前会议进一步决定“不论世界情势如何变化，帝国对于大东亚共荣圈的建设并以此确立世界和平的方针，一定要坚持到底”①。苏德战争爆发后，日本并未介入战争，而是继续加强南进，对美、英、荷开战。1941年9月6日，《帝国国策施行要点》通过，此举标志着日本迈出了南进的第三步。该文件规定：“帝国，在不辞对美、英、荷作战的决心下，拟以10月下旬为目标，完成战争准备。外交谈判到10月上旬尚未达到我方要求的情况下，立即下决心对美、英、荷开战”②。1941年11月5日，日本正式决定对英、美、荷开战，并在《帝国陆军作战计划》中明确指出要占领菲律宾、关岛、香港、马来半岛、爪哇、苏门答腊、缅甸等英、美、荷的殖民地。

在20世纪40年代，日本通过战争迅速占领了东南亚诸多国家，目标直指印度、澳大利亚和新西兰，加上之前“北进”取得的地缘“成果”，日本军国主义的铁蹄所践踏的范围已达700万平方公里的土地，日本试图以“共存共荣”为掩饰，建立一个以日本为主导，西到印度洋，北至阿留申群岛，南抵澳大利亚的殖民大帝国的梦想基本得以实现。而对于东亚的诸多国家而言，所谓的“大东亚共荣圈”不过是日本在亚洲地区进行掠夺和奴役的遮羞布。随着世界反法西斯战争的胜利，在东亚地区肆虐半个多世纪之久的日本军国主义土崩瓦解，日本构建“大东亚共荣圈”的梦想也宣告破灭。

第三节　冷战时期日本的地缘战略选择

日本曾经创造的地缘政治“成果”随着日本在第二次世界大战中的失败而变得荡然无存。美国军队开进了琉球，朝鲜获得了独立，中国对台湾的主权被收回，南千岛群岛也作为战争补偿被并入苏联领土。身为战败国，日本还在一部其并不愿意遵守的宪法中声称日本永远废弃以国家权力发动的战争和武力威胁，并放弃保持陆海空军以及其他战争力量的权力。被解除了武装的日本几乎不可能再通过军事和战争手段达到复兴的目的。鉴于冷战时期的严峻形势，日本最终从意识形态和国家利益出发，选择了以“日美关系为主轴”、“经济发展为中心”的“吉田路线”。

以“吉田路线”为指导，日本的地缘战略呈现出巨大调整之势。第一，日本开始服务于美国的全球战略，尽量藏锋守拙，把构筑世界陆上强权国家战略构想的实质权力转让给美国，利用美日联盟这张政治牌打压陆权国家苏联。第二，日本将自身发展托付于美国，以美国盟友的身份在美国主导的自由开放的国际经济秩序中发展经济，通过发展与东南亚

---

① ［日］服部卓四郎：《大东亚战争全史》，张玉祥等译，83页，北京，商务印书馆，1984。

② 《日本帝国主义对外侵略史料选编（1931—1945）》，335页，上海，上海人民出版社，1975。

国家的地缘经济来实现对这一区域进行经济渗透、经济占领的目的。这种战略调整实际上是以放弃部分主权为代价来换取美国及其他国家对日本战后经济重建和重返国际社会的支持。该战略的实施造就了日本“经济巨人，政治侏儒”的发展之路。日本由此丧失了政治自主权和外交独立性，成为美国在东亚应对各种危机和实现地缘战略的堡垒，但权力的让渡为日本经济发展带来了充分的空间，使日本在第二次世界大战的废墟中迅速成长为世界第二大经济强国。

一、与美国的地缘战略接轨

自立国之日起，美国就把自己当做“自由的灯塔”，是安排整个世界的“救世主”。美国是一个典型的海洋国家，地处远离“心脏地带”的“外新月地带”。第二次世界大战为美国提供了契机，强大的经济、军事实力使美国不再满足于做一个远离世界权力重心的国家，转而向欧亚大陆迈进。第二次世界大战的结束不但使美国一跃成为领先于其他国家的超级大国，也造就了另一超级大国——苏联。苏联是一个内陆国家，占据着“心脏地带”这一地缘上极为有利的战略位置。苏联的存在成为美国接近“心脏地带”的巨大障碍，两国在地缘上的相互挤压最终造成了两国之间的对抗。美苏争霸标志着欧美“双重心”的国际体系最终形成，也标志着历史上的海陆对抗进入新的阶段。随着冷战帷幕的拉开，美国开始了对抗苏联、防范社会主义国家的全球遏制战略。“苏联人献身于一个共产主义世界的目标，我们则献身于一个自由世界的目标，在这个世界里，一切人都有权选择由谁来管理他们和他们应当如何被管理。苏联人相信历史在他们一方，我们必须确保在书写下一个世界的历史时，它将是在我们一方”①。从地缘政治的角度看，美国的全球遏制战略是基于美国“反对苏联扩张和称霸全球”的地缘战略目的以及“防止共产主义蔓延”的意识形态目标提出的，其根本目的在于建立包围陆权力量的遏制堤坝，扩大海洋国家的生存空间，实现构筑以美国为主导的单极世界霸权的战略目标。

亚太战略是美国全球战略的重要一环。其战略目标是要在亚洲范围内遏制苏联的扩张，阻止苏联在亚洲的力量蔓延，这一战略实质上是美国在欧洲遏制苏联的必然延伸。随着《中苏友好同盟互助条约》的缔结，美国东亚遏制战略的矛头直指中国，围堵、遏制新中国成为美国东亚遏制战略的核心。以这一战略目标为指导，美国加强了其在亚洲的军事存在，与日本、韩国、菲律宾保持了密切的盟友关系，并通过构建西太平洋沿海岛屿防御链来增强遏制东亚陆权国家的军事体系的严密性，以便将陆权力量阻挡在太平洋沿海地带之内。

由于日本在美国的亚太战略中有着举足轻重的地位，第二次世界大战刚一结束，美国即以“盟军”的名义向日本境内派驻了军队，日本别无选择地倒向了美国，在美、苏对抗的雅尔塔体系中，日本充当了美国在远东的防务“小伙计”，成为海陆对抗的前沿阵地。从某种程度上讲，日本对美国遏制战略的接受既有被动的一面，也有主动选择的一面，对于这种主动性，美国学者卡赞斯坦曾写道：“与其他主要国家相比，日本的战后外交有意拉近了与美国的关系，和美日安全联系有关的交往出现在各个层面——官僚机构上的、部

① 王玮主编：《美国对亚太政策的演变（1776—1995）》，121 页，济南，山东人民出版社，1995。

级的和私人的"①。日本之所以会在两国军事双边关系的构建上表现出主动性，是因为日本在远东和太平洋地区的安全利益与美国在该区域的战略安全考虑是一致的。

第一，同美国一样，日本也是一个海洋国家，排挤大陆势力是日本为了扩大生存空间而做出的必然选择。中国、朝鲜和苏联都是与日本隔海相望的陆权国家，在意识形态激烈对抗的冷战时期，这三个社会主义国家成为了围绕在日本周边的强劲敌手。鉴于这种形势，日本与美国都有着遏制陆权国家的战略需要。相同的战略诉求促成了两个国家的合作，相比实力雄厚的美国，连国家安全都难以独立支撑的日本更急切希望这种同盟关系的达成。

第二，从缔结同盟的对象看，美国不仅仅是首屈一指的海上强国，而且与英国、法国等其他海上强国存在同盟关系，缔结日美同盟意味着日本从一开始就可以参与到当时世界上最强大的海洋国家同盟之中，并获得一定的地区优势。美国盟友的身份关系还可以帮助日本改善国际形象，减轻亚太国家对其崛起的疑虑和阻遏，为其国家发展创造有利条件。

在美国和日本的共同推动下，冷战伊始，美国即将日本纳入了其遏制苏联的战略轨道，并与日本签订了一系列的同盟条约。1948 年，"遏制"理论的首创者乔治·凯南提出的一份美国对日政策的 NSC13/2 号文件正式成为美国扶植、复兴日本的政策依据。之后，《旧金山对日和约》、《美日安全条约》、《美日行政协定》的签署构成了美日战略同盟的"旧金山体制"，该体制成为美国东亚沿海防御体系的核心。1960 年 1 月 19 日，美日签订《共同合作和安全条约》，该条约不但进一步明确了日美合作、美主日从、共同防卫的计划，而且进一步扩大了日本的权利范围，使日美同盟更趋紧密和完善。

日美军事同盟关系的缔结使日本在美国的全球遏制战略中发挥了重要作用。美国地处北美洲，东临大西洋，西濒太平洋，与欧亚大陆权力中心相隔甚远。在美苏对抗的两极世界里，并不具有地缘优势的美国若要阻止陆权国家向海洋的推进，首先必须在欧亚大陆构建一道防御"屏障"，形成对陆权国家的包围。日本独特的地理位置以及日美同盟的缔结使日本成为这道"屏障"中至关重要的一环。日本的参与弥补了美国在东亚防御体系中有可能出现的重大缺口，有了日美军事同盟作基础，美国"进"可将日本看做后方基地，"退"可将之看做前沿阵地，从而增加了其在全球范围内的活动空间和战略灵活性。可以说，日本的地缘战略是作为美国地缘战略的一部分而存在的，是美国排挤苏联、进而谋求全球霸主的战略在欧亚大陆东部的体现。在美国的扶持下，日本成为美国亚洲政策的中心和对抗冷战时欧亚大陆势力的前沿阵地，成为美国在亚太地区对付苏联、中国、朝鲜等社会主义国家的支柱力量。

二、展开经济外交

以经济、贸易为手段，通过发展地缘经济来增强日本的地区性优势，是冷战时期日本地缘战略选择的重要方面之一，也是日本展开经济外交的目的。第二次世界大战结束后，由于政治、军事上缺乏独立性，日本地缘战略的实施在很大程度上只能以经济和贸易作为

① ［美］彼得·J·卡赞斯坦：《文化规范与国家安全：战后日本警察与自卫队》，李小华译，165 页，北京，新华出版社，2002。

载体，经贸手段是日本势力渗透的主要方式。日本的政府开发援助是其经济渗透的集中体现，也是其传统霸权思想的反映。经济强国、经济外交的战略从一开始就蕴涵着通过经济大国来实现政治大国和拓展生存空间的战略目标，是日本政治大国和军事大国战略的基础和前奏，也是日本韬光养晦的战略手段。

日本经济外交的展开是以确保海上交通运输线的安全为前提的。日本是一个海洋国家，发展海权对日本而言有着非同寻常的意义，但在冷战时期，日本发展军事力量的权力受到极大约束，日本的海洋战略也历经了从扩张到收缩的转变，呈现出内敛和保守之势。受“经济立国”政策的影响，这一战略完全服务于发展经济的需要，把保护日本的海上交通线作为了战略的重心。日本曾因第二次世界大战时对海上交通线保护不力而导致战败，吸取了这个教训后，日本更加清醒地认识到，保障承载能源与物资运输的海上交通线的安全具有至关重要的作用，尤其在冷战时期，由于日本经济的发展直接关系到国家兴衰，因此确保运输战略物资的海上交通线的安全就有了压倒一切的战略意义。

第二次世界大战结束之初，日本海上航线的安全主要由美国负责，直到20世纪70年代末，美苏争霸出现了苏攻美守的局面，日本的海上防御范围才出现了调整，日本海上自卫队承担了从日本本土起1 000海里以内的海上交通线的防卫责任。在1983年出版的日本《防务白皮书》中，日本第一次明确写上其周围数百海里、海上航线1 000海里左右的海域为日本防御的地理范围。日本“周围数百海里”是指日本本州以东至丰后水道的近海海域；1 000海里海上航线指日本以南1 000海里范围内的东南、西南两条航线。海上防御范围的扩展表明日本在第二次世界战后海洋战略的第一次提升。尽管如此，日本在冷战时期的海洋战略依然是围绕经济的发展展开的，其海上防卫范围依然是“线”的概念，没有突破“面”的限制，并且日本对海上运输线的保护仅仅是消极、被动的防守，不具有主动进攻性。

开发东南亚市场是日本经济外交战略的主体部分。第二次世界大战后，日本作出投资东南亚市场的战略选择有着历史的必然性：其一，东南亚是日本战略物资的主要来源之一，是日本的战略利益需求所在。其二，东南亚国家地理位置十分重要，扼守着马六甲海峡等海上战略通道，这些海上通道是日本不可或缺的海上交通线，日本经济的腾飞要以这些海上交通线为基础。其三，第二次世界大战后，日本的军国主义势力偃旗息鼓，好战尚武的民族秉性也因遭到世界各国的反对而有所收敛，利用战争与侵略再度控制东南亚已成为不可能之事，于是日本埋头于经济发展，欲凭借经济实力以及经济手段对该地区再次加以控制。其四，日本做出开发东南亚市场的选择与美国的战略考虑也不无关系。为了牢固维系日本这一战略据点，美国必须阻止日本与中、朝的传统经济交往，并为其经济发展寻找替代市场。为达此目的，杜鲁门于1952年批准的NSC125/2号文件明确指出，日本经济复兴的关键在于对东南亚市场和西方市场的开发，通过开发新的市场来取代中国和朝鲜市场。在美国看来，将扶植日本经济和开发东南亚市场合二为一，可以更好地融合日本与东南亚的经济，更加有利于美国对东南亚地区的控制，从而使美国在东亚大陆建立的包围圈更为严密、稳定。

1954年11月，吉田茂在华盛顿发表演说时宣称：“岛国日本是完全依靠贸易的，因此我们知道，如果亚洲的其他自由国家不发达，而且如果我们不能进行自由贸易和得不到友好的协助，日本也不可能发达。对于不能像过去那样同亚洲大陆进行正常和传统贸易的日本来说，为了寻求生活之道，必须发展同东南亚的贸易。”① 自此，日本开发东南亚的经济发展战略正式登场，以援助、赔偿、经济合作为手段的经济外交逐渐成为日本第二次世界大战后开发东南亚的突出特征。

日本在20世纪后半期的发展使日本以另一种方式实现了民族复兴和经济腾飞，日本经济与东南亚沿海国家和地区的经济密切联系在一起，日本成为东南亚经济发展中的“领头雁”。在日本的带动下，亚洲“四小龙”自20世纪70年代起开始加快发展，并在短期内发展成为了“新兴工业化经济实体”。到了20世纪90年代，一个初具规模的“岛国工业带”已崛起于亚太地区。日本开发东南亚的经济外交战略取得了巨大成功，这个由日本经济带动的“雁型发展模式”不但奠定了东亚区域地缘经济发展的基础，也使日本的经济影响力渗透到东亚甚至世界，为日本进一步染指东亚地区事务，推进地缘空间的扩展埋下了伏笔。

三、实施“介入中东”的能源战略

能源问题并非单纯的能源问题，而是涉及对外战略、国家安全等多层次的战略问题，是一国地缘战略选择的重要动因。作为保证一国经济发展和能源安全的能源战略已成为一国地缘战略的重要体现。② 在日本，石油战略是日本能源战略的重点。日本的石油来源主要集中于中东地区，从石油供给的角度出发，日本在第二次世界大战后日益密切了其与中东产油国之间的关系。

第二次世界大战之前，日本以国内生产的煤炭为主要能源。第二次世界大战后，由于日本国内产煤的成本不断提高，而国际能源市场充斥着廉价的中东石油，日本的能源战略开始从高价煤炭资源转向廉价中东石油资源。能源战略的调整造就了日本经济对中东石油资源的深度依赖。1955年，日本一次能源自给率达到80%，其中国产煤占44%；到了1975年，进口石油在日本一次能源供给中占了70%，国产煤的比例下降至3%。在其所有的石油进口中，日本从中东年均进口的石油占80%以上，波斯湾地区因此成了日本的“生命之湾”。

20世纪70年代以前，日本“介入中东”的战略相对简单。由于中东石油价格低廉，数量丰富，日本无须付出太多的外交努力就可获得大量石油。日本的能源安全意识出现转折是在两次石油危机之后。第四次中东战争的爆发使波斯湾的阿拉伯国家纷纷拿起石油作为武器，这一做法严重影响了日本经济的高速增长，也令日本意识到，在国际舞台上，能源和资源是震慑对手的一张王牌。日本对中东能源战略的转变是以20世纪70年代末“综合安全保障战略”的提出为标志的。这一战略明确了要把保障石油、天然气等能源供应列为最重要的国家战略目标之一，由于日本的石油供应国主要是中东地区的阿拉伯国家，日本开始了真正意义上的亲阿拉伯外交。

与20世纪70年代之前这段时间相比，日本在中东的政府开发援助、民间投资、项目合作等力度有了大幅增加。以1974年和1976年为例，仅此两年，日本政府就与伊拉克两

---

① ［日］吉田茂：《十年回忆》，第一卷，韩润棠等译，201页，北京，世界知识出版社，1963。

② 参见傅云庆等编：《世界主要国家能源形势》，98页。

次签订贷款合同，贷款金额各为10亿美元。日本民间还与伊拉克、伊朗、卡塔尔等国家签订了一系列的内容涵盖电力、通信、化工等的项目建设合同。日本以实际行动说明了中东对日本的重要性。无论何种方式，日本对中东的介入都具有强烈的石油色彩和明确的能源目的。作为世界上石油资源最丰富的地区和世界上能源最为匮乏的国家之一，能源上的互补性使这两个地区之间能源地缘关系的建立成为一种必然。

第四节　冷战后日本的地缘战略趋向

冷战期间，日本的地缘战略是保守的、被动的，冷战结束之后，日本的地缘战略出现了新的动向，这一动向集中表现为海洋扩张思想和抗衡大陆意识的抬头。新的动向似乎昭示着日本传统地缘政治思想的复苏，在这些新动向的影响下，日本的地缘战略原则开始呈现出更多的积极性和主动性。虽然这些新的动向与日本在第二次世界大战之前和第二次世界大战期间的扩张理念有极大相似之处，但这一阶段的战略新动向并没有停留在赤裸裸的占领、掠夺上，而是采取一种较为迂回与和缓的方式进行，从而突破了传统军国主义的“极端性”，在一定程度上缓解了国际社会对其行为的疑虑和阻挠。

新的动向是随着新的环境产生的。日本的地缘战略之所以会在冷战后产生新的特点，与冷战结束之初特定国内国际环境密切相关。从国际层面看，苏联的解体以及冷战的结束使亚太地区的地缘政治版图步入了一个新的动荡期。此次海陆之间的全球对抗最终以陆权强国（苏联）的失败而告结束，美国获得了进一步的地缘优势，并成为所向披靡的超级大国。胜利的结局没有令美国停止对陆权势力遏制的步伐，反而促使其在更广范围、更高程度上展开下一阶段的战略计划。身为美国盟友的日本若想在下一阶段继续扮演美国的“得力助手”，那么冷战时期保守、被动的地缘战略必显得力不从心。另外，身为海洋国家的日本，将海权国家胜利这一结局的影响“扩大”到最大也是其本能的地缘战略诉求。从国内环境看，日本地缘战略新动向的产生是以强大的经济实力为基础的。日本在冷战期间采取的“经济立国”战略取得显著成效，日本经济实现了高速发展，成为仅次于美国的第二大经济强国，影响力不仅扩大到了东南亚，还延伸至欧洲大陆。实力的扩充必然会导致该国的势力扩张，大国的崛起必然会导致世界秩序的重建。因此，无论是“普通国家”论还是“政治大国”战略无不体现了日本争取在未来的多极世界中成为重要的一极，并试图与美欧一道共同承担“领导世界”责任的战略动向。

《21世纪日本外交基本战略》研究报告成为日本地缘战略新动向的重要体现。该报告指出了当代国际社会发生的重大变化，强调日本应正视世界，参与世界。该报告的出笼表明日本已摆脱经济现实主义与和平主义的限制，试图从强权政治的视角解读国际现实。日本所表现出来的地缘战略新动向具体可概括为三方面内容：遏制大陆、海洋扩张和多元化能源战略。

一、遏制大陆

遏制大陆是日本的地缘战略在冷战后出现的新动向之一。在日美同盟的框架下，日本将目标锁定在西太平洋沿岸的大陆国家，希望通过加强与美国的军事同盟来应对亚洲的不稳定局势，并借此控制朝鲜局势，牵制中国和俄罗斯。对日本而言，遏制陆权的发展离不开美国在该地区的积极作用，日美军事同盟关系是日本在东亚的地缘利益得以实现的前提和关键。

首先，苏联的解体意味着美国全球战略中头号敌人的消失，美国理所当然地成为世界上唯一的超级大国，但由于大国之间力量的差距逐步缩小，世界多极化格局已初步展现，美国全球霸主的地位正不断受到挑战。面对多极化格局的发展，美国的全球战略进行了调整，其主要特点就是要密切关注大国或国家集团（主要指欧盟、俄罗斯、中国、日本）的实力变化，防止地区性大国的崛起对美国构成挑战，维护和巩固美国目前的地位并控制世界地缘政治的重心。对日本而言，在日本走向世界性大国的战略中，成为具有中心影响力的区域性大国是其中至关重要的一环，因此，无论是从地缘利益还是从战略考虑的角度，日本都不想在东亚地区出现能与之分庭抗礼的对手，中国、俄罗斯或是其他任何亚洲国家的崛起都会削弱日本在东亚的地缘优势，成为日本雄霸亚洲的巨大障碍。美国全球战略的局部调整恰恰迎合了日本的地缘利益需求，强化日美同盟成为日本实现其地缘战略目标的基础。

另外，如同当年的日英同盟一样，强化日美同盟可以增强日本的战略主动性。日本虽然具备强大的经济优势，但这并不能掩盖其政治上的诸多脆弱性和限制性因素。在此情况下，日本必须依靠其盟友美国，借美国的力量来对东亚陆权国家进行牵制，并增强与这些国家讨价还价的能力；离开美国在亚太区域的积极作用，日本的辐射力必然大受限制，地缘优势也将减弱。

因此，在冷战结束之后，日本继续维持并加强了日美同盟之间的关系，日本很快实现了从美国“消极的被保护者”向“积极的合作者”的历史性转变。这一转变与冷战时期日本被强行绑在美国的“反苏”战车上有很大的不同。日本积极配合美国在亚洲大陆的东海岸、沿西太平洋的岛屿链构筑新的包围圈，利用美国这一制约因素来牵制东亚大陆，同时也避免了因日本出头而引起其在国际社会的形象的恶化。日本以日美同盟为基础来遏制大陆的做法沿袭了其在冷战时期“权力转移”的战略思路，即在整个过程中扮演“助手”身份，放弃遏制大陆的主导性权力。但与冷战时期的做法不同的是，日本开始处处以东方大国自居，积极参与亚洲区域事务，扩大其在亚太国际事务上的发言权和影响力，打造“亚洲是日本人的亚洲”理念。由此可见，日本在强化日美同盟的同时又在积极培养脱离美国的“羽翼”，这种两面性恰恰说明日本遏制大陆的真实目的，也说明日本在汲取第二次世界大战中失败的经验后，选择了一种更为理性和明智的战略推进方式。

在日本看来，遏制陆权的实质性部分就是遏制中国的崛起，将中国的陆权力量限制在有限的空间范围内。对日本而言，中国的地理位置决定了其与日本的地缘利益极为密切。冷战结束后，中国经济的发展势头和地缘优势使其在东亚的地位凸显出来，影响力迅速辐射到周边地区。中国所处的地理位置以及国家实力的提升令日本深切地感受到了强烈的生存危机与发展压力以及对地区主导权的激烈竞争。鉴于这种形势，日本将牵制中国看做“遏制大陆”战略的重心和实质所在。2004 年底，日本推出新《防卫计划大纲》，明确将中国视为“威胁”，该政策的出台意味着日本将把削弱中国作为对华战略目标，从而扩大日本在东亚的“生存空间”，谋求日本自明治时代以来一直孜孜追求的主导东亚的大国地位。

无独有偶，中国不但被日本看做“崛起”的障碍，同时也被美国视为战略敌手。美国的地缘战略经过调整后，中国被视为美国地缘战略竞争的主要潜在对手。美国国防部在《四年防务评估报告》中提道，东亚地区存在着一个拥有丰富资源的军事对手的可能性①，而这个对手即指中国。美日双方为遏止中国的发展与强大而进行战略配合与政策协调，成为美国推行亚太遏制政策的需要，也成为日本遏制大陆的集中体现。1997 年，新《日美防卫合作指针》明确将两国的地缘战略重点由原来的苏联威胁转向“中国威胁”，原以对抗苏联威胁为宗旨的地缘战略诉求最终在内涵上得到了实质性的调整。

在中日地缘利益的博弈中，台湾问题也是日本用来打压中国的手段之一，甚至是日本争夺地缘利益的先决条件。台湾问题是冷战时期的遗留问题，对于该问题，美国主要是从维持东亚地区的均势力量出发，试图通过保持台海分裂达到长期遏制中国的目的。日本在追随美国对台的“维持现状”政策的同时，往往表现出更大的积极性。台湾历来是亚太大国博弈于西太平洋地区的关键地带，又是日本海上战略通道的重要部分，堪称日本地缘政治利益的“命门”。在日本看来，如果台湾与中国合为一体，钓鱼岛及其附属岛屿周围就将完全成为中国海，这意味着日本的出入口有可能被中国截断，因此，日本最希望看到的是台湾海峡两岸的对立局面能够长期化甚至永久化。台海分裂状态不但可以把中国的发展空间限制在陆地上，使中国海权的发展受到限制，而且可以降低中国对日本海上通道的威胁，增加日本在亚太地区的回旋余地和灵活性。2005 年 2 月 19 日，日美安全协商委员会共同发表的声明，明确将“台海问题”列为共同战略目标②，日本亦做好准备，以对美军提供“后方支援”之机，参与和直接介入“周边地区”——台湾。借助日美同盟的支持，日本已经明显地从后方走向前台，力争使海峡两岸始终处于分裂状态。

二、海洋扩张

冷战期间，由于外受两极格局的制约，内受“和平宪法”的限制，日本的海洋战略只能采取以防卫为主的内向型战略。冷战后，两极体系结束，“和平宪法”对日本的约束力越来越弱。随着世界各国对海洋的关注和对海洋战略的研究逐步升温，日本的海洋战略作出了调整，其海洋战略外向性逐渐凸显，海外派兵、海洋权益争端和岛礁争端等日益成为新世纪日本海洋扩张的集中体现。

1. 提出“海洋国家”战略

第二次世界大战结束后，随着人类对于海洋的认知愈益深入，各国对于海权的理解也有所提升。新的海洋战略突破了传统军事意义上的海权观，成为融入了海洋资源、海洋能力等多种元素的现代海洋战略。

从 20 世纪 90 年代开始，海洋问题再度成为日本关注的热点和焦点。摆脱陆地“小国”、树立海洋“大国”的意识急剧膨胀，日本国内的一些学者对“海”的概念在内涵和

① 参见周建明、张曙光：《美国安全解读》，365 页，北京，新华出版社，2002。

② 参见安卫、李东燕编：《十字路口上的世界：中国著名学者探讨 21 世纪的国际焦点》，98 页，北京，中国人民大学出版社，2000。

外延上进行了扩展式的重新定义。广义的“海”不再仅仅是一个物理空间，而是包括了诸多社会要素的综合性概念。“海洋国家”战略主张日本要克服岛国自我封闭的“根性”，增强海洋国家应具有的“开放性”、“进取性”，以动态的海权战略整合静态的海洋资源，发展海洋中的现实强制能力。

日本的扩张性海洋战略强烈地体现在日本的国策中。2002 年，日本文部科学省制定了《立足长期展望对海洋开发的基本构想和推进方略——21 世纪初叶的日本海洋政策》，该方针在内容上有了较大提升，不仅对当今海洋形势作了深入细致的分析，而且确立了日本的海洋基本政策和具体原则。这一方针的提出标志着扩张性的“海洋国家”战略正式出笼。“海洋国家”战略的提出说明了日本对强权追求的一以贯之，日本地缘战略中的“萎缩式思维”转向“进取式思维”。扩张意识存在于日本民族文化的根底中，这种扩张意识会随着日本国家力量的发展而膨胀，并逐步转变为实际的侵略行动。日本积极主动地参与、介入海洋问题和世界事务，显示出日本已将海洋战略置于成为亚洲强国这样一个大战略中来研究。

2. 海上活动范围的扩大

冷战之初，日本的海上安全主要由美国负责保护，日本的海上活动范围是非常明确也是极其有限的。20 世纪 70 年代，虽然《日美联合声明》把日本的独立防卫区域扩展到以日本为中心向外延伸的 1 000 海里的日本周边地区①，但日本的活动范围依然是保守的、以防御为主的。

冷战后，随着日本海洋扩张意识的膨胀，日美之间不断地通过达成新协议来扩大日本的防卫范围，日本的空间扩张逐渐从消极被动走向主动进攻。1995 年，日本发表新《防卫计划大纲》，该大纲进一步将海上自卫队的活动范围由 20 世纪 70 年代设定的 1 000 海里海上交通保护线扩大到日本周边 2 000 海里包括远洋航道在内的大片海域，并将澳大利亚和马六甲海峡囊括其中。1996 年 4 月，日本为了配合美国的“世界新秩序构想”战略，同美国共同发表了《日美安保共同宣言》，该宣言从本质上突破了《日美安全保障条约》的规定，将“日本有事”扩展到“日本周边有事”。随着日美关系的进一步调整，1997 年的《日美防卫合作指针》进一步强调了“周边事态”的概念。“周边事态”是指存在于日本周边并对日本的和平与安全产生重要影响的事态。“周边”并非地理上的概念，而是着眼于事态性质的概念。很显然，“周边事态”的不确定性决定了“周边”范围的模糊性（小到朝鲜半岛、台湾海峡，大到亚洲甚至整个欧亚大陆，日、美认为哪里有“威胁”，哪里就是“周边”）。以“周边事态”为依据，日美防卫合作范围可以自由地伸缩，日本也找到了借以扩大海上活动范围的理由。

从《日美安保条约》到《日美防卫合作指针》，日本的防御范围经历了从“线”到“面”、从明确到模糊的扩展。为配合日美同盟以及日美防卫范围的变化，日本国内出台了一系列相关法律条文，这些法律条文规定了当日本周边地区发生非常事态时，日本政府可以采取的相应措施。日美同盟的调整以及日本国内相关法律的出台意味着“专守防卫”原则被束之高阁，日本为以后的海洋扩张找到了法律依据。

---

① 参见刘善继等编著：《当代外国军事思想》，144 页，北京，解放军出版社，1988。

3. 派兵海外

日美同盟的强化令日本获得了更大的活动空间，随着日本海上活动范围的不断扩大，不向海外派兵的禁令也不断被打破。以“维和”为借口向海外派兵是日本早期采用的手段。1992年6月，日本通过了《关于对联合国维持和平行动的合作法案》，并在该法令的掩护下开始堂而皇之地向海外派兵。此后，日本海外军事存在显著扩大，日本国会不但连续通过了十几部具有保障自卫队海外行动条款的军事法案，还先后向柬埔寨、莫桑比克、刚果（金）、戈兰高地、东帝汶派遣了自卫队队员。

“9·11”事件发生后，恐怖主义成为美国的头号敌人，美国开始打着“反恐”旗号“游走”于世界各地，并希望日本在反恐行列作出更大“贡献”。日本适时地抓住美国政策提供的政治开放空间，于2001年10月29日通过了《反恐怖特别措施法》等三项法案。新法案的颁布可谓是日本海外派兵的转折点，日本一改之前“借船出海”的方式，开始以为进行反恐怖军事行动的美军提供后勤支援为借口，向海外输送军事力量。这无疑扩大了日本自卫队海外派遣和对外使用武力的权限。2001年10月，美国对阿富汗塔利班政权发动了大规模军事行动，为配合美国的这一行动，日本海上自卫队出动3艘军舰，沿中国台湾海峡、南中国海、马六甲海峡开向印度洋。伊拉克战争爆发后，日本不但派舰队到波斯湾提供后勤保障工作，还直接派兵进驻伊拉克。

另外，日本还打着“人道主义援助”的旗帜向海外输送兵力。2004年底，印度洋海啸爆发，美军派出了1万多兵力参加救灾，日本紧随其后派出了1 000名自卫队队员进入海啸灾区，除此之外，日本还将两艘战舰开到了印度尼西亚的亚齐附近海域。一系列事实说明日本的海洋战略已实现了从“本土防御型”向“海外干预型”的根本性转变；日本自卫队的活动范围已扩展到印度洋、波斯湾的辽阔海域，兵力的运用也从非战争领域向战争领域推进。

4. 争夺具有争议性的岛屿

日本和与之隔海相望的邻国韩国和俄罗斯都存在着岛屿争端。这些具有争议性的岛屿对日本而言具有极为重要的地缘政治价值。冷战结束后，人们对海洋认识的加深使日本重新审视了这些具有争议性的岛屿对于日本的重要性。

日本所称的“北方四岛”，俄罗斯所称的“南千岛群岛”，位于日本北面，第二次世界大战后作为进攻日本的补偿并入苏联版图，并成为冷战时期苏联在太平洋的重要出海通道。虽然苏联对四岛已经形成了事实上的占领，但日本从一开始就未放弃对该岛屿的权利。日韩争议岛屿，日本称竹岛，韩国称独岛，是由东、西两个主岛以及其他30多个岩岛和暗礁组成的小群岛，位于极具战略价值的朝鲜海峡。如今该岛屿的实质性主权由韩国掌控，但其战略地位及附近丰富的海洋资源至今令日本不能轻言放弃。

占领这些具有争议性的岛屿及其附近的海洋区域已成为冷战后日本海洋战略的重要目标之一。这一战略目标早已远远超越了一般意义上的制海权，而是要进一步控制西太平洋的“海洋生命线”以及周边的海洋基础资源，并以此为进一步扩大地缘利益的基础，增强日本对周边战略对手的战略主动性。

三、多元化能源战略

进入新时期，日本提出了以“实现能源进口多元化，稳定能源供应”为目标的多渠道能源战略，其中，保证石油资源的稳定供应、扩大石油资源的进口渠道是这一战略的重心。冷战结束后，特别是“9·11”事件以来，国际石油资源形势日趋严峻，对石油的需求日益增长。在20世纪70年代，国际石油的消耗80%来自发达国家；进入21世纪后，发展中国家的消耗量就占了50%。为了应对这一形势的变化，日本改变此前主要进口中东石油的局面，调整并完善能源地缘战略成为必然之势。

新能源战略的提出表明日本能源地缘政治的调整，但这并不说明其能源战略的重心发生了偏离。日本自第二次世界大战以来的发展都是建立在中东石油基础上的，这种情况在日本未来的发展中仍会继续。除了保障中东石油的稳定供应外，日本还积极开拓其他能源市场，以缓解对中东石油的依赖。新的战略在一定程度上分散了日本石油进口的风险，并使日本以中东为主线的多渠道能源战略日益明朗化。在为日本经济提供“输氧”的过程中，俄罗斯、中亚和非洲成为除中东以外的日本重要石油来源地。

1. 对俄罗斯的能源战略

日本和俄罗斯分属于海权国家和陆权国家，两国之间的权力具有对抗性。但俄罗斯富含丰富的石油和天然气资源，其中，天然气储量占世界的35%，石油储量占12%。从能源的角度出发，日本和俄罗斯之间则是互补的。由于能源在冷战后的地位变得愈发重要，在武力不能奏效的情况下，日本对俄国打出了“金元外交”的旗帜，试图以金钱和技术为手段来开拓新的能源供应路径，并进一步整合东北亚的能源地缘关系。对于俄罗斯这样一个能源大国来说，在国际交往中注入能源因素，利用能源来提升本国的国际地位和战略主动性，一直是俄罗斯的战略考虑。

俄罗斯的石油产量自21世纪初开始大幅增加，仅仅几年的时间，俄罗斯就成为仅次于沙特阿拉伯的第二大石油生产国。随着俄罗斯能源投入国际市场以及俄罗斯能源战略的日益明朗，自20世纪90年代末开始，日本开始参与俄罗斯远东地区的多个大型油气项目的建设，投入资金达十多亿美元。2002年，日本开始关注俄罗斯输油管道的铺设，其中，与中国的竞争尤为引人注目。为了获得铺设石油管道的优先权，日本向俄罗斯开出了非常优惠的经济援助和合作条件。2002年初，日本向俄罗斯承诺提供60亿美元的资金用于管道铺设和基础维护所需的所有费用。次年，日本在之前承诺的资金的基础上又追加了75亿美元，并提出在管道建设完毕后每天向俄罗斯购买100万桶石油。日本在俄罗斯的外交努力为日本的能源窘境提供了更大的回旋余地，优惠的经济条件动摇了俄罗斯铺设“安大线”的决心。一旦俄罗斯对日本石油出口达到每天100万桶，那么日本每天石油进口量的1/4将来自俄罗斯，日本对中东石油的依存度将大大降低，日本的能源补给将得到实质性的扩充。

2. 对中亚的能源战略

中亚作为世界新兴能源生产基地的吸引力是不言而喻的：首先，中亚石油资源丰富，里海地区石油总储量达到2 000亿桶以上，是世界石油总储量的16%，被称为“21世纪的战略能源基地”。其次，相对于被称为“世界热点”的波斯湾而言，中亚地区的局势相对稳定，政治环境良好。由于具备这些能源上的优势，中亚地区在冷战后逐渐成为了世界各大国关注的焦点，美国、欧盟、俄罗斯等诸多力量都纷纷在中亚展开了争夺能源空间的博弈。

对日本而言，中亚国家属于典型的陆权国家，地理上与日本相去甚远，历史上与日本交往很少。冷战结束后，随着能源形势的日渐严峻以及各大力量对中亚的渗透，日本也试图介入中亚，占据中亚能源开采的主导权。在此情况下，日本把中亚作为实现能源进口多元化战略的重点目标，不断加强与中亚国家的经济政治联系，并对中亚地区进行经济和技术上的开发和援助，以争取中亚地区能源开发的参与权。

20世纪90年代初，日本先后与中亚各国建交。1997年，桥本政府正式出台了“欧亚大陆外交”战略，日本通产省为此推出以政府开发援助促进能源合作的“里海石油战略”①，新的战略强调了中亚和高加索在日本油气进口多元化中的重要地位。2002年，小泉政府展开了日本“丝绸之路”能源计划，并派遣国内政、经、学等各界人士前往中亚探讨合作计划。2004年，日本外相川口顺子前往中亚参加首次“中亚＋日本”外长会议，并在会议中宣称将进一步与中亚开展能源方面的合作，并在该领域向中亚国家提供技术上的支持和经济上的援助。到2004年，日本向中亚国家提供的政府开发援助已达20亿美元。日本与中亚的进一步合作将把日本对中亚的能源战略提升到一个新高度，日本不但可以扩大其在欧亚大陆的能源空间，还可以震慑中亚周边的俄罗斯和中国。

3. 对非洲的能源战略

非洲因富含丰富石油而被称为“第二个海湾地区”。不仅如此，同世界其他地区的石油相比，非洲原油的品质相对更好，更具开采价值。另外，由于非洲多数国家落后、贫困，急需外来资金拉动经济，因此，开采非洲油田遇到的阻力和障碍相对较小，开采成本也相对较低。为了在非洲这一新兴能源市场分得一杯羹，日本自20世纪90年代以来开始了日非之间的联系与合作，并日益渗入了原先并无多少联系的撒哈拉沙漠以南的非洲。

日本将日非之间的能源合作看做日非合作的重点，并于2000年启动了非洲石油战略，通过各种手段（援助、经济合作等）逐步扩大其在非洲的能源空间。日本首相小泉曾多次表示要转变立场，为非洲经济发展和政治改革作出“贡献”。在2003年召开的第三届东京非洲发展国际会议上，日本政府明确提出要在未来对非洲国家提供无偿援助，并放弃对非洲重债务国家约30亿美元的债权。

日本对非洲的“金元外交”取得了巨大成效：日本得到了非洲国家政府和人民的普遍接受；日本的石油公司纷纷进驻埃及、阿尔及利亚、安哥拉等国，并拥有在这些国家进行油气勘探和开采的权利；除此之外，日本还购买了非洲的一部分石油储备资源。日本在非洲市场的成功“登陆”不仅在一定程度上缓解了日本紧张的石油供求局面，扩大了日本的能源来源地，而且令日本在全球能源格局中获得了更为广阔的活动空间。

① 参见孙壮志：《中亚五国对外关系》，175页，北京，当代世界出版社，1999。

第六章

苏俄"心脏地带"的地缘政治嬗变

重点问题

- 苏俄早期夺取海权的胜利
- 苏俄南下的地缘战略选择
- 苏俄东扩的地缘战略目标
- 苏联解体对"心脏地带"地缘政治的影响

"从根本上决定国家外交和军事事务模式的独特的政治文化源于独特的民族历史经验，而民族历史经验又是独特的民族地理条件件的反映。"① 将这一公式应用于欧亚大陆那一片由俄国（苏联）控制的广袤空间是颇为恰当的。我们之所以将苏俄的地缘政治嬗变作为重要的一部分来论述，就是因为要在久远的国家发展史和"较广的地理概括"之间寻求某种联系。离开欧亚大陆这一块地区的发展史是不可能的，历史上的和当代的所有地缘政治学家毫无例外地都是以此为依据来论证他们的公式的。苏俄的兴衰充分反映了"陆权"与"海权"的对抗和力量对比。

第一节　西进：夺取入海口和消除不安全因素

一、夺取西线入海口

从历史渊源看，俄国发端于内陆，麦金德在1904年的论文中指出："早年的俄国和波兰完全是在林中空地立国的。"② 不仅如此，它在以后的征服活动中实际囊括了一望无际的平川地带，"没有自然障碍是俄罗斯周围环境的基本条件"③。这种自然环境条件形成了俄国特殊的政治性格：一方面，广阔的平原及毫无防卫的边界使得它易受敌人的攻击；另

① Colins. Cray, *The Geopolitics of the Nuclear Era*, Crane, Russak & Company, Inc, 1977, p. 33.

② [英] 麦金德：《历史的地理枢纽》，林尔蔚等译，50页。

③ [美] 亨利·赫坦巴哈等：《俄罗斯帝国主义》，吉林师范大学历史系翻译组译，3页，北京，三联书店，1978。

一方面，平原地带不易划定边界，这里纵横交错的河流又助长了其向海洋推进的强烈欲望，沿水路移动是任何一种社会结构或政府的必然选择。

从16世纪中叶到18世纪初，沙皇俄国发动了一系列的武装占领和蚕食活动，俄国也由一个小小的公国生长为一个大国，领土面积达到1 400多万平方公里。然而，那时它仍然是一个与海洋隔绝的内陆国家，这种状况对于一个力量激剧增长的国家来说是不合理的，这正如马克思所言：“对于一种地域性蚕食体制来说，陆地是足够的；对于一种世界性侵略体制来说，水域就成为不可缺少的了。”① 尽管俄国的北方是一片海洋，但在破冰船发明以前，那里是不可到达的，因为那片海洋在一年中的大部分时间是结冰的；而且，在那片海洋上航行对于俄国而言没有多少实际价值。因此，沙俄在当时的历史条件下选择将最近的波罗的海作为它夺取入海口的第一步。

波罗的海在地理上接近俄国的政治经济和文化中心，有丰富的矿藏资源和天然的海港，其中部分港湾属不冻港，可常年通航。但是，这片“值得用黄金来衡量”② 的海域一直处在瑞典、丹麦、立陶宛、波兰等国的控制之下。为了夺取这一地区，俄国从伊凡四世开始就发动了一系列的侵略战争，从1558年到1583年的延续25年之久的战争反映了伊凡四世在位时期夺取通向波罗的海门户的坚定信念。彼得一世继位后，曾试图南下夺取黑海的控制权，但未能成功，于是转而向北再次以波罗的海为目标。在他看来，瑞典是波罗的海的主要强国，只有打败瑞典，才能立足于这一地区。为了实现这一目标，彼得一世一方面采取外交手段，利用各利益国家间的矛盾，先后同波兰、丹麦、土耳其等国修好，签订停战和军事同盟条约，拼凑反瑞典的“北方同盟”（俄、波兰、丹麦）；另一方面又积极备战，发动了“北方战争”，战争进程虽几经周折，但俄国最终还是占领了波罗的海沿海的大片土地。为巩固这一来之不易的成果，彼得一世还耗费大量人力物力修建了新都城圣彼得堡，将之作为俄国新的政治中心，从此，俄国由一个内陆国变成了濒海国。更为重要的是，彼得一世为完全控制波罗的海，不惜巨资建立了一支海军，他认为：“只有陆军的君主是只有一只手的人，而同时也有海军才能成为两手俱全的人。”③ 从1703年至1724年短短21年的时间里，俄国不仅将瑞典赶出了东波罗的海，而且还建成了一支由几百艘战舰组成的海军，从一定意义上而言，俄国已是一个海军国家。

俄国的政治性格决定了它绝不会满足于仅仅夺取了波罗的海东岸，这一胜利成为激发俄国进行新的征服的一种诱因。陆地上的不安全因素根本没有消除，文化上的孤立迫使俄国不断寻求同欧洲其他中心地区的交往。但是，这种试探带有极深的恐惧心理，同时，欧洲的众多国家对俄国的野心也是极为小心的。

夺取西线的入海口、建立海军和迁都圣彼得堡显示了俄国地缘政治扩张的新趋向。首先，波罗的海和圣彼得堡成了“俄国得以俯瞰欧洲的窗户”④，这表明俄国不会在原有的内陆地位中生存，也不会听任自己的河流入海口控制在别人的手中。其次，迁都至圣彼得堡的明显用意在于“有意给他的领土制造了一个外偏中心”，从而使之“置于一个不能保

---

① ［德］马克思：《十八世纪外交史内幕》，80页，北京，人民出版社，1979。

② 刘从德：《地缘政治学：历史、方法与世界格局》，177页，武汉，华中师范大学出版社，1998。

③ 《沙皇俄国的侵略扩张》，51页，北京，人民出版社，1978。

④ 刘从德：《地缘政治学：历史、方法与世界格局》，178页。

证安全，甚至不能保证不受屈辱的地位”①。这一行为一方面是对欧洲其他地区国家的直接挑衅，因为它表明，俄国的疆界没有划定；另一方面，这种冒险实质是激发俄国人进行新的更大规模的扩张。最后，彼得大帝向俄罗斯种族传统的抗海本能提出了挑战，他斩断了“老莫斯科公国沙皇们的蚕食体制与大俄罗斯种族天赋的才能和抱负连接在一起的天然纽带”②。迁都以后，俄国在北方各邻国中的优势地位明显表现出来，俄国可以与欧洲所有国家保持经常接触，特别是与海上强国建立了相当程度的物质依赖关系。

俄国到达波罗的海后，那里传统的格局尤其是海上的均势格局就被改变了，取而代之的是各有关国家共同抵御俄国的格局。这些国家要限制俄国在这一地区利益的进一步扩大，以此为核心的国际关系构成了欧洲国际关系史的重要阶段和组成部分。值得注意的是，“19 世纪的轮船，以及 18 世纪晚期以来来自北美的海运物资方面的竞争，在某种程度上降低了俄罗斯帝国波罗的海部分的经济重要性。铁路的修建必然减少对通往波罗的海的河流和运河的依赖”③（这并不否认其战略上的恒久意义）。

二、安定西部陆地边境

如何消除西部的不安全感是困扰俄国历代统治者的核心问题之一，除了夺取入海口对欧洲列强施加压力外，他们还要在陆地上进行最大限度的蚕食活动，直到抵达不可逾越的天然疆界。然而，在向西的欧洲自然环境中，似乎没有俄国人较满意的这种障碍。积习已久的不安全感导致了它同它的邻国长期处于不能和解的紧张状态中，因为，“绝对安全的需求必然导致一个国家走上征服世界的道路”④（俄国是这类国家的典型），“俄国人的方式”就是领土扩张。在西进的过程中，波兰这个邻国成了俄国吞食的主要对象。历史上，俄国伙同其他国家多次瓜分波兰，俄国深信，在波兰建立一个缓冲地带是俄国与法国、德意志对抗的关键。众多历史事件也证明，波兰是俄国接受进攻的前哨站，能否控制这一地区是俄国国家利益的根本所在。

1772—1795 年，俄国通过伙同其他周边国家对波兰进行三次瓜分而实现了这一地区的均势。俄国在这几次瓜分中“共鲸吞 402 200 平方公里的土地，相当于波兰全国领土的 62%”⑤。从 1812 年开始，俄法两个陆权国家又一次为夺取欧洲大陆的控制权展开了厮杀。两国军队虽相差悬殊，但俄国借助广大的国土面积拖垮了拿破仑的军队。这次战争的结果对于俄国而言意义重大：一方面，俄国借此机会乘胜追击，联合周边国家打败了法国，从此，欧洲从法国的长期统治中解放出来，俄国成了头号强国，其对欧洲事务的发言权达到了顶峰；另一方面，俄国利用分赃会议，重新确立了欧洲的领土划分，其中，波兰的 9/10 被俄国兼并，波兰自此被沙俄统治长达一个世纪之久，直到 1917 年十月革命后，波兰才获得独立。

在第二次世界大战期间，欧洲强国德国经由波兰对苏联发动了突然攻击，这极大地震动了苏联领导人。由于波苏接壤地区的平川地带为希特勒的进攻提供了天然的有利条件，

①② ［德］马克思：《十八世纪外交史内幕》，81 页。
③ ［美］亨利·赫坦巴哈等：《俄罗斯帝国主义》，吉林师范大学历史系翻译组译，167～168 页。
④ Colins, Cray, *The Geopolitics of the Nuclear Era*, Crane, Russak & Company, Inc, 1977, p. 35.
⑤ 李明滨、郑纲主编：《苏联概况》，161 页，北京，外语教学与研究出版社，1986。

因此，第二次世界大战期间反法西斯同盟国美、苏之间在波兰问题上的分歧颇大，特别是到了战争后期，在如何重建波兰问题上，双方的意见大相径庭，这正如哈里曼所指，波兰问题成为美苏同盟关系的试金石。美国认为，应按民主的方式，让波兰人民自己解决自己的问题，苏联不应该分割波兰的土地，也不能将代理人强加给波兰。罗斯福总统甚至建议：“成立一个由波兰的领袖们组成的总统委员会，该委员会可建立以包括共产党人在内的五个政党为基础的政府。”① 然而，苏联的思维和行为与此是截然相反的，它认为，波兰问题关系到苏联的安全，历史上侵略者对它的两次大规模的入侵都是经由波兰的，这里是苏联政治中心的门户，因而“……我们拥护独立的波兰并愿意帮助它，但波兰必须有一个对苏联友好的政府”②。战争的进程使苏联完全可以按自己的意图行事，而美国人对此无能为力，这也正如斯大林1945年与铁托的一席话所言：“不管谁都是将其自身的制度强加于他们所占领的土地之上的，任何人都是将其自身的制度强加于他的军队所能推进到的地方，绝无例外。”③ 由此可见，苏联在波兰问题上的意图和行为具有双重意义：一方面，它要把波兰地区变为苏联安全的防御屏障，因为，无论是沙俄还是苏联的政府和党的高级领导人“一辈子都生活在一种差不多是经常的恐惧和紧张状态中”④，只有解决波兰问题，西部的不安全因素才能得以消除，既然无法找到一种天然的障碍，那么以一个邻国作缓冲地带来确保“心脏地带”免遭攻击也不失为合理选择；另一方面，苏联可借此向外扩张，扩大自己的势力范围。众所周知，战时同盟在一定意义上就是在波兰这块礁石上碰得粉碎。

除了波兰之外，与俄罗斯西部相邻的芬兰、匈牙利和罗马尼亚等国家和地区也是心脏地带有史以来蚕食和殖民的对象，俄国的西进历史也是一部完完全全的战争史。在俄国人的头脑中，其边界永远是不安全的，邻国即敌国。这一点我们可以用豪斯霍弗尔的一句话来进行概括：“边界即战场”⑤。当俄国“陆权”占优势时，其西部相邻诸国的命运就取决于俄国；“海权”势力介入这一地区后，地缘政治的对抗完全操纵了这一地区的发展进程。

第二节 南下：渗入地中海和印度洋

彼得大帝不仅在西进的过程中采取了不同于其祖先的政策，而且在南下行动中克服了老沙皇的偶然性和地域性，其进行领土兼并和蚕食的目的就是要把俄罗斯的军事力量伸展到黑海、地中海、阿拉伯海和印度洋地区。“俄国需要水域”的声明标志着彼得已破除了斯拉夫族的所有传统，成为俄国由地域性蚕食向世界性侵略体制转化的重要标志。

彼得在位时期为俄国设计的南下蓝图包括三条路线：一是通过征服奥斯曼帝国控制黑

① [美] 艾夫里尔·哈里曼、伊利·艾贝尔：《特使：与邱吉尔、斯大林周旋记》，南京大学历史系英美对外关系研究室译，453页，北京，三联书店，1978。

② [苏] C.A.戈尼昂斯基等：《外交史》，第4卷（下册），武汉大学外文系等译，490页，北京，三联书店，1980。

③ [美] 艾夫里尔·哈里曼、伊利·艾贝尔：《特使：与邱吉尔、斯大林周旋记》，南京大学历史系英美对外关系研究室译，374页。

④ 同上书，579页。

⑤ Gerwent Whittlesey, *German Strategy of World Conquest*, Farrar & Rinehart, INC. Newyok, 1942, p. 73.

海及黑海海峡，从而进入地中海；二是占领南北高加索，经波斯进入波斯湾和阿拉伯海；三是从中亚经阿富汗侵入印度，进而控制印度洋。

一、进入地中海

控制黑海和黑海海峡是沙俄南下的第一步目标。黑海不仅具有重要的军事战略价值，而且还是俄国经济贸易的主要运输水域。但是，黑海当时是奥斯曼帝国的一个内海，因此，要夺取黑海地区的统治权，必须挫败奥斯曼帝国。一旦控制了黑海海峡和黑海沿岸地区，俄国就能进入地中海，进而对欧洲形成钳夹之势。这无疑会对整个欧洲地区造成巨大威胁，因为俄国控制了黑海沿岸，特别是土耳其后，“它的力量几乎会增加一倍，它就会比其他欧洲国家加在一起还要强大”①。

为达此目标，彼得一世在位时期，先后对奥斯曼帝国发动了两次大规模的战争（1686—1700年，1710—1711年），但是，这一时期俄国的军队并未能推进到黑海沿岸，彼得一世的南下目标受挫。叶卡捷琳娜二世继位后，在对外战略上继续推行南下政策，精心制订了征服奥斯曼帝国的计划，并对奥斯曼发动了新的战争（1768—1774年，1787—1792年）。正是在这一时期，俄国兼并了黑海沿岸大片土地。在整个19世纪，俄国对奥斯曼帝国共进行了四次战争（1806—1812年，1828—1829年，1853—1856年，1877—1878年），这一时期俄国的主要目标就是夺取君士坦丁堡②和黑海海峡，完全控制黑海地区，并进而肢解奥斯曼帝国。整个19世纪正是世界（尤其是欧洲）各列强从自由资本主义向帝国主义阶段转变的时期，各列强之间的利益与冲突紧密交织在了一起，这给沙皇俄国的地缘政治扩张提供了各种机遇。俄国对黑海沿岸地区的扩张和英、法、德等欧洲强国在这一地区的利益是不相容的，这就构成了列强之间利益冲突的不同层次。

尽管从纯粹的军事意义上而言，俄国受到了不小的挫折，但实际上，俄国人的胜利也是相当重大的：“罗马尼亚、塞尔维亚、门的内哥罗由于俄国的帮助而扩大了领土，得到了独立，因而它们都欠了俄国的债；多瑙河和巴尔干山脉之间的四边形要塞区，土耳其的这个强有力的棱堡被暂时破坏了；君士坦丁堡的最后掩蔽物巴尔干山脉从土耳其人手中夺去了，并且被解除了武装；形式上是土耳其的附庸的保加利亚和东鲁美利亚，实际上成了俄国的附庸……最后，土耳其由于领土丧失、精疲力竭和过重的战争赔款而完全从属于俄国，并陷入这样一种境地：它只能是——按照俄国人的看法（而这种看法是完全正确的）——暂时地为俄国守护着博斯普鲁斯海峡和达达尼尔海峡。因此，看来俄国只需要选择适当时机来实现它的伟大的最终目的，即攫取《la clef de notre maison》［‘我们房屋的钥匙’］君士坦丁堡了。”③

然而，要达到这一步也并非易事，迫于海上强国英国的压力和欧洲大陆强国德国的插手，直到第一次世界大战爆发后，俄国才找到恰当的机会。1915年，俄国正式向英、法两国政府提出了战后的领土瓜分要求。众所周知，由于十月社会主义革命的胜利，俄国退

① 《马克思恩格斯全集》，中文1版，第9卷，18页，北京，人民出版社，1961。

② 沙皇将此城称为“我们房屋的钥匙”。

③ 《马克思恩格斯全集》，中文1版，第22卷，48～49页。

出了第一次世界大战，控制黑海及海峡的目标也因此破灭。列宁领导的苏俄政权，为巩固新生的社会主义革命成果，一方面同西方干涉势力进行了针锋相对的斗争，另一方面，通过支持黑海沿岸各国（尤其是土耳其）的民族独立运动，最大限度地消除英、法、德等国在这一地区的影响，并在海峡问题上坚持黑海沿岸各国的共同管理，拒绝外国在这一地区的军事存在。

在黑海及海峡问题上，苏联与土耳其之间也存在某些分歧，1936 年的《蒙特勒公约》是这一分歧的明显例证。苏联认为，这一水域是沿岸各国通往地中海和各大洋的通道，这些国家应享有特权，并有权保护这些国家不受外部海上力量的威胁；土耳其则认为，其对黑海拥有主权，为防止苏联对这一地区的最直接威胁，土耳其应利用英国等力量来制约苏联。正是在这一时期，处在夹缝中求生存的土耳其形成了其特有的政治性格：随时在各大国或力量之间制造平衡（或利用一个或几个外部力量来制衡北边的苏联），防止苏联完全控制黑海及海峡地区。随着国际反苏浪潮的加剧，土耳其政权也表现出了其民族文化中固有的提防一个与其最近的毗邻的陆权国家的实质。欧洲战争策源地形成及欧洲战争爆发后，土耳其曾一度完全倾心于德国，并试图借机“收复失地”，但迫于苏联强大的战争威慑力，土耳其一直未敢妄动。

第二次世界大战期间，土耳其问题也是盟国之间（主要是英苏之间）分歧的焦点。对于临近苏联经济命脉的国家，苏联一贯的指导思想是：建立一个由孱弱而易于控制的邻国组成的地带。然而，除了土耳其本身骑墙居中外，英国的态度也是苏联所不能接受的，这一点从第二战场的开辟问题上就可以看得出来。英国不顾苏联的强烈反对，执意要在地中海地区开辟第二战场，并要土耳其参加。丘吉尔认为，在德国军队的正面直接开辟一条战线“对盟国的整个事业都没有好处”，而采取迂回包抄攻击法西斯的软腹部的策略，对盟国的好处会大得多。实质上，英国是想一石数鸟，特别是借战争之机夺回其在黑海地区的传统利益，这也正是英国极力说服斯大林允许土耳其参加对德作战的根本所在。

在斯大林看来，土耳其政府在战前及战时始终态度暧昧，而且反苏倾向从来没有改变过，因此，苏联在当时采取的态度是，既然土耳其不可能有一个对苏友好的政权，那么苏联就只能将之视为敌国，认为其“没有资格提出对特殊权利的要求”①。这实际意味着苏联欲在黑海及其海峡问题上撇开土耳其。为防止土耳其在战后成为苏联安全的隐患，苏联政府于 1945 年 3 月宣布废除了 1925 年苏土中立和互不侵犯条约，并提出了缔结新条约的要求：(1) 把卡尔斯、阿尔达汉和阿尔特温归还给苏联；(2) 允许苏联参加对海峡的监管，并允许苏联在海峡建立军事基地；(3) 修改《蒙特勒公约》；(4) 土耳其政府应调整其与保加利亚的边界。显然，双方不可能达成一致。

正是由于双方长期的不愉快关系和土耳其固有的政治性格，决定了土耳其在第二次世界大战后倒向了西方，意欲借海权国家来制约苏联。同时，美国在取代海权国家英国的地位后，将土耳其视为遏制苏联南下的最敏感地区之一。因此，美土两者的结合成为一种必然。1947 年“杜鲁门主义”的出笼标志着土耳其成为美国全球遏制的第一块基石。此后，

① 苏联外交部编：《1941—1945 年苏联伟大卫国战争期间苏联部长会议主席同美国总统和英国首相通信集》，第一卷，239 页，北京，世界知识出版社，1961。

它名正言顺地以欧洲国家的身份参加了“马歇尔计划”和北大西洋公约组织，并对西方在中东地区拼凑军事集团的行为积极响应，成为“巴格达条约组织”中的一员。

在斯大林逝世后和十年缓和期间，由于全球冷战格局的改变，苏联对黑海地区采取了更为灵活的政策方式。出于经济和军事上的双重目的，苏土双方的关系有所缓和，但在根本问题上双方仍没有也不可能达成实质性一致。此后，由于苏联忙于南下战略中的其他地区，在黑海及海峡问题上没有更多的动作，苏土双方关系基本稳定。

二、打开进入波斯湾和阿拉伯海的通道

“心脏地带”南下的第二条路线：占领波斯的北部、夺取里海西岸高加索地区和南岸地带、打开进入波斯湾和阿拉伯海的通道，这是老沙皇为他的继承者们设计的第二个南下目标。1722 年，彼得一世将侵略矛头指向波斯，到 1724 年，俄奥共同瓜分了波斯西北部。叶卡捷琳娜二世虽主要侧重于征服奥斯曼帝国，但她同样未忽视向波斯的扩张。1809 年，她发动对波斯的战争，夺取了格鲁吉亚、巴库、埃里温与南高加索的其他地区。自 19 世纪 20 年代后，俄国开始对波斯进行经济和政治上的渗透，尤其是到了 19 世纪 80 年代，俄国借助外里海铁路推行更加积极的渗透政策，其目的就在于获取优势，将海权势力从波斯挤压出去。

传统的海权与陆权的对抗到 20 世纪初已变得十分激烈，英国对俄国得寸进尺的推进感到恐慌和不满，强烈要求通过谈判划分势力范围，然而俄国的目的显然不只是要蚕食土地，而是要夺取整个波斯，从而进入波斯湾和阿拉伯海。20 世纪初，在波斯暂时出现的均势是日俄战争和波斯 1905 年革命的结果，至此，俄国吞并了里海西岸南高加索的广大地区，并将波斯北部置于其直接控制之下。

1917 年十月革命后，苏维埃政权宣布废除沙皇强加给伊朗的一切不平等条约，并从伊朗领土上撤军。但是，在国际反共浪潮的影响下，伊朗作为欧亚大陆边缘地带和处于海权和陆权夹缝中生存的国家，其政治性格必然驱使它表现出所有边缘地带国家必然表现的行为趋向，即亲海权而敌视陆权，因此，伊朗政权对列宁的和平谈判建议不予理睬，反而利用国际会议（1919 年的巴黎和会）要求苏维埃政府归还沙皇俄国夺去的“波斯帝国”的领土。苏维埃政府对伊朗的亲海权国家的行为感到极为不安：因为如果在伊朗不能建立一个对苏友好的政权，社会主义的胜利果实将受到极大威胁。为此，苏俄在反对国内外干涉和颠覆活动的斗争中，重新占领了伊朗北部的一些地区和城市，并在那里扶持亲苏政权和组织。

自此，伊朗陷入进退维谷的窘境。面对迫在眉睫的北部威胁，伊朗被迫改变对苏态度。1921 年政变后上台的新内阁很快就批准了苏伊友好条约，两国紧张关系因此得以缓和。条约的第六条规定：“缔约双方同意如果任何第三国意图在波斯领土内推行一项侵略政策，或者使波斯领土成为在军事上攻击俄国的根据地，从而对苏维埃俄国或与其结成联盟的国家的边界有威胁的危险时，则苏维埃政府有权派军队进入波斯，以便采取为自卫所必要的军事步骤。苏维埃政府同意一俟此种危险消除后，立即将军队撤出波斯。”① 可见，苏联是要使伊朗成为阻止海权国家的屏障，并消除海权势力在这一地区的影响。此后，伊

① 《国际条约集（1917—1923）》，615 页，北京，世界知识出版社，1961。

朗废除了英伊1919年条约，英军陆续从这里撤出。但是，这绝不意味着伊朗完全转向了苏联，历史上沙俄对波斯的不断入侵在这两个国家之间已埋下了永久敌视的种子，伊朗对苏联的戒心或敌视心理不会消除。在苏联周边所确定的缓冲带上，波兰、土耳其、阿富汗等国与伊朗有着几乎同等的地缘地位，但伊朗的反大陆倾向是最强的，这一点使苏联在伊朗问题上颇费了一番周折。

随着欧洲战争策源地的形成和法西斯反苏反共宣传的日益猖獗，伊朗和土耳其一样，抱有一种收复历史失地的幻想，它们期盼德国能够打败苏联，为它们提供机会。不言而喻，伊朗亲德的行为是盟国所不愿看到的，如果听任德国在波斯湾地区为所欲为，长驱直入，不仅苏联的安全将遭受严重威胁，西方的经济生命线也将被掐断。因此，苏、英军队南北夹击，于1941年8—9月间共同占领了伊朗。苏联指出，这一行动是迫不得已根据1921年友好条约的第六条规定而采取的必要步骤，目的在于“自卫”，“当威胁苏联和伊朗利益的这些危险一经消除，苏联政府将根据1921年苏伊条约规定的义务，立即从伊朗境内撤出它的军队”①。苏联的这一声明实际还包含另一层意思，即防止伊朗南部在战争结束后落入英国之手。

但是，由于战争的特殊历史条件，苏联在北部占领区筹建了红色政权，支持少数民族（阿塞拜疆人和库尔德人）自治。这些行为削弱了伊朗中央政权的力量（甚至失去了控制），触及了上层统治集团的利益。加之在战后，苏联并不履行三国首脑在1943年德黑兰会议期间就伊朗问题达成的协议②，拒不撤军，而且还在北方石油开采特权问题上与伊朗斤斤计较。最终，苏联在伊朗问题上的僵硬态度完全把伊朗推到了西方一边。1945年和1946年美英从伊撤军后，苏联被迫在未达到任何目的反而增加了更多敌视的情况下撤出了自己的军队，伊朗成为遏制苏联的又一个重要“点”。1947年，美伊签订新的军事同盟条约。1954年，伊朗正式成为“巴格达条约组织”中的一员。“心脏地带”传统的地缘战略目标在这条“线”上再次受挫。

在斯大林以后的年代，苏伊关系虽时有改善，但伊朗始终都是见风使舵，在海权国家和陆权国家之间制造均衡，从中渔利。霍梅尼政府就曾提出口号：“不要西方，也不要东方，只要伊斯兰”③。他还指出：“我们赶走美国人，并不是为了让苏联人取代他们，如果苏联试图有一天向我们施加压力，我们将拿出能撵走美国的同样力量来对付它。”④看来，苏联的任何举措都是毫无意义的了。

苏联虽在土耳其、伊朗等地受挫，但也有意外的收获。受苏联社会主义革命及其宣传的影响，以及出于对苏联在第二次世界大战期间为战胜法西斯作出的巨大贡献的崇敬，中东地区国家在摆脱殖民统治和取得政治独立后，纷纷亲近苏联，愿意与之建立政治和经济贸易联系。1943—1944年间，苏联先后同中东的埃及、叙利亚、黎巴嫩、伊拉克建立了外交关系，苏联近百年来的进入阿拉伯世界的愿望在战时顺利实现了。从此，苏联成为中

① ［英］乔治·柯克：《1939—1946年战时中东》（上册），上海外国语学院英语系翻译组译，224～225页，上海，上海译文出版社，1980。

② 参见《国际条约集（1934—1944）》，409～410页，北京，世界知识出版社，1961。

③ 刘竞等：《苏联中东关系史》，295页，北京，中国社会科学出版社，1987。

④ 同上书，298页。

东这一地区此伏彼起的各类冲突和矛盾的操纵者之一。然而，经过实践的检验后，中东一些国家发现，苏联并不是他们所期望的那样，它在这里同样是为了争夺利益，获取能够控制的暖水港，进入海洋以便为与帝国主义争夺霸权铺路搭桥。在20世纪70年代的十年缓和时期，苏联虽在中东地区扩大了影响，但也遭到了越来越多的反对和排斥。

三、到达印度洋

就俄国人南下而言，第三条线，即征服中亚，经阿富汗和印度抵达印度洋，似乎是下策，因为从地理距离上看，这显得相当遥远。但是，俄国人自始至终都没有放弃这一途径。彼得一世时期，俄国进行了试探性的进攻，但无功而返。到19世纪中叶，沙俄开始了大规模的入侵活动，它分兵两路向中亚草原推进：一路横跨里海到咸海的草原；一路经额尔齐斯河到斋桑泊、巴尔喀什湖和伊塞克湖，然后向西，与另一路会合。在这一时期，俄国很快吞并了哈萨克斯坦草原，之后又向阿富汗边界继续蚕食，并将其周边的几个汗国和城市并入俄国版图。"在50年之内，俄国在中亚把它的边界向南推进了约1 300公里，一直推进到阿富汗的东北部"①。

阿富汗尽管是个贫瘠山国，又是一个内陆国家，但在海权与陆权的对抗中它却成了双方的必争之地。对于俄国"心脏地带"的向前推进，英国感到极为担心：一旦俄国夺取阿富汗，英国与俄国间的缓冲地带就不存在了；而且英属印度的地位也将面临威胁，因为它与伊朗毗邻，向南500公里即是阿拉伯海和印度洋，而俄国早就有征服印度的计划。为此，当俄国将势力推进到阿富汗边界后，英国便不惜武力夺取了其在阿的势力范围。领土的兼并和势力范围的划定是早期海权与陆权争夺的主要方式。1907年，俄、英划定了其在伊朗和阿富汗的势力范围，俄国通过放弃其在阿富汗的利益换取了其对伊朗北部的控制，从此，阿富汗成了英国的保护国。

1917年十月革命后，俄国社会制度剧变，阿富汗国内民族解放运动也导致了其政权的更迭。两个新政权很快走到了一起，阿富汗希望依靠苏俄来反对帝国主义和殖民主义，而苏俄也愿意看到在它的中亚边界地区有一个对苏友好的独立国家，因为这对苏联的安全有利。1919年3月，苏维埃政府在全世界第一个承认阿富汗的独立。对此，英国虽极力阻挠，但最终也于同年8月被迫承认了阿的独立。

英国势力被驱逐后，阿富汗与苏联全面修好。1921年，两国签订友好条约。1926年，两国又签订了苏阿中立和互不侵犯条约（1931年续约，有效期五年，1936年又延长十年）。在这段时期内，苏阿关系实现了稳定发展。第二次世界大战爆发后，阿富汗考虑到它夹在苏联和英属印度之间的特殊地理位置，拒绝了轴心国的诱惑，宣布中立。阿富汗这一举动实际上是对苏联和盟国有利的。战后，美国也想利用这个地势险要的山国来遏制苏联，遂以经济和军事援助为诱饵，力图使苏阿疏远，并采取迂回手段企图把阿纳入其反苏军事同盟中去。但阿富汗政府和人民出于历史和地理的原因，拒绝参加任何军事同盟，坚持中立睦邻的外交政策。阿富汗的这种实质上亲苏的做法令俄国人极为满意，它也因此得到了回报。苏联对它提供了各种大量援助，还在阿与周边国家的领土争端中支持它。由

① 刘竞等：《苏联中东关系史》，37页。

此，美国在中亚地区实施遏制战略并不得心应手。

但是，阿富汗也不是完全倾心于苏联，它在修好苏联时，也是小心翼翼的。它虽一直想与外界联系，但囿于地缘地位而无法实现。20 世纪 60 年代后，国际局势发生了较大转变，阿政府首脑和国家元首先后出访欧美，其目的有两个：一是寻求西方的经济援助；二是向它们宣传阿的中立不结盟政策，以消除误解。这些行动既可缓解国内的矛盾，也可在东西方对抗中搞均衡，可谓是处在夹缝中求生存国家的明智之举。

使阿富汗难以预料的是，由于阿事实上长期亲苏并从苏获取大量援助，其在政治、经济、军事等各方面与苏紧紧联结在了一起，各种条约和协定为它们设置了千丝万缕的联系。这就导致下列结果成为不可避免：第一，苏对阿的政治、经济和军事各部门进行了实际上的控制；第二，阿向西方的靠拢是极其有限的。

在十年缓和时期，苏联不仅加速向世界各权力真空地带进行渗透，而且还加紧对阿富汗进行军事控制。1978 年，阿富汗国内政局急剧动荡，特别是具有反苏倾向的民族主义分子夺取了政权，这使苏联感到非常恼火。考虑到政治、经济、军事及宗教上的多重原因，苏联自 1979 年 9 月就做好了武装入侵阿富汗的周密准备，到同年 12 月 27 日，它终于按捺不住，对这个长期以来亲苏的中立不结盟国家实施了全面的军事占领。

苏联的这一举动是否就是为了实现老沙皇的地缘政治扩张目标呢？其实并非完全如此。到了 20 世纪后半叶，地缘政治的扩张难道还取决于领土的兼并和资源的直接占有吗？苏联对波斯湾和中东地区的渗透无须像老沙皇设想的那样把边界推进到这里，这一点已经为当代国际关系的现实所证明了。当然，对苏联这种公然践踏国际法的行为不加以遏制也是十分危险的，西方人十分熟知苏联的这一政治性格。对于苏联的行为，除了西方国家进行了强烈谴责外，其他各种利益集团和组织的反应也是十分激烈的。可以说，苏联走出这一步后，即在国际社会中陷入了极端孤立的境地；同样，在战场上也陷入了进退维谷的困境。历时九年的侵阿战争表明，这是苏联自第二次世界大战以来最重大的军事失败。

综上所述，俄苏在几个世纪的时间里虽处心积虑实施南下政策，但收效甚微，特别是在处理同土耳其、伊朗和阿富汗等国的关系上，其政策僵硬，过分强调自身利益的实现，忽视别国的主权完整，最终导致在其边界出现了一条坚固的反内陆地带，从而使其南下印度洋受阻，其本身的不安全感也因此加剧。地缘政治的扩张过程及其结果造成了俄苏政治性格的恶性循环，即令“心脏地带”陷入了一种长期的不安和躁动之中。

第三节 东扩：抵达太平洋

一、沙俄东扩的历程及后果

俄国越过乌拉尔山脉和西伯利亚寒泽直达太平洋的扩张，早在彼得大帝时代以前就完成了。它之所以取得这么大的进展，主要是因为当时没有任何国家的殖民者对这块广阔、荒凉、寒冷而又交通不便的土地感兴趣，即使在俄国，也只有少数的个人、商贩、士兵和探险家对此情有独钟，自愿去开拓边疆。他们将那些荒无人烟或仅有极少原始部落居住的地方占领下来，并不断向前推进。他们甚至一直推进到了北美的阿拉斯加。

在整个18世纪和19世纪，俄国在西伯利亚和北太平洋的活动主要受制于三个方面的因素：一是交通工具的缺乏；二是气候严寒；三是粮食供应困难。正因如此，它对被隔离于黑龙江以外极为不满，要求在对华贸易中处于更有利的地位。1842年鸦片战争后，俄国也加入了西方列强对中国的瓜分和蚕食活动，并于1858年强迫中国清政府地方官员与之签订了第一个不平等条约——《瑷珲条约》，将黑龙江北岸地区据为己有，同时将乌苏里江以东的中国领土划为中俄"共管"地区。1860年，俄国又乘中国之危，和清政府订立了对俄国十分有利的《北京条约》。根据这一条约，俄国获得了黑龙江、乌苏里江和太平洋之间的一大片土地。这一占领的巨大意义在于：俄国可以在这里修建一个良港（符拉迪沃斯托克，一年中只有当年的12月至次年的3月结冰），为其在中国的殖民扩张和在太平洋的活动服务；另外，1869年苏伊士运河开放后，俄国从敖德萨至符拉迪沃斯托克的海上运输时间缩短至45天，这大大增强了它在远东与海权国家争斗的实力。

但是，这并未在根本上解决俄国东扩过程中的根本问题，从一定意义上而言，俄国对东扩的主要兴趣在于贸易而非领土征服。俄国对西伯利亚及其以东地区的开发仍然困难重重，因为粮食和运输问题非短期内所能解决的。俄国国内认为，修筑一条直达太平洋沿岸的铁路是极为必要的，于是，在1891年，横贯西伯利亚的大铁路开始修建。然而，这条铁路并未伸向白令海峡，而是折向了中国东北，这表明，俄国在远东最关心的地区是中国东北和朝鲜半岛。"十分明显，如有可能使这条铁路线笔直穿过满洲到达符拉迪沃斯托克而无须沿着俄国弯弯曲曲的边境线，俄国将要获得莫大的便利。朝鲜则以其不冻港吸引着俄国人的注意"①。

俄国在东扩中同样面临来自海权的挑战，在中国的贸易特权也远不如英、法等国。为了抗衡英国，俄国在太平洋地区修好美国，因为在这一时期，美国对海权的追求正面临英国的威胁。为此，俄国于1867年以720万美元的价格将寒冷而难于防守的阿拉斯加卖给了美国。不过，对俄国利益真正构成威胁的不是英国或法国，而是亚洲新兴的日本。作为一个岛国，日本对与之地理上接近的中国东北和朝鲜半岛有着特殊的兴趣，这是日本作为一个强国生长和必然扩张的空间（或称为第一步目标），因此，"心脏地带"的俄国成为日本利益的天然敌手。

1895年4月，《马关条约》的缔结不仅把中国在朝鲜半岛的不完整控制权剥夺殆尽，而且也使俄国（或许此时还包括欧洲其他列强）完全失去了对自己所感兴趣的利益地区的瓜分机会：朝鲜被宣布为独立国家（实际是日本的保护地）；日本吞并了澎湖列岛、台湾岛和包括旅顺在内的辽东半岛。这一条约在列强看来，破坏了远东的均势，产生了不利于欧洲诸强的后果，因此，德、法、俄等国强迫日本同意修改条约，将辽东半岛的管辖权归还中国。

在外交上取胜后，俄国即开始对清政府进行操纵。1896年，李鸿章同俄国订立了一个针对日本的防御联盟条约。作为对俄国提供保护的回报，中国允许修筑一条横贯中国东北的铁路，称为"中东铁路"，该铁路由属于俄国的华俄道胜银行②进行控制，期限为80

① ［美］巴巴拉·杰拉维奇：《俄国外交政策的一世纪：1814—1914》，福建师范大学外语系编译室译，208页，北京，商务印书馆，1978。

② 其总裁乌赫托姆斯基以鼓吹俄国在亚洲的"命定论"而著名。

年。这一事件从表面上看仅仅是修筑铁路的问题，但实质上却蕴含了俄国在远东利益的实现。首先，这条铁路通车后，俄国到达符拉迪沃斯托克港的路程将缩短约450英里。这是沙俄在远东进行地缘政治扩张的夙愿。其次，由于关于修筑铁路的协议附带种种条件，俄国人实际上在中国东北占据了支配地位，尤其是该铁路公司被准许维持一支警备部队的规定使俄国士兵实际开进了中国东北，拥有了此处的管辖权。这无疑为俄国吞并整个中国东北地区奠定了基础。最后，从此，俄国即形成了对日本的威慑，迫使日本在朝鲜半岛问题上与俄分享利益，两国最终于1896年建立了对朝鲜的共同管辖权。

帝国主义国家在远东的均势是暂时的。19世纪末，各列强再次在中国掀起瓜分狂潮，俄国也于1898年从中国手中勒索到对辽东半岛为期25年的租借权以及在旅顺修建一个海军基地、在大连开辟一个商埠的权利，而且还被允许修筑一条从大连通往哈尔滨的铁路，即南满铁路。俄国在中国东北地区所攫取的利益立即引起了海权国家的不满，日本更是切齿痛恨，因为日本在过去未能得到的辽东半岛，现在竟成了俄国的囊中之物，日本的生存空间由此遭到严重削弱；更为甚者，俄国还对日本要求承认其在朝鲜半岛的特殊地位不予理睬，这使日本极难接受。同时，英国出于对陆权的本能反感，除了在土耳其、伊朗和阿富汗阻止俄国南下外，还对它在远东的扩张加以遏制。另外，在中国利益的分割者中，法德在一定程度上都是俄国的支持者，因为它们同属欧洲大陆国家。在此情况下，英、日联盟就成为必然的了。

1904年，"心脏地带"的俄国与海权国日本之间为争夺中国东北和朝鲜半岛的战争爆发了，日本借助优势的兵力、有利的地理位置和英美的支持，战胜了俄国，使俄国不得不将自己在远东处心经营多年的利益拱手让给日本。之后，俄国在远东的利益几乎一无所有，仅剩的就是对中国东北北部和外蒙古的支配权，这对于俄国的东扩而言是个巨大的损失，俄国国内也因此陷入了严重的危机之中。

二、苏俄政府远东政策的调整

十月革命后，苏俄政府一再宣称废除沙皇政府强加给中国的一切不平等条约，并愿与中国政府进行接触性的联系。在1919年7月和1920年9月，苏俄政府两次对华发表宣言，重申废除沙皇时期两国签订的一切不平等条约，放弃其在华一切特权和赔款，呼吁两国间应迅速建立起正常的经济贸易关系，提出另行签订使用中东铁路的条约，希望中国政府禁止一切反苏俄势力在其境内的活动等。1922年8月，中苏双方开始谈判，两国在中东铁路和外蒙古问题上分歧严重。苏方认为中东铁路由俄国出资建造，又关系到苏俄的远东安全，因此要求中苏共管；在外蒙古问题上，苏俄政府拒绝放弃支持蒙古独立的立场，也不从蒙古撤军。

到了20世纪30年代，苏联面临欧亚两个战争策源地的双重威胁。但是，德国的威胁比起日本的威胁而言要严重得多，因此，苏联的战略重点在欧洲。对于亚洲的日本，苏联采取了与之改善关系、避免卷入武装冲突中去的态度，因为它十分清楚，日本更感兴趣的是中国而不是苏联。于是，苏联对日本在中国的行为及对其利益挑衅采取了忍让立场。例如：苏联对日本在中国东北策划成立傀儡政权"伪满洲国"不加干涉；以14 000万日元将苏联在中东铁路的权益出售给"伪满洲国"；在库页岛石油开采和渔业协定方面作出让步；等等。第二次世界大战全面爆发后，苏联的力量集中于欧洲战场，而日本的战略重点表现为南进，因此，双方的关系由紧张转为缓和。

苏联在远东所追求利益的有限性一直持续到第二次世界大战后初期。战时盟国之间形成了默契，由于远东是美国的势力范围，苏联只是对传统利益兴趣依旧，如大连港、旅顺港、中东铁路和南满铁路等。

至于对中国共产党所进行的革命斗争，苏联则持冷淡态度，它小心翼翼，避免同美国发生冲突。这种态度直到中国取得新民主主义革命胜利并宣布“向苏联一边倒”后方才有所改变。中国的胜利无疑是世界历史中海权与陆权力量对比变化中最重大的事件之一，取代英国海权地位的美国被迫将防御线撤至太平洋地区的“外月形地带”（即由岛屿构成的环形地带）。

然而，苏联在对待东西方的社会主义国家问题上态度是一致的。所不同的是，相对于东欧而言，苏联在控制中国方面一点也不顺利。中苏两国经历了短暂的“蜜月”后即出现了裂痕，尤其是在斯大林逝世后，苏联新领导人追求新的霸权战略，在中国问题上忽视国家间关系的起码准则，露骨地伤害中国的民族感情。此后，中苏两国关系一度恶化到发生流血冲突的境地。苏联在远东问题上再次失策，“边缘地带”的中国在20世纪70年代重新与美国改善关系，海权与陆权的远东对抗最终以陆权的回归而趋于均衡状态。

第四节 “心脏地带”的破碎及其地缘战略调整

一、“心脏地带”的地缘政治变迁

契尔年科执政之时，苏联的最高领导层大部分都已是70岁以上的老人，这决定了在他之后必然会出现新老领导人的更迭。1985年，54岁的米·谢·戈尔巴乔夫当选苏共中央总书记，这不仅意味着苏联的最高权力移交给了新一代，而且也把新的领导人推到了苏联长期以来积淀的各种矛盾和危机的最前列，如何解决这些矛盾和危机，对他而言是个严峻的挑战。

戈尔巴乔夫上台伊始即给人一种全新的感觉，这既表现在苏联国内的根本改革和加速发展战略的制定上，也反映在苏联对外战略的全面调整上。1986年1月，他正式提出了“新的政治思维”，紧接着，他又写了《改革与新思维》一书，全面阐述他的“新思维”。在对外战略方面，其观点主要体现在如下几方面：

第一，其新思维是对苏联对外政策进行历史的反思的结果。他说：“观念上的重大变化，是同1985年苏共中央四月全会和党的第二十七次代表大会密切相关的，这也是向新的政治思维、向关于当代世界的阶段原则和全人类原则相互关系的新概念的转变。”“新思维不是即兴之作，也不是智力游戏。这是对当代世界的现实深刻思考的结果，是认识到对政策的负责态度要求政策要有科学根据的结果，也是摈弃以前某些看来是不可动摇的公理的结果。"①

第二，新思维是对当代世界局势进行客观评价及思索的产物。戈尔巴乔夫在他的书中多处指出了人们面临的共同的全球性问题。人类在自身的成果——核武器面前已束手无策，"一旦爆发核战争，一切生灵都将从地球上消失"②。在这一点上，戈氏对战争与和平问题作了重大的再认识，他批评了历届领导人所奉行的原则：苏联可以在核大战中取胜。他把新思维归结为另一个简单的公理——"安全是不可分割的"之后，认为："在核战争结局只能是全部毁灭的情况下，我们已经作出了战争与革命之间不再存在因果关系的结论。"③ 他也主张让和平竞赛来决定一切，但他大大发展和修改了赫鲁晓夫及勃列日涅夫时代的这种思想，因为他的前提是要在全球消灭核武器之后，和平的竞赛才能进行。他在苏共二十七大的政治报告中说："我们的理想，是没有武器和暴力的世界，是每个国家的人民都能自由地选择发展道路和生活方式的世界。"④

第三，新思维表现出强烈的现实主义色彩。强调现实表明戈氏抛弃了以往对外政策分析中主观的或看法僵死的旧思维模式。他指出："世界在自己的发展中正走向什么样的边缘？为此需要清醒而现实地纵观世界全貌，从旧框框中摆脱出来。"⑤"政策应该建立在现实在基础上"，"美国是一个强国，我们要同它一起生存，同它建立关系，这是现实"，"现实的对外政策有两个特征：考虑本国利益和尊重别国的利益"，"有现实，就必须尊重现实，否则，政策将变成心血来潮、鲁莽行动和缺乏预见性"⑥。

他的现实主义的分析方法还表现在其对国际关系中意识形态作用的论述方面。他写道："再谈现实。争取国家间关系非意识形态化。""不要把意识形态分歧搬到国家关系中来"，"意识形态和社会差别、政治制度的差别，也是各国人民作出的选择的结果。可是这种选择不应成为在国际关系中发生事件或出现某种趋势并且可能会发展成为冲突或军事对抗的理由"⑦。

戈尔巴乔夫正是在"新思维"的指导下全面调整了苏联的对外战略，并采取了一系列的重大行动。

首先，全面缓和了同美国和西方的关系。戈氏在位期间与美国总统进行了九次首脑会晤，就地区冲突、人权、双边关系、核裁军等问题进行了广泛的谈判。其结果中最引人注目的是两国达成了苏美销毁中程导弹条约和削减战略核武器条约。同时，戈氏在东西方冷战极敏感的德国问题上向西方作出了重大让步。两德统一是冷战体制遭到破坏的根本，也是苏联权力执掌者在同海权势力的争斗中首次作出重大让步的标志。尽管戈氏也坚持认为，统一后的德国加入北约的行为将破坏欧洲的均势，但他最终还是听任了这一局势的发

① ［苏］米·谢·戈尔巴乔夫：《改革与新思维》，苏群译，183页，北京，新华出版社，1987。
② 同上书，173页。
③ 同上书，186页。
④ 同上书，169页。
⑤ 《戈尔巴乔夫言论选集》，苏群译，339页，北京，人民出版社，1987。
⑥ ［苏］米·谢·戈尔巴乔夫：《改革与新思维》，苏群译，280、289、331页。
⑦ 同上书，180、227页。

展。德国问题可以说是这一时期陆权与海权力量对比变化的晴雨表。另外，苏联对其在远东的主要敌手日本也采取了较为灵活的政策。两国虽在南千岛群岛问题上难趋一致，但戈氏作为苏联元首第一次出访日本，就表明了其改善对日关系的坚定立场。

其次，在社会主义大家庭内部强调平等、独立。东欧地区是俄苏权力上层为解除其西部安全威胁而处心经营的防御缓冲带，在加强对这一地区控制的过程中，双方的矛盾与积怨也日益尖锐。戈氏上台后强调政治关系的自主性、经济关系的互利互助原则和军事方面的“足够防御原则”，并全面调整与东欧各国的关系。但是，历史上由于控制而形成的均衡态势旋即失去了稳定，苏联在东欧问题上的政策急变使这里的危机全面爆发，东欧发生了连锁式剧变，各国纷纷离开苏联的怀抱。

最后，在热点问题上采取克制态度，寻求利用政治途径解决阿富汗和柬埔寨问题。经过九年的征战，苏军在阿富汗并未取得军事胜利，相反，却付出了惨重的代价。这是俄国传统南下战略的最后一条线路，事实证明，领土兼并的方式已没有多少实际价值。1989年，苏联从阿全部撤军。支持越南霸权主义的侵柬反华是苏联的一石数鸟之策。在越南获取海军基地将使苏联在地缘战略上居于优势地位，然而，纯粹的军事控制和占领不仅不能实现控制的目的，反而使其在国际上日趋孤立，最后以撤离金兰湾而告终。

从对外战略上而言，戈氏上台后进行了全面的收缩与和解，解决了一些矛盾和积怨，在某种意义上确实获得了不小的成功。然而，戈氏在权力上的做法在国内引出了麻烦，除了在改革上步履维艰外，民族矛盾和危机的总爆发对他及其国家而言是灾难性的。激烈的民族冲突最早在南高加索的纳戈尔诺—卡拉巴赫州地区爆发，亚美尼亚人和阿塞拜疆人之间发生了流血事件；与之同时，波罗的海三国——爱沙尼亚、拉脱维亚和立陶宛也正在酝酿一股要求民族独立的浪潮。1989年8月，《苏德互不侵犯条约》签订满50周年，波罗的海三国借机举行声势浩大的群众示威，表达它们对导致三国并入苏联的苏德条约的抗议和要求民族独立的愿望。1990年3月11日，立陶宛率先宣布独立，同年5月，拉脱维亚和爱沙尼亚也将加盟共和国更名为独立共和国，之后，三国还签订了在独立运动中相互支持和合作的宣言。

这股民族独立浪潮迅速波及苏联全境，各加盟共和国纷纷发表主权宣言，到1990年底，俄罗斯、乌兹别克斯坦、摩尔多瓦、乌克兰、白俄罗斯、亚美尼亚、土库曼斯坦、塔吉克斯坦、哈萨克斯坦、吉尔吉斯斯坦都宣布了国家主权宣言。“八一九”事件后，各共和国的独立倾向更趋高涨，苏联最高权力之争也为它们提供了可乘之机。1991年4月9日，格鲁吉亚宣布独立，8月20日、22日，爱沙尼亚、拉脱维亚正式宣布独立，紧接着，乌克兰（8月24日）、白俄罗斯（8月25日）、摩尔多瓦（8月27日）、阿塞拜疆（8月30日）、乌兹别克斯坦和吉尔吉斯斯坦（8月31日）、塔吉克斯坦（9月9日）、亚美尼亚（9月23日）、土库曼斯坦（10月27日）、哈萨克斯坦（12月16日）先后宣布独立。至此，除俄罗斯外，原苏联的14个加盟国均宣布独立。

戈尔巴乔夫曾试图在各加盟共和国之间订立新的盟约，但遭到一些国家的反对。1991年12月21日，俄罗斯联邦等11个独立国家的首脑会议在哈萨克斯坦原首都阿拉木图举行，会议通过了《阿拉木图宣言》和《关于武装力量的议定书》等文件，正式宣布建立“独立国家联合体”，并通知戈尔巴乔夫：苏联总统设置已停止存在。12月25日，戈氏宣布辞职。至此，存在了近70年的社会主义国家苏联宣告解体，“心脏地带”又回到了俄国的状态。

那么，现在继承了原苏联最多遗产的俄罗斯的地缘地位又如何呢？其领土面积为1 707.54万平方公里，是世界上领土面积最大的国家；人口为1.4亿多；自然资源丰富；军事实力也继承了原苏联的70%以上。可以说，俄罗斯仍然是当代世界的强国之一，在国际事务中发挥着重要影响。总体来看，俄罗斯最初的地缘地位取决于下列几个方面的关系的变化与发展：

第一，与独联体各国的关系。苏联解体后，俄罗斯强调其同独联体各国基于历史所形成的“特殊关系”，即拥有“开放的边界，紧密的经济文化关系，以及军事的政治领域的联盟关系”，重视与独联体各国关系的发展。而这些新独立的民族国家一方面离不开俄罗斯，另一方面又具有主权国家特有的政治独立性格，对大俄罗斯主义存有戒心。俄罗斯最为担心的是其周边各国完全倒向西方的政治趋向，这是其传统的不安全感所不能容忍的。

第二，与美欧等西方国家的关系。起初，俄罗斯表现出了明显的向西方靠拢的战略态势，并明确宣布其战略目标就是“进入北半球文明大家庭”，“加入世界最发达国家俱乐部”。为此，叶利钦政府成员积极加强同欧美国家的往来，并派代表参加欧共体、欧安会、欧洲议会等组织的活动，甚至谋求同北约组织的对话。很显然，俄罗斯同欧洲新独立的各国一样，希冀借西方的经济实力来帮助自己渡过激变后的难关，从而重返国际政治舞台的主角地位。但是，双方经过一段时间的“热恋”后发现，它们在根本问题上的分歧难以弥合。特别是在东欧问题上，俄罗斯一方面强烈反对西方抢夺俄国在那里的传统利益，对北约的“东扩”持反对态度；另一方面又对西方在解决地区冲突（特别是波黑危机）中忽视俄罗斯的地位而愤愤不平，显示了十分强烈的大国意识。

第三，同亚太国家的关系。从地缘地位出发，对俄罗斯而言，亚太国家既是其在政治上抗衡欧美的重要筹码，又是其潜在的重要贸易伙伴。出于对自身战略发展的考虑，俄罗斯重视发展同亚太国家的关系，特别是与东北亚地区的中国、日本、韩国等国的关系。

由此，我们可以对冷战后俄罗斯地缘战略的变化进行简要叙述：

(1) 就总的地缘政治态势而言，冷战的结束在欧亚大陆正中心造成了一个“黑洞”。这就如同地缘政治学家所描述的“心脏地带”突然从世界地图上挖走了一样。① 苏联解体使欧亚大陆中心出现了一个地缘政治真空，造成了自莫斯科公国对外扩张以来俄罗斯历史上最大的逆向地缘政治变动。而随着北约不断东扩，一些原苏联加盟共和国加入北约，一些国家如格鲁吉亚、乌克兰等相继发生“颜色革命”，俄罗斯的地缘环境受到巨大影响，地缘战略空间大幅缩小。

(2) 俄罗斯的出海通道受到钳制。在西部，俄国自18世纪以来一直控制波罗的海各国，而波罗的海三国的独立使俄在波罗的海只剩下了圣彼得堡、维堡（部分为芬兰使用）和加里宁格勒三个港口，俄罗斯遭受着失去冬天不冻港之苦。在黑海，1991年以前，黑海是俄罗斯海军力量进入地中海的出发点；到20世纪90年代中期，俄罗斯在黑海仅剩一条狭长的沿岸地带，只剩下诺沃罗西斯克和图阿普谢两个港口，俄罗斯黑海舰队的存在和

① 参见［美］兹比格纽·布热津斯基：《大棋局：美国的首要地位及其地缘战略》，中国国际问题研究所译，72页。

行动大大受到限制。

(3) 俄罗斯的战略防御纵深大幅缩减。在西部，1997年7月，北约正式决定接纳波兰、匈牙利和捷克三国加入北约。这使得使北约的前沿阵地向东推进了600多公里，俄因此失去了48万多平方公里的缓冲地带，北约的军事力量已逼近俄罗斯的大门口。“9·11”事件以后，美国借助全球反恐，打开了中亚的大门，形成了对俄罗斯东西两边挤压的态势。2004年，北约又吸收了爱沙尼亚、拉脱维亚、立陶宛、斯洛伐克、斯洛文尼亚、罗马尼亚和保加利亚七国加入北约，使其在欧洲的战略前沿又一次大大向东推进，并使北约拥有了一道从波罗的海到黑海的不间断的战略防线。在南部，由于外高加索三国和中亚五国的独立，使俄罗斯失去了对该地区丰富能源、矿产资源的控制权，特别是以后俄罗斯进入中东和波斯湾将出现障碍；在外高加索地区，“土耳其对俄怀有地缘政治企图”，限制了俄在黑海地区的影响；而以美国为代表的外部势力正在向外高加索渗透；格鲁吉亚等国家爆发“颜色革命”，使得这一地区更倾向西方，也在试图脱离俄的控制。

(4) 俄罗斯与众多周边国家存在领土纠纷问题。俄的陆上疆界漫长，其中60%与原加盟共和国接壤，而在这些边界中，合法划定的还不到20%。在北部，俄罗斯与挪威存在着北部水域管辖权问题，与芬兰存在卡累利阿地区归属问题，并与加拿大、丹麦、挪威和美国等北极周边国家对北极的领土和能源的开发存在分歧；在西部，俄罗斯与爱沙尼亚存在佩彻里地区的归属问题，与拉脱维亚存在阿布里尼镇和阿布里尼地区的归属问题；在远东地区，由于俄罗斯在东线解决了与中国的边界争端，中俄之间的边界和领土已有法律保障，中俄历史上的领土之争将不再是两国关系发展的障碍，远东地区已成为俄罗斯可靠的战略后方，但值得一提的是，俄罗斯与日本就南千岛群岛问题仍存在领土争端，这一问题一度影响两国的关系。

二、叶利钦时期俄罗斯的地缘战略

在叶利钦时期，俄罗斯最初的地缘战略选择是“一边倒”的亲西方战略。苏联解体后，以叶利钦为主的新领导集体在地缘战略上采取“一边倒”的亲西方战略，特别是与美国建立“成熟的战略伙伴关系”。俄罗斯独立之初，其主要领导人认为，俄罗斯民族原本就是欧洲民族，俄罗斯本来就属于西方，应该成为西方的一部分并尽可能地与西方亲近，要力争把俄建设成为西方式的“民主法治国家”，“回归文明世界”，争取早日加入西方阵营并得到西方大国在政治上和经济上的支持。因而俄罗斯在对外战略上积极推动亲善西方的政策，主动改善、发展同欧美发达国家的关系。俄一心扑向西方，同时为了在经济上谋求得到西方援助，争取西方对俄罗斯采取“马歇尔计划”式的援助，甚至不惜向西方作出重大让步。而西方各国也确实承诺要给予俄罗斯大批援助，并签署了一系列贷款协议。俄罗斯幻想在地缘政治上用真正平等基础上的“伙伴关系”来取代冷战时期的美苏争夺。但是，这种做法既不符合国际现实，也不符合俄罗斯国内的实际情况，美国不可能与俄罗斯分享全球性力量，俄罗斯国力的衰弱也使得它不能充当与美国真正平等的全球性伙伴，美俄在许多有关国家利益的重要地缘战略问题上存在严重分歧。西方国家“口惠而实不至”的做法，也令俄罗斯大失所望，并对其“一边倒”地缘战略的有效性产生了重大疑问，最终不得不面对现实，调整战略。

在“一边倒”政策受到质疑后，“近邻外国”的主张成为对亲西方政策的主要批评并初步成为俄罗斯地缘战略的另一选择。该主张认为亲西方的“伙伴关系”这一概念忽略了对俄罗斯最重要的东西，即俄罗斯与原苏联的加盟共和国的关系。“近邻外国”成为重点强调需要在原苏联曾占据的地缘战略地区内重新建立一个以莫斯科为决策中心的有效框架的主张的略称。① 从地缘政治利益考虑，俄开始强调其在独联体地区有“特殊利益”，并要求西方承认俄对维护该地区的和平与稳定“负有特殊责任”。

同时，俄罗斯开始重视东方，提出既面向西方也兼顾东方的所谓“双头鹰政策”，1992 年下半年出台了面向亚洲的“新东方政策”，1993 年 1 月，叶利钦总统访问印度时发表演说称，俄罗斯希望有一个强有力的东方政策，俄罗斯要实行在东西方之间保持平衡的政策。但同时，俄罗斯仍然强调不改变将俄融入西方社会、建成民主国家的战略方针，仍将对西方尤其是对美国的外交置于头等重要的地位。

1995 年，叶利钦在总统国情咨文中又提出了“全方位”战略的概念。俄罗斯地缘战略在这一阶段的主要表现是，在不放弃争取同西方建立伙伴和合作关系的同时，努力显示和争取恢复俄罗斯作为世界大国的地位和作用，以捍卫俄国家利益。为实现该目标，俄罗斯采取了一系列措施：

第一，在与独联体的关系上，俄强调自己在这一地区的领导地位，公开表明独联体是其特殊利益地区，从而把同独联体国家的关系放在其对外关系中的“首位”。俄加速了实施独联体一体化的战略方针，并提出要在独联体基础上建立一个以俄罗斯为首的军事政治联盟。1995 年 9 月，俄公布的《俄罗斯联邦对独联体国家的战略方针》把俄罗斯的目标概括为：俄罗斯对独联体政策的主要目标是建立一个能在国际社会上占有适当位置的政治、经济一体化的国家联盟，以巩固俄罗斯在后苏联空间建立的国家间政治经济关系新体系中的领导力量的地位。

第二，在与西方国家的关系中，俄为争取平等地位和确保国家利益，主张俄罗斯应在多极世界里发挥一个有影响的大国作用，俄罗斯尤其反感西方特别是美国以冷战胜利者自居的姿态，对美国企图建立单极世界，垄断国际事务，阻挠俄罗斯成为新的世界力量中心，公开表示不满和反对。在前南问题、北约东扩问题等诸多方面，俄罗斯都进行了相应的斗争，努力显示自己的大国形象。

第三，在与亚太国家的关系上，俄力求进一步扩大在该地区的影响力。拓宽俄地缘政治的空间，发挥大国作用，是俄这一时期在该地区地缘战略的重点。俄积极发展与中国的关系，与中国建立了“平等信任、面向 21 世纪的战略协作伙伴关系”，而且还设想建立中俄印三角关系，力图用东方来平衡其整个战略，并以此加大抗衡西方的力度，增强俄在国际事务中的地位，改变不利环境。

三、普京时代俄罗斯的地缘战略

到了普京时期，俄罗斯的地缘战略则呈现出两个方面的主要特征：

一是东西平衡的全方位地缘战略。

① 参见［美］兹比格纽·布热津斯基：《大棋局：美国的首要地位及其地缘战略》，中国国际问题研究所译，86 页。

普京执政后，将俄罗斯定位为世界大国和当代世界有影响力的中心之一，将美国建立单极世界的企图和对俄罗斯地缘政治空间的挤压视为最大威胁，并将建立多极化国际体系作为其重要目标。普京继承和发扬了叶利钦后期的地缘战略思想，在继承“双头鹰”政策的基础上加以调整、发展和创新，在外交政策与实践中，将独联体置于特殊的地位，将欧美和亚洲列为优先发展方向，制定了巩固独联体、平衡东西方的全方位地缘战略。这正如普京所指出：俄外交政策的特点在于平衡性，这是由俄罗斯作为一个欧亚大国的地缘政治地位决定的。

“9·11”事件以后，普京在2002年又提出了“一点、两洋、三段、四中心”的“稳定弧线”理论，即充分利用与北约、独联体集体安全组织和上海合作组织的合作关系，在俄罗斯的西、南、东三个战略方面建立起一条和平、稳定的地带。“一点”指以俄罗斯南部地区为支点，“两洋”指从太平洋到大西洋，“三段”的东段指包括中国在内的上海合作组织，中段为俄罗斯主导的包括中亚和外高加索地区的集体安全条约组织，西段是俄罗斯与北约的“20国机制”，“四中心”指在这个“稳定弧线”中包括中、俄、美、欧四大力量中心。普京的这一理论，旨在构建一道横跨欧亚大陆、呈辐射状扩散、保障世界安全的弧形稳定带，同时也反映了普京更加注重东西方平衡、主张地缘战略平衡和建立多极世界的政治思维。“企图把俄罗斯对外政策在各地缘方向上的努力相互对立起来是站不住脚的。我国独一无二的地缘政治状况，更不用说世界政治经济现实，都要求我们必须均匀地发展同西方与东方、北方与南方国家的合作。”①

在西线，俄罗斯面对的最大威胁是北约东扩。俄罗斯认为，北约东扩及其向欧洲军事政治主导力量的演变造成重新划分欧洲大陆的危险，北约东扩对俄罗斯国家安全构成威胁，是俄所不能接受的。俄采取了灵活的战略，力求把这一威胁降到最低程度，主要从以下方面着手：

第一，反对北约继续东扩，确保俄罗斯的固有利益，继续把中东欧地区视为与俄罗斯的国家利益关系重大的地缘政治空间。但是普京认识到，就俄的国力和影响力而言，它无力阻止北约东扩，也无力与美国抗衡，更何况振兴俄经济也离不开西方的援助和投资。因此，俄针对北约东扩采取了更为迂回和理性的对应措施，并积极同北约建立更为有机的联系；同时，致力于改善对美关系，表达了克服俄美关系中的困难、继续发展与美国的合作的意愿。

第二，俄对欧盟有积极的认识，希望通过“回归”和“融入”欧洲的进程实现国家的变革和振兴，因此积极处理与西欧国家之间的关系，避免与欧洲国家的军事对抗。普京2007年3月批准的《俄罗斯联邦对外政策概论》指出，欧洲是俄罗斯的优先传统方向，俄罗斯把欧盟看做最重要的政治经济伙伴之一，目标是建立稳定和民主的全欧安全合作体系。

第三，加强同白俄罗斯等独联体国家的合作也是俄罗斯西部地缘政治战略的重要组成部分。俄罗斯把独联体地区视为不容别人染指的传统势力范围，普京执政后，继续强化俄罗斯在独联体问题上的政策，推动在独联体框架内各国的各领域的合作和一体化，制约一些国家的“亲西疏俄”的势头。他指出：“毫无疑问地要优先考虑独联体国家。”② 时任外

① ［俄］伊·伊万诺夫：《俄罗斯新外交》，陈凤翔等译，8～9页，北京，当代世界知识出版社，2002。

② 杜正艾：《俄罗斯外交传统研究》，218页，上海，上海人民出版社，2007。

交部长的伊万诺夫曾经指出：对新俄罗斯而言，没有也不会有比发展独联体范围内的关系更为紧迫的对外政策问题了。

在南线，俄罗斯面临着地缘政治上的严峻挑战：伊斯兰极端主义泛滥，外高加索、北高加索和中亚地区冲突持续不断，外部势力对独联体南部地区国家能源和自然资源的角逐日渐激烈。这些挑战被认为是直接威胁俄罗斯国家利益和安全的根源。俄罗斯力图遏制伊斯兰极端主义在北高加索地区的泛滥，防止该地区的武装冲突和分离主义危及俄罗斯的联邦体制；重视里海及其周边的外高加索三国的作用，防止西方国家利用里海能源开发问题在该地区占据地缘政治优势；极力加固同高加索和中亚国家的战略体系，抓紧独联体这一传统势力范围。

在东线，面对美日韩的军事同盟和中国在这一地区影响力的不断提升，俄罗斯感到面临着丧失亚洲大国地位的危险。《俄罗斯联邦对外政策概论》指出："亚太地区的战略意义是由它作为世界经济的火车头、全球发展的主要推动力这一作用决定的，在可预见的未来，其影响力将持续上升。中国和印度的崛起具有极其重要的意义。"为此，俄采取多种手段积极参与亚洲事务，意在亚洲扮演更加积极主动的角色。首先，发挥俄罗斯远东的经济潜力和地缘经济优势，作为平等成员积极参与亚太经济合作进程。其次，积极推动建立各国利益一致和互相依赖、形式灵活、有一系列彼此相关的正式和非正式的会谈机制的亚太地区安全体系。最后，正确处理与亚太大国的关系。普京把处理好与中国和印度的关系作为其亚洲政策的最重要的方向之一，努力在各个方向发展与中国的互惠友好关系，继续发展同中国的紧密友好关系和经济合作，扩大经济合作的规模；加强印俄合作；缓和与日本的关系，争取日本对俄罗斯的投资；通过介入东北亚事务来积极扩大俄罗斯在亚太地区的影响。

二是能源成为地缘战略的重要工具。

进入21世纪以来，国际市场能源价格持续攀升且震荡不定，能源安全问题成为国际社会瞩目的焦点。能源已不纯粹是一种商品，而是各国争夺的一种战略资源，进而成为执行外交战略的重要工具。新时期的地缘政治格局变化，要求俄罗斯把自身的能源利益问题提到保障国家安全的优先地位。在这种背景下，普京在重新恢复国家对能源战略资源控制的基础上，将能源作为加快经济复苏、维护地缘政治及增强国际地位的重要手段，积极开展以能源合作为主要内容的战略。在把欧洲作为能源战略主战场的基础上，开辟亚太地区能源战略的新战场，普京在对独联体、欧洲、亚洲和美国的外交中大打"能源牌"，一定程度上达到了提升俄罗斯的国际地位和影响力的目的。

梅德韦杰夫继承俄罗斯的政治权力之后，俄罗斯的地缘战略再次吸引了全球的目光。此时，俄罗斯国力的恢复重新给俄罗斯人带来自信，大国心态和强国意识逐渐强烈，正如普京在其2007年的国情咨文所宣称的：现代的俄罗斯恢复了自身的经济潜力，意识到了自身的力量；俄罗斯内政的加强使其对外政策更加目标明确和卓有成效，使俄罗斯外交工作在国际事务中更加不可或缺；一个变得强大的俄罗斯已经成为全世界发展进程中的重要的积极因素。梅德韦杰夫上任后，俄罗斯主要是继承普京时期的地缘战略，继承普京路线是梅德韦杰夫公开承诺的政治路线，2008年7月12日，梅德韦杰夫签署了新的《俄罗斯联邦外交政策概念》，体现出梅德韦杰夫对普京路线的继承，其战略的核心仍然是俄罗斯的国家利益，但同时也表现出一些新的趋势和倾向。

（1）强调独联体在俄罗斯地缘战略中的优先地位。随着与乌克兰、格鲁吉亚等国家的关系不断恶化，俄罗斯在其传统地缘政治空间上的可靠盟友屈指可数。俄罗斯要发挥其能源战略的重要作用，将能源作为影响全球格局的一个有力工具，致力于建立一个“负责任的能源大国”，首先必须确保对独联体能源的控制力。梅德韦杰夫曾表示：独联体国家是俄罗斯最重要的外交优先方向。

（2）战略更加主动，姿态更加强硬。由于俄罗斯国力的恢复，使得其拥有了一定的经济和军事基础，更重要的是，美欧等西方国家的地缘战略挤压已经逼至俄罗斯本国边界，美欧已经逼得俄罗斯“无路可退”，在已经没有其他地缘缓冲的情况下，俄罗斯不得不采取更加具有进攻性的姿态，以反击美欧的战略挤压，力求稳定俄罗斯日益恶化的地缘局势。在俄罗斯看来，美国仍以冷战思维看待俄罗斯，美国对俄罗斯地缘政治空间的挤压，是对俄罗斯国家利益的巨大挑战与威胁。

（3）进一步完善东西平衡的地缘战略。梅德韦杰夫地缘战略的突出特征是更加务实以及多方位的平衡。在新的《俄罗斯联邦外交政策概念》中，俄罗斯仍把独联体放在优先地位，但不再使用“优先方向”的字眼，而是将其作为政治对话的论坛和经济、人文、反恐合作的机制，俄罗斯还表示要在市场经济的原则上与独联体国家进行经济合作。在与欧洲的关系上，俄罗斯强调要与欧盟和美国发挥真正平等的作用，同时表示对北约扩大持否定立场。在与亚洲国家的关系上，梅德韦杰夫强调要与中国发展在所有领域的战略关系，改善两国贸易关系的结构，将印俄关系由伙伴关系提升到战略伙伴关系。[①]

梅德韦杰夫表示，俄罗斯应该执行独立自主的外交政策，这是多年来俄罗斯一直执行的政策，它的主要含义就是在现行的国家法框架内使用一切可能的手段全方位地保护俄罗斯的利益。

① 参见赵华胜：《梅德韦杰夫版“外交政策概念”印象》，载《世界知识》，2008（15）。

第七章

中国的地缘政治现实及和平发展的地缘战略

重点问题

- 中国的地缘政治地位
- 中国的地缘政治传统及主要威胁
- 中国与主要大国及国家集团的地缘政治关系
- 中国和平发展地缘战略的来源
- 中国和平发展地缘战略的实施重点

第一节　中国的地缘政治现实

一、基本的地理环境及其地缘心理

中国既不是一个内陆国家，又不是一个海洋国家。它位于亚洲东部，太平洋西岸，陆地面积960万平方公里，东部和南部大陆海岸线1.8万多公里，是世界上第三大国家。海域分布大小岛屿约7 600个，其中台湾岛最大。

尽管“地理面积本身并不能自动地把中国提升到世界一流大国的地位”，但西方世界普遍认为中国未来会成为世界大国。许多人都认为，一个国家的行为在很大程度上受它的权力驱动，而权力又相应地“部分源于对领土、工业矿产和燃料等地理资源的控制”①。地理环境对现代国家的发展有双重的影响。一方面，富饶的矿藏、独特的地形和地理位置、得天独厚的自然资源和人力资源等自然特征，会增强国家的权力地位；另一方面，可怕的地理条件，如炎热的沙漠、无人能及的高山和冰雪覆盖的海洋等，有可能对国家的权力构成巨大障碍，尽管所有这些障碍被许多地缘政治学家认为是陆权的核心。对一个国家来说，关键问题是怎样把它们集束起来并有效地利用，也就是说，怎样控制并呵护“自

① Richard Muir and Ronan Paddison, *Politics, Geography and Behavior*, London and NewYork: Methuen and Co. Ltd. 1981, p. 198.

然”。我们对“自然”的所作所为及我们对它的认识，决定了一个国家的地缘心理，这深刻地影响到国家的权力建构和地缘战略选择。

中国的基本地理环境特点和它的地缘心理存在明显的传统和历史延续性。

首先，中国呈现一种三级阶梯式的地形特点，西部大部分高地是广阔的贫瘠地区，地势相对低的东部是人口密集的富足区。因此，基于不同地理特点的文化和地缘心理显现出来。东部可谓是一种“依靠贸易的海洋商业文化”，西部则是一种“自给自足的大陆农业文化”①。

其次，中国大约全部面积的1/3是高地，26%是高原，10%是山区，20%是盆地，只有12%的面积由平原构成。中国长期以来一直受困于环境恶化及其他问题，例如，土壤侵蚀、耕地“贫瘠”、对有限资源的恣意挥霍等。因此，西方学者普遍认为，中国存在的明显趋势是生存空间越来越狭小，而人口却仍在急速增长。

最后，中国的每一个省、自治区、直辖市都是一个相对独立的经济发展单元，严重的地方保护主义成为普遍现象。中国的经济整合必将是一个长期的战略问题。

因此，西方学者认为中国政府的对外行为在很大程度上取决于其面临的现实地理环境。其在冷战和冷战后时期影响世界秩序的根本表现可归结为三个方面：(1) 强调它作为大国的作用。包括在联合国安理会中发挥关键作用，对全球发生的所有事件作出积极反应，保持与其他大国（特别是美国）不同的声音。(2) 尤其强调它的独立与主权。中国的地理现实和它的屈辱历史使它把国家主权看做是外交政策的“最基本和最核心的原则”②。(3) 对外部世界表现出明显的保守态度和强烈的反霸倾向。一方面，中国领导人强调与其他大国一起对全球安全发挥积极作用。但另一方面，“中国又极力避免介入超出它公认边界以外的事务”③。同时，中国已深深地影响世界秩序，但显然还不能看做是“帝国模式”。今后它在世界舞台上的表现决定于多维因素。

二、人口压力和它的“生存空间”

“生存空间”这个词源于弗里德里希·拉采尔的著述，他认为是一个生长的国家所占有的支撑它日益增多的人口的领土。④ 从这个意义上说，我们这个星球的生存空间是极其有限的，而与此同时，经历两次世界大战的灾难后，全球人口数量却一直飞速增长。自20世纪80年代以来，中国政府面临着最严重的人口问题和人口压力。中国现在的人口已达13亿多，70%～80%的人口仍居住在农村。

有学者认为中国的人口压力已导致了连锁的问题。首当其冲的是耕地将更紧张，这已延伸到边远地区。而耕地的减少又会影响到森林退化和土地侵蚀。更重要的是，

---

① 刘从德：《地缘政治学：历史、方法与世界格局》，28页。

② Samuel S. Kim (ed), *China and the world, Chinese Foreign Policy Faces the New Millennium*, Colorado and Oxford: Westview Press, 1998, p. 21.

③ John R. Faust and Judith F. Kornberg, *China in World Politics*, London: Lynne Rienner Publishers, 1995, p. 214.

④ 纳粹时期德国的地缘政治学者用之为德国的领土扩张和东扩（Drang nach Osten: drive to the East）进行辩护。

乡村和城市的水供应也都变得越来越紧张。①

基于此，很多学者认为中国必须考虑生存空间的问题。对于快速增长的人口及由此引发的连锁问题，它的生存空间够吗？如果答案是否定的，它的更大生存空间在哪里？它必须获得生存空间的结果是什么？怎样去评估它在新的世界秩序中的新的生存空间？中国内部已产生了追求更多生存空间的冲动吗？中国“不得不”向外延展其实力吗？

理论上讲，一个国家从它一开始形成起就一直追求生存空间。作为一个空间现象，它位于特定的地理环境，拥有它自己的发展历史或成长过程，一个国家的行为由民众的行为和动机决定。“国家本身就是一个地理因素。”② 它必须遵循自然规律。换句话说，每一个大国都有它上下沉浮的趋势，但是结果却有不同，一些大国会很快成为全球或世界性大国。

因此，中国也需要生存空间，尽管它已标明它的生存哲学：“自给”、“自足”和“自制”③。随着全球化的发展和相互依赖的加深，中国不得不放弃与外界隔绝的态度。实际上，正是自然规律和国际社会的现实决定了中国的行为。那么，中国更广阔的生存空间在哪里呢？广义上讲，我们可以说中国未来的更大生存空间会覆盖整个世界。但是，这并不意味着中国必须在全世界进行势力扩张。它也不必要成为一个超级大国。现代国际社会的状况与产生臭名昭著的扩张主义理论的社会已大不相同。当今时代，生存空间的扩大并不意味着任何领土的扩张，因为在冷战和后冷战时代生存空间的意义已发生根本变化。在某种意义上它与“国家利益”的意义相同，“国家利益”这个词包含了一个国家生存的方方面面。毫无疑问，当一个国家要取得更多生存空间的时候，它没有必要去诉诸它的领土要求。目前，流行的模式是合作、区域或全球一体化的建立，或基于地理、历史和文化因素的共同体。如此，利益的每一方都能认识到它的所求和相互重合的生存空间。合作共同体的成员将分享共同的生存空间。

由此我们可以得出结论，即中国追求更多生存空间的举措与它宣称的和平外交政策间没有任何矛盾。我们也极易理解中国领导人的论证：“和平和发展是当代世界的两大问题”④。因此，中国外交政策的主要设想是：“经济实力的强大是一切国家权力的基础，经济舞台将是新世纪竞争的主要领域。”⑤ 总之，我们可以看出“中国威胁”和“黄祸”这些词实际上包含了同样的含义，它们被那些真正的霸权国家用以警示欧美国家提防源自东方的威胁。对中国行为的误解导致了中国与外部世界关系的紧张，包括它的意识形态对手和某些的近邻在内。而我们显然还不能得出结论说这种状况在逐渐改变。

国际社会追求生存空间行为的整体特征已发生转变，每个国家都有它自身的实现目标的方式。中国未来最重要的生存空间可能取决于内部和外部双重因素。从内部因素来看，

---

① John R. Faust and Judith F. Kornberg, *China in World Politics*, pp. 230-231.

② Robert H. Jackson and Alan James (ed), *State in a Changing World*, New York: Oxford University Press inc. 1993, p. 27.

③ Harish Kapur (ed), *The End of an Isolation: China after Mao*, Dordrecht/Boston/Lancaster: Martinus Nijhoff Publishers, 1985, p. 112.

④《邓小平文选》，1版，第3卷，104页，北京，人民出版社，1993。

⑤ Michael Mandelbaum (ed), *The Strategic Quadrangle*, New York: Council on Foreign Relations Press, 1995, p. 65.

中国必须改革并对国家发展战略作出调整，这样它才能确保满足快速增长的人口的需求并建立起更有效的政治结构。现在它正在实施的“西部开发”大战略就是其中的一部分。至于外部因素，中国当务之急是与WTO规则真正接轨，这样它才能分享到更多生存空间并消除中国与发达地区间的障碍。

三、地区大国还是全球大国或世界大国

首先，我们必须弄清全球大国与世界大国间的区别。按照乔治·莫德尔斯基（George Modelski）和威廉·汤普森（William R Thompson）的观点，第一个世界大国是葡萄牙，然后从1494年到1945年依次出现了荷兰、大不列颠和美利坚，其间经历了五次大的冲突循环。[①]“要成为一个世界大国它必须拥有至少全部军舰、远洋机动能力或相应的海军军费开销的50%。而一个全球大国只需拥有这些的5%。”[②]显然，他们勾画出了大国的权力增长历程：从一个非全球大国到全球大国，然后，最终发展为世界大国。他们断言，一个国家的权力建立在它的机动性，特别是远洋机动能力上，它能使一个国家触及全球。

另外，一个国家的战略思维是它有资格成为世界大国的一个必要方面。如果一个国家缺乏富有远见的战略计划，即使它有更强的军事经济实力，也并不意味着它已获得全球大国或世界大国的地位。

很多学者认为，中国有潜力成为全球大国。但是，在1949年前这种潜力没有成为现实。尽管现在看起来中国还不可能在短期内把它的实力扩展到全球规模，但它会逐渐成为全球大国吗？我们应当在地理现实的基础上对此加以分析。

回顾世界政治地图的变迁历程，我们可以看到这个星球上有两个政治单元相对集中的地区：西欧和中国，这两个地区覆盖了欧亚大陆的两边。当西欧转而寻求“新大陆”以避开它们的天生对手并征服外部世界的时候，中国则遭遇了多重挫折并沦为殖民地半殖民地国家。从地缘政治的观点来看，最重要的原因在于其历史地理状况。

从历史上看，通过文化影响和臣服周边，中国的外部行为集中在它自身“中心王国”的外围。在“君主贡金体系”[③]结构中，根深蒂固的排外意识和文化自豪感驱使中国把外部影响看做是对中国同一性和完整性的威胁。[④]当那些使中国遭受一次又一次屈辱经历的因素已发生变化后，中国的地理现实却仍保持不变，所不同的是古代那些曾被降服的边远地区都已变成了独立的国家。因此，“新”中国在很多方面必然遗传了其历史的地缘心理。有学者认为，中国在很长一段时间内将只是一个具有全球影响的“地区大国”[⑤]。中国领导人不得不应付与邻国间的许多问题、争端和冲突。中国是世界上除了俄罗斯之外邻国最多的国家。与中国接壤的14个国家分别是朝鲜民主主义人民共和国、俄罗斯、哈萨克斯

---

① G. Modelski and W. R. Thompson, *Seapower in Global Politics*, 1494—1993, London: Macmillan, 1998, p. 106.

② Geoffrey Parker, *Geopolitics: Past, Present and Future*, note 5, p. 154.

③ Richard H. Solomon, *Chinese Negotiating Behavior*, Washington D. C.: United States Institute of Peace Press, 1999, p. 161.

④ A. Doak Barnett, *China and the Major Powers in East Asia*, Washington D. C.: The Booking Institute, 1997, p. 2.

⑤ Michael Yahuda, *The International Politics of the Asia-Pacific, 1945—1995*, p. 186.

坦、吉尔吉斯斯坦、塔吉克斯坦、蒙古、阿富汗、巴基斯坦、印度、尼泊尔、不丹、缅甸、老挝和越南。尽管中国已与这些国家达成了边境协议，但这并不意味着边境紧张状况将不再发生。同时，在南海和东南海域，中国还与几个国家或地区相邻，它们是韩国、日本、菲律宾、印度尼西亚、马来西亚和越南。归结起来看，中国与其相邻区域有着明确的地缘政治联系：

(1) 东北三省与朝鲜半岛和俄罗斯；

(2) 东海海域与日本；

(3) 台湾岛与日本和美国；

(4) 南海区域与菲律宾、印度尼西亚和越南；

(5) 云南省和广西壮族自治区与越南；

(6) 西藏自治区与印度和尼泊尔；

(7) 新疆维吾尔自治区与中亚；

(8) 内蒙古自治区与蒙古国和俄罗斯；

(9) 广东省、香港地区、台湾地区与太平洋区域的其他国家和地区。

因此，有学者得出的结论是：中国缺乏强大的内动力驱动它积极地参与世界事务。中国的领导人不得不耗费过多精力来处理与周边邻国的关系。它的生存哲学也主要基于此。就军事和经济实力而言，中国可被描述为全球大国，但它将来不可能成为世界大国。历史上遭受的屈辱经历和它的地理现实决定了中国的对外行为准则，即“和平共处五项原则”①。

如果我们仅仅分析中国 1949 年后的军事和经济增长，无疑，它已达到了全球大国的水平。但是，如果我们强调一个全球大国必须具备的所有条件，包括军事和经济实力，庞大的人口数量和广袤的空间，卓越的战略思维或理论以及行为哲学，那么，中国实际上只是具备了成为全球大国甚至世界大国的潜力，它将在很长一段时间内充当国际体系中的一个地区大国角色。正如迈克尔·雅胡达（Michael Yahuda）所言：“中国的根本安全利益主要位于亚太地区，那么它发展权力的努力也就局限于这个地区。”②

四、陆权与海权的困境

根本上而言，每个国家都牢牢控制着它自己的那片陆地，并表现为“陆权”的获得。但并不是每个国家都能支配海洋、拥有“海权”，因为它“意味着利用和控制海洋”③。当一个国家巩固它的国内基地并建立“陆权”的时候，它自然会产生一种强烈的愿望，要航行到其他地方去，既为了贸易也为了扩大疆土，因为陆地上的生存空间已被瓜分完毕。因此，在现代世界体系中，世界大国是那些拥有世界领导权的海权国家。

纵观世界发展史，最活跃的海权国家是那些岛屿国家，如英国和日本，还有沿海国家，如葡萄牙和荷兰，或被海洋包围的国家，如美国。面对来自大陆的压力，它们进一步发展和成为世界大国的唯一选择是控制广阔的海洋和征服其他陆地。

① 中国的原则被认为与 1648 年签订的《威斯特伐利亚条约》的基本规范相一致。

② Michael Yahuda，*The International Politics of the Asia-Pacific，1945—1995*，p. 186.

③ G. Modelski and W. R. Thompson，*Seapower in Global Politics，1494—1993*，London：Macmillan，1998，p. 3.

很明显，中国也是一个沿海国家。而且它还具有更为优越的地理条件：一方面，它面向太平洋；另一方面，它纵深至亚洲大陆腹地和印度次大陆的边界。然而，正如有些学者所言，中国利用和控制海洋的能力十分有限，它还没有要夺取世界领导权的蓝图。中国领导人毫无疑问地懂得海军实力对国家权力的重要性，但是，他们长期面临着发展"陆权"还是"海权"的两难困境。

首先，"中国领导人用长期的、历史的观点思考问题"①。陆地使中国在"君主贡金体系"中占统治地位，而海洋则使它从19世纪40年代到20世纪40年代遭受了一个世纪的耻辱，两者间的差别十分明显。尽管人们认为中国目前正从大陆转向沿海，"现代化进程使中国的历史大陆主义正向具有某种海洋特征的方向发展"②，但实际上中国的重心仍是内陆。他们不可能在短期内抛开"海洋是一道障碍，而不是一个门径"的传统理念。因此，当海洋的作用在国际交往的各个方面日益凸显的时候，中国始终把主要精力放在发展内陆上。

其次，中国似乎没有更多时间去考虑它在海洋方面的未来。它最重要、最紧迫的任务是发展并加强自身的经济实力。然而，它所面临的巨大的现实挑战是：沿海与内陆省份间的极大差异。针对这一点，它又不得不立刻对自己的地缘战略做出调整。

再次，中国不仅要为内部的发展尽快做出战略选择，而且还必须应对外部决策的挑战。历史上，直到欧洲人入侵中国，中国才遭受到了来自海洋的威胁，而来自北方内陆的压力更大。中国面临的困境是，怎样改善与海权国家（主要是美国）的关系以对抗陆权国家（主要是俄罗斯），或者同陆权国家结盟以防止海权国家的侵入，这样它才能避免"两线作战"③。对中国来说，最直接的威胁来自毗邻北部的陆权国家，因此，曾有一段时间中国的对外地缘战略宁愿选择去改善与视为远敌的海权国家的关系。从20世纪70年代起，中国外交政策的信条是"三个世界"，它试图在"大三角"中维持均势。④ 但是，随着社会主义阵营的瓦解，情况发生了根本的转变，由美国领导的海权国家意欲建立世界霸权。在这种情况下，中国不得不重新修订它的对外行为准则。很多学者的问题是，中国会转而同陆权国家（俄罗斯和中亚国家）进行再联手吗？中国"希望在中亚确立影响以提前应对任何有损自身稳定的威胁……"是真的吗？⑤ 或者，它要在"亚洲枢纽"建立自己的陆权吗？⑥

最后，中国权力的增长一直被误读为是对邻国的主要威胁，包括那些在陆地上与之毗邻的国家和那些在东部和东南部与之邻海的国家。随着中国实力的增长，它被认为将对外界构成双重挑战：一方面，它会对那些邻近国家产生巨大的地缘政治压力，尽管中国已表

---

① Richard H. Solomon, *Chinese Negotiating Behavior*, Washington D.C.: United States Institute of Peace Press, 1999, p.165.

② Michael Yahuda, *The International Politics of the Asia-Pacific, 1945—1995*, p.220.

③ Derek McDougall, *The International Politics of the New Asia-Pacific*, Colorado and London: Lynne Rienner Publishers, inc. 1997, p.28.

④ 参见刘从德：《浅析毛泽东和邓小平的地缘战略思想》，载《社会主义研究》，1996（3）。

⑤ Derek McDougall, *The International Politics of the New Asia-Pacific*, Colorado and London: Lynne Rienner Publishers, inc. 1997, p.116.

⑥ Geoffrey Parker, *Geopolitics: Past, Present and Future*, note 5, pp.104-105, 109.

达了基于和平原则以互利方式解决任何领土争端和资源纷争的愿望；另一方面，实力增长所显现出的积极参与国际事务的愿望又对既已存在的海权国家构成了威胁。实际上，从某种意义上而言，中国要发展，就不得不两线作战。因此，“和平共处”和“搁置争议，共同开发”① 的原则表明，中国领导人深深懂得中国的最大威胁是什么、怎样在周边地区维持一个和平的环境。人们相信中国已经找到了审慎的地缘战略。

通过对中国地缘政治现实的分析，可以得出两点结论：(1) 中国的对外行为取决于它的基本地理现实，而这种地理现实带有其历史、文化和地缘心理的深刻印记；(2) 中国的意愿受其日益增长的权力所驱动，或者换句话说，中国在未来世界秩序中的地位将建立在它的内部成功上。

第二节 中国的核心地缘政治结构解析

要想对中国的地缘政治结构作一个清晰的描绘并不容易，各种因素交织在一起，使中国的地缘政治结构显得十分复杂。避免遭到批评和增强解释力的出路似乎在于勾勒出一个总体的轮廓，而首要的就是抓住“要点”，只有如此，才能把握整体。总体而言，中国的地缘政治结构呈“网状结构”，在这种结构中，大国或力量中心是关键之点（纽结），其实，这种分析框架也符合中国的总体地缘战略布局，即“大国是关键”。

一、中美地缘政治关系

从地理上看，美国与中国并不接壤，双方各处太平洋的东西两边。但第二次世界大战后，美国形成的超强实力使它在地缘政治的意义上成为世界上每一个国家的邻国。冷战后，美国成为世界上唯一的超级大国，并在世界各地谋求霸权地位，东亚地区被美国看成是利益攸关的地区。在朝鲜半岛，美国是韩国的军事同盟者，韩国驻有美军 3 万人左右；在日本，美国驻军达 4.5 万人左右，美日之间还订有《日美安保条约》。在此情况下，中国不得不在自己的近邻地区和家门口与美国打交道，两国间直接的地缘政治关系由此形成。

分别作为世界上唯一的超级大国和世界上最大的发展中国家，中美两国的地缘政治关系成为当今世界各种国际关系中最令人瞩目的关键纽结之一。

新中国成立后，由于政治制度和意识形态等复杂的原因，中国实行了“一边倒”的外交战略，以美国为首的西方国家对中国采取了经济封锁、政治孤立和军事威胁的政策。20 世纪 60 年代末 70 年代初，国际形势发生深刻演变。一方面，美苏的激烈争霸使双方实力消耗巨大，加之美国深陷越战泥潭无法脱身，所以美国希望与中国改善关系；另一方面，中苏关系恶化后，苏联在中国北部边境陈兵百万，对中国构成了极大的地缘政治压力，中国也有联美抗苏的战略意图。所以，中美两国领导人准确分析形势，把握历史机遇，作出了改善两国关系的战略抉择，这对中美关系和世界形势产生了深远影响。1972 年 2 月 21

① Mark J. Valencia, *China and the South China Sea Disputes* (ADELPHI paper, 298), Oxford and New York: Oxford University Press inc. 1995, p. 15.

日，美国总统尼克松访华，两国领导人横跨太平洋的历史性握手标志着“一个时代结束了，另一个时代开始了”。同年2月28日，中美两国联合发表“上海公报”，双方表明将根据尊重各国主权和领土完整、不侵犯别国、不干涉别国内政、平等互利、和平共处的原则来处理两国关系，这实际上是两国把“和平共处五项原则”确定为处理两国关系的基本准则。在尼克松访华和中美“上海公报”发表近七年之后，卡特政府接受了中国提出的建交三原则，即在台湾问题上“断交、撤军、废约”，中美建交的障碍得以排除。1979年1月1日，中美双方正式建交。中美建交公报指出，美利坚合众国承认中华人民共和国是中国的唯一合法政府，在此范围内，美国人民同台湾人民保持文化、商务和其他非官方关系。紧接着，中国改革开放的总设计师邓小平访问美国。中美建交和邓小平成功访美，揭开了中美关系的新篇章。这一时期，在苏美中大三角中，中国是美国及西方国家与苏联进行地缘战略竞争的平衡因素，中美之间维持了一种“准同盟关系”。

世界形势瞬息万变，20世纪90年代初，随着苏联解体、华约解散、冷战终结，中美之间这种“准同盟关系”瓦解，中美之间联手抗苏的战略合作基础也随之消失。这种基础可以从两个方面去寻找：“一是从中美的共同威胁中去寻找，二是从中美的共同利益中去寻找。前者是一种防御性或预防性（against something）的基础，而后者则是一种建设性或创造性（for something）的基础。”① 冷战结束后，随着中美的共同威胁——苏联的解体，中美关系的防御性基础消失了，而新的建设性基础在有限的时间内还建立不起来。对此，美国的战略研究人员也曾有所论述，美国乔治·华盛顿大学国际关系学院政治学教授、布鲁金斯学会外交政策学者、东北亚政策研究中心高级研究员沈大伟指出：“20世纪80年代后半期，随着苏联对美中两国利益威胁的日渐衰落，北京和华盛顿不得不去寻找中美关系间新的理论基础。虽然两国间的文化和商业交流日益频繁，政府官员的经常性互访（1989年以前）也越来越多，但他们却发现没有了共同的战略目标。在这以前，中美两国都很清楚地知道他们在反对什么，而现在，他们却不知道应该一起去推动什么。自从20世纪80年代末以来，缺乏共识这个问题始终困扰着中美关系。”②

另外，随着改革开放政策的深入贯彻执行，中国经济快速发展，综合国力和国际地位不断提高，美国不得不重新评估中国的国际地位、重新审视中美关系。有美国学者就这样指出：“在这样一个多元化的世界上，任何国家之间的关系都没有中国和美国之间的关系那样至关重要。如果中国经济在未来的10年或20年中仍以现在的速度发展，那么中国将有能力重建其1842年以前在东亚的霸权地位”③。美国学者理查德·伯恩斯坦和罗斯·芒罗在《即将到来的美中冲突》一书中也明确宣称：“不论从哪个角度来看，不久即将变成全球第二大强国的中国将随着世界面貌在新的千年中发生变化而成为一支支配力量，而作为这样一支力量的中国将势必不再是美国的战略友邦，而成为它的长期敌人。”④ 基于这样的认识，亨廷顿得出结论：“未来的世界和平在相当大的程度上依赖于中国和美国的领

---

① 潘忠歧：《中美关系的战略基础：过去、现在与未来》，载《国际观察》，2002（3）。

② ［美］沈大伟：《中美战略关系：从伙伴到竞争对手》，载《世界经济与政治》，2001（2）。

③ ［美］塞缪尔·亨廷顿：《文明的冲突与世界秩序的重建》，北京，新华出版社，1997。

④ ［美］理查德·伯恩斯坦、罗斯·芒罗：《即将到来的美中冲突》，隋丽君、张胜平、任美芬译，9页，北京，新华出版社，1997。

导人协调两国各自的利益的能力，及避免紧张状态和对抗升级为更为激烈的冲突甚至暴力冲突的能力，而这些紧张状态和对抗将不可避免地存在”①。1997年，美国国防部《四年防务评估报告》认为，中国是美国在21世纪潜在的竞争对手之一。2001年的《四年防务评估报告》再次明确指出，除了巴尔干，欧洲基本上处于和平状态，俄罗斯对北约不再构成大规模军事威胁，而在亚洲保持稳定的平衡是一项复杂的任务，因为这一地区存在着出现一个“有丰富资源的军事对手”（其指向性不言而喻）的可能性。

冷战虽已结束，但冷战意识和冷战思维仍在左右着美国政府的外交战略。对于它主观上认为在未来时期可能成为其竞争对手的国家，美国采取孤立、排斥、限制和遏制的做法，或者干脆采用在冷战时期惯用的经济的、军事的、政治的和舆论的制裁方式围之、打之。苏联解体，美国因一时没有了对手而在战略上显得不知所措，它不能没有对手，它要找出一个对手，中国便是它寻找到的一个新的潜在对手。美国政治专栏作家迈克尔·赫什和乔治·韦尔弗的话揭示了美国人的这种心态，“实质上，中国问题是中国人和美国人的观念问题：问题是，是否在中国达到那种威胁的程度之前，美国人就在自己的脑子里把中国膨胀成下一个苏联、一个提出挑战的超级大国”②。不管中国有没有实力扮演，也不管中国是否愿意扮演，“美国的最大对手”这一角色已被固执地锁定。因此，在地缘战略上，美国对中国采取既接触又遏制的政策，在保持全面接触的同时，又多方施压，加紧渗透，如：在人权问题上搞围攻；在主权问题上搞分解；在经济问题上制造麻烦；在军事问题上散布“中国威胁论”。总而言之，美国是想通过遏制中国这样一个大国的崛起，来确保由它来独霸世界。但我们需要指出的是，正如经济全球化一样，世界多极化同样是不可避免的。1999年，乔治·凯南在接受采访时提醒人们：“我们对中国人指出，或者暗示说，‘你们应该向我们学习如何管理自己’，这么做很没有意思……但是如果纯粹使用武力，即使是在各方面占有最大的优势，也只能取得短期的胜利……我可以毫不犹豫地说，不管使用什么样的军事力量，地球永远不会被一个单一的政治中心所统治。”③

二、中俄地缘政治关系

俄罗斯和中国有4 300多千米长的共同边界，两国地缘战略利益息息相关。苏联解体导致俄在地缘政治格局中的地位发生突变，其综合国力遭重创，经济陷入困境，国际地位明显下降，地缘政治环境日趋恶化。但是，在苏联解体后的一段时间里，俄罗斯并没有把外交重点放在亚太地区，而是一味倒向西方。然而，事实证明，西方社会并没有像想象中那样敞开胸怀接纳俄罗斯，相反，俄传统的西翼地缘空间正受北约东扩的挤压而日渐缩小。在1999年和2004年两次扩展之后，原苏联波罗的海三个共和国加入了北约，这个军事组织把边界东移到了俄罗斯脚下。④ 俄罗斯在东、西、南三面都遭遇了巨大的地缘压力，民族分裂势力又常在其内部作祟，以美国为首的北约对南联盟发动空袭后，俄更深

① 参见［美］塞缪尔·亨廷顿：《文明的冲突与世界秩序的重建》。

② ［美］安德鲁·内森、罗伯特·罗斯：《长城与空城计》，柯雄等译，15页，北京，新华出版社，1997。

③ Richard Ullman, “The US and the world: an interview with George Kennan”, *The New York Review*, (12 August 1999), p. 6.

④ 参见国玉奇：《当代俄罗斯进程》，香港，东方文化交流出版中心，2004。

感地缘政治活动空间日渐缩小所带来的危机。近年来，俄对美国及西方开始失去信任，其地缘战略也由过去的向西方一边倒变为现在的同时面向欧亚的“双头鹰”战略。在东方，俄意欲在亚太地区发挥更大作用的同时，特别渴望通过加强中俄关系来获取地缘力量，从而缓冲来自各方面的地缘压力。在经济方面，俄也深感加强交流、扩大合作的必要：俄罗斯远东、西伯利亚地区地域辽阔、资源丰富，但人口稀少，经济发展水平低，而与之相邻的亚太地区则经济蓬勃发展。这些促使俄罗斯开始缜密思考自己的地缘政治利益。

20 世纪 90 年代初，中俄开始接近，两国于 1996 年建立战略协作伙伴关系，同年 12 月，两国建立了政府首脑定期会晤机制。中俄贸易、经济与科技合作委员会也启动工作，这为两国经贸和科技合作的发展注入了活力，推动了双方在原地踏步多年的经贸联系。1997 年 4 月，中国国家主席江泽民访问莫斯科，两国领导人签署了《中俄关于世界多极化和建立国际新秩序的联合声明》，这一文件具体阐述了中国和俄罗斯平等信任、面向 21 世纪的战略协作伙伴关系的发展途径。

自 2000 年起，在普京成为俄罗斯联邦总统和俄国内政治、社会和经济生活日趋稳定的形势下，中俄关系的发展进入了一个新阶段。这个阶段的特点首先体现在两国间经济和战略上的密切合作。2001 年 7 月 16 日，中俄签署了《中俄睦邻友好合作条约》，它确定了中俄两国平等信任、面向 21 世纪的战略协作伙伴关系，成为 21 世纪指导中俄关系发展的纲领性文件，并为两国全面长期合作的发展打下了坚实的法律基础。21 世纪初，中俄两国之间建立了以多级定期会晤制度为基础的合作调整机制，在这一制度的引导下，包括国家元首峰会、政府首脑会晤、外交部间的经常性接触以及其他各个政府部门和机构的协调等在内的活动全面开启。

中俄还解决了全部国家边界问题。中俄两国边界分歧是历史遗留问题。1991 年 5 月 16 日，中国与苏联两国签署了《中苏国界东段协定》。1994 年 9 月，江泽民主席访俄期间，中俄两国又签署了《中俄国界西段协定》。这两个边界条约划定了中俄间 98%的边界线走向，并于 1998 年底基本完成了勘界立标工作。2004 年，俄联邦总统普京再次访问北京，中俄两国元首在北京签署的一系列政治文件彻底解决了中俄边界最后遗留的争议问题，就共同利用边境水域达成协议。这个复杂问题经过双方 40 余年的谈判终于得以解决，两国 4 300 多公里的边境线终于得到法律上的确定。2004 年 10 月 14 日，中国和俄罗斯外长在北京签署了《关于中俄国界东段的补充协定》，按照这个协定，余下的边界划线问题得以解决。2007 年 3 月 26 日的《中俄联合声明》指出，中俄双方勘界工作进展顺利，2007 年底前全部完成剩余两地段的实地勘界工作。2008 年 7 月 21 日，中俄外长共同签署两国政府关于中俄国界线东段的补充叙述议定书及其附图，这标志着中俄 4 300 多公里的边界全线勘定。

此外，两国在军事领域的信任和在国际重大问题上的协调不断加强。1993 年 11 月 11 日，中俄签署了两国国防部军事技术合作协定，在此基础上，双方的合作与交流不断深入。1994 年 9 月 3 日，中俄两国元首签署了《关于不将本国战略核武器瞄准对方的联合声明》，明确规定了互不首先使用核武器的义务。1996 年 4 月 26 日，江泽民主席与俄罗斯、哈萨克斯坦、吉尔吉斯斯坦、塔吉克斯坦四国元首在上海共同签署了《关于在边境地区加强军事领域信任的协定》。1997年4月24日，上述五国元首又在莫斯科签署了《关于在边境地区相互裁减军事力量的协定》。这个协定签署后，俄罗斯外交部副部长格里戈尔利·卡拉森（Grigorii Karasin）宣布："在广阔边界地区发生武装冲突和军事对峙的时代已经结束"[①]。通过一系列协定，中俄之间的睦邻友好关系及军事领域的合作与信任建立在了牢固的法律基础上。2005年8月18—25日，中俄首次举行了代号为"和平使命2005"的联合军事演习。演习结束后，俄罗斯军报《红星报》发表文章说，这次联合演习不仅是中俄两国历史上第一次大规模联合军事行动，同时也是一种标志，表明两国睦邻和友好关系之深、之真。中国和俄罗斯之间已经建立起了比较充分的相互信任关系：近年来，两国领导人每年都要进行2～3次会晤，双方在国际舞台上的相互合作也在积极展开，不仅如此，双方在文化领域的交流和两国人民的交往也在不断深入。2006年和2007年，双方分别在对方国家互办了国家年，这加强了两国人民的交流和了解，为两国的友好关系打下了良好的群众基础。

三、中日地缘政治关系

日本与中国隔海相望，是中国的地缘邻国，所以两国地缘关系的处理直接影响到两国的切身利益。自1972年中日邦交正常化以来，双方的关系可谓跌宕起伏。从1972年的《中日联合声明》，到1978年的《中日和平友好条约》，再到1998年的《中日联合宣言》，中日之间致力于和平与发展的友好合作关系的目标不断得到确认。然而，中日之间地缘关系的发展表现出极大的不对称性。

一方面，中日之间的经济技术交流与合作不断扩大，经济联系日趋紧密。中日两国间经济具有很强的互补性：日本拥有庞大的资金和先进的技术，但资源匮乏，国内市场狭小；中国拥有丰富的资源和广阔的市场，但资金和技术相对缺乏。随着经济全球化的深入发展，中日之间的相互投资和贸易日益活跃，相互依存度不断上升。商务部公布的数据显示：2006年1—12月，中日贸易总额为2 073.6亿美元，较2005年同期增长12.5%，全年首次超过2 000亿美元，日本成为中国第三大贸易伙伴。截至2007年，日本对华投资累计实际到位金额574.5亿美元，是中国第二大外资来源地。此外，中国企业对日"走出去"战略也取得了可喜的进展。2006年1—10月，中国企业对日投资协议金额为1 218.95万美元，累计投资金额为1.8亿美元。同样，中国的贸易额在日本所占的比重也是很大的。随着双方交往的加强，未来两国的经济贸易关系必将更加密切，相关领域的合作也会增加。

另一方面，与经济联系日益紧密形成巨大反差的是中日之间的政治交往跌宕起伏。在历史教科书问题、台湾问题、钓鱼岛问题、东海油气田问题、靖国神社参拜等问题上，中日之间存在巨大的差距。近年来，日本国内右翼势力抬头，军国主义势力复活，对中国安全造成了潜在威胁；日本自身地缘环境的脆弱性，更加剧了日本与中国的地缘竞争。日本

---

① Grigorii Karasin, Russia and China: A New Partnership in International Affairs (*Moscow: Institute of International Affairs*), Vol. 43, No. 3, 1997, p. 26.

是一个资源匮乏的岛国，地理特点在一定程度上影响了其战略选择，拥有西太平洋的海权和东亚的主要矿产资源是其一贯的战略目标，这一目标曾经表现为其对所谓“大东亚共荣圈”的构建。而今，日本实现这一战略目标的最主要的对手自然就是中国。近年来，日本经济“泡沫化”严重，在世界经济中的地位已呈下滑趋势，而中国30多年来的经济飞速增长对日本在亚洲的地位造成了极大冲击。随着日本经济困难的加深，日本的民粹沙文主义和对外族的仇视与日俱增，而这种仇恨的主要目标便是中国。这些原因最终致使中日之间的政治关系总是波折不断。

在从经济大国迈向政治大国的进程中，日本的军事动向令人担忧。1995年11月，日本内阁会议通过的《防卫计划大纲》表明，日本防卫政策已由专守防卫改为攻势防卫。1999年5月，日本国会通过的《周边事态法》表明了日本在“周边事态”上的军事用意。2000年1月，日本参众两院成立“宪法调查会”，这表明日本军事活动摆脱“和平宪法”束缚的努力已取得重大进展。2004年12月，日本政府发表的《防卫计划大纲》明确将台海问题与朝鲜半岛并列为对日本安全的“不透明、不确定”因素，这实质上已将朝鲜半岛、中国的台湾及南中国海纳入了其防卫范围，标志着日本军事力量的发展方向已由“防卫型”开始转向“进攻型”。随着美国反恐战争的推进，日本已经把它的海上自卫队派往海外。目前，日本的军费总额年均高达500亿美元，仅次于美国，雄居世界第二。日本的地缘政治战略与美国的亚太战略互相接应，矛头直指中国。对于日本这样一个军国主义思潮根源深厚和容易泛滥的国家，上述军事动向必然会影响中日关系的发展，并引起中国人民的担忧。

美国是影响中日地缘关系的另一个重要因素。对中日关系问题的探讨无法避开美国的影响，因为中日关系的状况是与美国的全球战略紧密联系在一起的。冷战时期，美国为了遏制社会主义中国，对日本进行扶持，并使其成为在地缘上遏制中国的桥头堡，这使得中日之间一直处于敌对状态。在中美关系解冻之后，中日之间的关系才开始向友好的方向发展，但仍无法摆脱美国全球战略框架的束缚。冷战结束后，苏联作为美国的最大威胁不复存在，美国作为唯一的超级大国失去了战略竞争的对手，于是它又把最大的发展中国家——中国视为潜在的威胁，并采取遏制政策。为了遏制中国力量的膨胀，日本的作用对美国来说是至关重要的，而日本在其政治和军事实力还不强大的情况下，仍离不开美国的保护。最终，美日之间继续保持并加强了政治和安全上的联系，重新修改了美日安保条约，扩大了两国的合作范围和合作方式。美日的同盟关系包含了两国战略利益的需要，而这些需要都与中国有关。1997年的《美日防卫合作指针》提到了“周边事态”的概念：“周边事态”是对日本的和平与安全产生重要影响的事态。这一概念不是指地理上的概念，而是着眼于事态性质的概念；日美两国政府必须尽最大努力（包括外交上的努力），防止“周边事态”的发生；在对付“周边事态”时所采取的措施可以因情况而异。① 美日同盟在东亚地区的影响力对于中国解决台湾问题、钓鱼岛问题以及未来处理南中国海问题起到了巨大的遏制作用。美国维持台湾海峡适度的危机可满足其冷战后的多重政治需要。② 日

---

① 参见张蕴岭主编：《伙伴还是对手：调整中的中美日俄关系》，636页，北京，社会科学文献出版社，2001。

② 参见阎学通：《美国霸权与中国安全》，144页，天津，天津人民出版社，2000。

本没有明确指出"周边地区"究竟是指哪些地区，也始终没有作出"周边地区"不包括台湾的承诺。这种对于"周边地区"的模糊处理不能不让中国感到担忧。毋庸置疑，日美同盟是影响中日关系的重要因素。

近年来，在各方的努力下，中日两国关系逐渐回暖。2006年10月，日本首相安倍晋三对中国进行正式访问（被称为"破冰之旅"），双方同意努力构筑基于共同战略利益的互惠关系。2007年4月，温家宝总理对日本进行正式访问（被称为"融冰之旅"），就构筑"基于共同战略利益的互惠关系"达成了共识。2007年12月，日本首相福田康夫对中国进行正式访问（被称为"迎春之旅"）。2008年5月，胡锦涛主席对日本进行国事访问（被称为"暖春之旅"），这是中国国家元首时隔10年后再次访日，双方发表了《中日关于全面推进战略互惠关系的联合声明》。2008年6月，中日东海问题达成原则共识，确定共同开发区块。

四、中欧地缘政治关系

欧洲是现代文明的发祥地。近些年来，伴随着欧洲一体化进程的提速和深化，欧盟的共同对外战略，包括共同对外经济战略和共同的外交与安全战略已逐步形成。欧盟作为一个统一的行为体，拥有27个成员国、400多万平方公里的土地和近5亿人口，是世界上规模最大、一体化程度最高的区域经济体。虽然在地理上中国与欧洲并不接壤，但由于欧盟在国际上的突出地位，中国与欧盟间存在着必然的地缘政治关系，我们甚至可以说，位于欧亚大陆两边的中欧构成了欧亚大陆地缘政治结构的两根支柱。

1975年5月6日，中国与欧洲经济共同体（简称欧共体）建立正式关系。1983年11月1日，中国同欧洲煤钢共同体和欧洲原子能共同体建立关系，实现了与欧共体的全面建交。自1983年起，双方每年举行定期政治磋商，并在联合国大会期间举行外长级会晤。1994年，中欧签署政治对话协议。1998年4月，中欧领导人在第二届亚欧会议期间举行会晤，决定建立领导人年度会晤机制，此后，中欧双方高层互访频繁，政治互信不断加强，中欧各级别政治对话与磋商机制不断完善。2001年，双方决定建立全面伙伴关系。2002年6月，双方达成新的政治对话协议。2003年10月，第六次中欧领导人会晤后，双方决定发展全面战略伙伴关系。

良好的政治关系有力地促进了双方经贸合作的迅速发展，中国与欧盟的地缘关系突出地表现在双方的经贸关系上。在过去半个世纪里，中国与欧盟及其成员国开展了丰富多彩、全方位、多层次的经济贸易合作。截至目前，欧洲累计对华投资项目近3万个，合同外资超过1 000亿美元，实际投入超过500亿美元，中国从欧盟引进技术累计23 000多项，欧盟已成为中国最大的技术供应方和重要的投资来源地。近年来，中欧贸易额每年以30%～40%的速度增长。目前，欧盟是中国最大的贸易伙伴，中国也超过美国，成为欧盟第一大进口来源国和第二大贸易伙伴。2008年4月，双方宣布启动中欧经贸高层对话。在双方的经贸关系中，中国对欧盟的依存度很高，随着双方经贸关系的深入发展，欧盟对中国的依存度也在不断加深。不过，欧盟内部各个国家与中国的经贸关系表现出较大的差异性：中欧贸易中受益最多的欧盟国家是德国，其对中国的出口额约270亿欧元，占其出口总额的40%；其次是法国，80亿欧元，占其出口总额的13%；意大利位居第三，60亿欧元，占其出口总额的9%。德国同时也是欧盟国家中最大的中国产品进口国，进口额约为430亿欧元，占其进口总额的2%；其次是荷兰，320亿欧元，占其进口总额的16%；英国位居第三，290亿欧元，占其进口总额的15%。所有欧盟成员国与中国的贸易均为逆差，其中荷兰以逆差280亿欧元位居首位，其次是英国（240亿欧元）、德国（160亿欧元）和意大利（120亿欧元）。

中国和欧盟在经济上具有很强的互补性，发展双边经贸合作符合双方的根本利益。一是双方经贸结构具有很强的互补性，欧盟科技发达，在资金密集型的产业方面优势明显，而中国以劳动力、资源密集型产业见长；二是中欧在各个领域、各个层面的交往日益频繁，特别是在企业界的合作渠道畅通，欧洲许多成熟的企业已经在中国市场找到了落脚点，中国产品也越来越多地进入了欧洲市场；三是中欧经贸往来开始深化发展，消费品、工业品的进出口贸易快速增长，金融和投资等服务领域的合作也在铺开；四是中欧之间已经并继续建立较高级别的沟通和对话机制，这有利于妥善解决彼此间的贸易摩擦，共同促进双边合作。

在科技合作方面，中欧签署了“伽利略计划”应用项目合同。2006年5月，欧盟、中国等七方在布鲁塞尔签署一系列合作协定，“国际热核计划”正式启动。随着欧盟大部分成员国相继成为中国公民的旅游目的地，中欧人员往来空前活跃。2005年，中国公民赴欧旅游达100万人次，欧盟公民来华旅游达300万人次。如今，欧洲各大旅游景点争相推出中文标示和文字说明以吸引中国游客，孔子学院也在欧洲各地相继落户。作为国际舞台上和平与发展的主要推动力量，中国与欧盟多年来在一系列国际问题上积极互动，在伊朗核问题和全球气候变化问题等方面表现得尤为明显。

但是，我们也应该看到，近年来，随着输欧纺织品、皮鞋、彩电等贸易摩擦的屡屡发生，中欧贸易争端几度升温。武器解禁和市场经济地位这两个长期困扰中欧关系的难题都未能解决。欧盟处理双方关系的态度比以往渐趋强硬，并且在能源、气候、非洲等国际问题上要求中国承担更多“责任”。2007年，一个值得关注的现象是，欧洲主要大国已经完成权力交接，新“三剑客”（默克尔、布朗和萨科齐）开始不同程度地调整以往的外交政策，尤其是被视为欧洲一体化“发动机”的法国和德国，其调整幅度较大。德国总理默克尔和法国总统萨科齐都被公认是大西洋派，上台后积极改善对美关系，修补因伊拉克战争而导致的裂痕，并且在对华政策上出现了向美靠拢的迹象。2007年10月，默克尔领导的联盟党通过新的“亚洲政策文件”，主张德国加强与印度、日本等国合作，同时疏远中国。

欧盟在2007年采取的多项举动都带有保护主义的色彩。2007年6月1日，欧盟正式实施《化学品注册、评估和许可办法》，以保护生态环境和公众健康为由，强制要求对在欧盟市场上销售的近3万种化工产品及数百万种下游产品进行注册评估。由于费用自理，中国向欧盟出口的诸多产品都受到影响，此举也被视为“绿色贸易壁垒”。

在人民币汇率问题上，欧盟态度也有显著转变。2007年6月，在德国举办的八国峰会上，刚刚当选的法国总统萨科齐就对人民币汇率机制横加指责，此后，法国政府还积极推动欧洲中央银行对人民币汇率施压。在法国的推动下，2007年10月，欧元区13国财长发表声明，首次把人民币汇率水平认定为比美元和日元汇率更让欧洲关切的事情。2007年的前9个月，中国对欧洲的贸易顺差达948亿美元，几乎占中国对外贸易顺差的一半

(1 855.4 亿美元)；同时，中国也是欧盟唯一的贸易逆差来源。自人民币汇率机制改革以来，人民币相对于欧元贬值超过 8%，因此，很多人把欧盟对中国的贸易逆差归咎于人民币对欧元的贬值。

除经贸问题外，在非洲、能源、气候变化等国际问题上，“中国责任论”也在欧洲大行其道。2006 年 10 月，欧盟委员会发表题为《欧盟与中国：更紧密的伙伴，更多的责任》的最新对华政策文件。从文件标题即可看出，在致力于发展对华关系的同时，欧盟要求中国承担更多的“责任”，这已经成为欧盟对华政策的基调。2007 年以来的欧盟对华政策调整，也基本遵循了这一政策文件的思想。欧盟要求中国在非洲、能源、气候问题上承担“责任”，也有帮自身摆脱困境的意图。欧盟能源对外依存度很高，其目前所耗能源的一半来自进口。能源价格高涨，以及中东、俄罗斯等主要能源来源地的地缘政治风险的加大，都让欧盟苦不堪言。而让中国在相关问题上承担“责任”，对欧盟来说可谓一举多得：第一，以减少温室气体排放为由来要求中国降低对传统能源的消耗，可缓解欧盟在国际能源市场上面临的竞争；第二，要降低对传统能源的依赖，必然要以新能源取而代之，而欧洲在可再生能源技术方面优势明显，欧盟可借此推动洁净能源技术和设备的出口，提升自身竞争力；第三，要求中国在同非洲发展经贸往来的同时承担“政治责任”，有助于扭转欧洲能源公司在非洲能源开采竞争中所处的不利局面。

第三节　和平发展的地缘战略

一、马克思主义经典作家的和平发展思想

在长期的理论研究和革命实践中，马克思主义经典作家均提出过和平发展的思想。马克思、恩格斯生活在 19 世纪的欧洲，此时，资本主义在欧洲已经稳固确立，并且开始向外扩张，掠夺殖民地。所以，那时的资本主义国家与其他国家间确立了一种不平等的国家关系。马克思和恩格斯着眼于建立民主平等的国家关系，指出了资本主义旧的国际秩序的种种弊病和根源，呼吁实现各国家和民族的独立、合作和平等相处。马克思恩格斯指出：“一个民族当它还在压迫其他民族的时候，是不可能获得自由的。”① 而且，“压迫其他民族的民族是不能获得解放的”②。各民族、各国家之间只有消灭压迫，才能实现自由和和平。

经过长期而艰辛的研究，马克思恩格斯透过纷繁复杂的表象，揭露了资本主义的基本矛盾，指出“资产阶级的灭亡和无产阶级的胜利是同样不可避免的”③。他们在分析资本主义私有制带来的种种罪恶的情况下，提出只有推翻资产阶级统治，建立无产阶级统治，从而建立起社会主义、共产主义制度，也就是建立这样一个新社会——“同那个经济贫困和政治昏聩的旧社会相对立，正在诞生一个新社会，而这个新社会的国际原则将是和平”④，和平发展的国际原则才能实现。在如何实现这一伟大历史任务的问题上，马克思、

① 《马克思恩格斯选集》，2 版，第 1 卷，309 页，北京，人民出版社，1995。
② 《马克思恩格斯全集》，中文 1 版，第 18 卷，577 页，北京，人民出版社，1964。
③ 《马克思恩格斯选集》，2 版，第 1 卷，284 页。
④ 《马克思恩格斯选集》，2 版，第 3 卷，19 页，北京，人民出版社，1995。

恩格斯一方面要求“各国的社会主义者都拥护和平”①，要求“不惜一切代价争取和平”②；另一方面强调各国无产阶级和被压迫人民要团结一致，共同反对资本主义制度。他们提出了“全世界无产者，联合起来!”③ 的伟大号召。他们认为，如果没有这种团结，革命就会遭到失败。“过去的经验证明：忽视在各国工人间应当存在的兄弟团结，忽视那应该鼓励他们在解放斗争中坚定地并肩作战的兄弟团结，就会使他们受到惩罚，——使他们分散的努力遭到共同的失败。”④

19 世纪末 20 世纪初，资本主义发展到帝国主义阶段。1917 年十月革命以后，世界上第一个社会主义国家——苏维埃俄国建立。苏俄的建立使世界上首次出现了资本主义制度和社会主义制度并存的局面，如何处理两种社会制度的关系，成为一个现实问题，摆在了苏俄领导人列宁面前。列宁继承了马克思恩格斯关于和平发展的国际关系基本思想，经过对世界政治、经济和国际关系中出现的新情况、新问题的长时间观察和思考，把马克思主义基本原理和俄国实际及时代特点结合起来，科学回答了一系列新课题，提出了社会主义国家与资本主义国家可以和平共处的思想。当然，列宁的和平共处思想也经过了一个逐渐发展的过程。在苏俄刚建立的时候，面对帝国主义国家的经济封锁和武装干涉，苏俄急需得到一个相对和平的发展时机，所以这时列宁指导苏俄不惜作出一些让步以换得和平发展的时间。他指出：“即使是缔结对我们最不利的和约……我们也会获得较多的好处，因为有了和平，我们会一个月比一个月强大几十倍”⑤。后来在国内战争时期，列宁明确提出了和平共处思想。1919 年 12 月，在向俄共（布）第八次全国代表会议提交的《关于国际政策问题的决议草案》中，列宁指出：“俄罗斯社会主义联邦苏维埃共和国希望同各国人民和平相处，把自己的全部力量用来进行国内建设，以便在苏维埃制度的基础上搞好生产、运输和社会管理工作”⑥。在此前后，列宁还向一些欧洲国家的政府和美国政府表示过同他们发展正常关系的愿望，并且还采取一系列外交措施来实现和平共处原则。列宁这一处理两种不同社会制度关系的原则提出来后，苏俄在国际交往中不断对其加以贯彻，取得了丰硕的成果。1921 年 3 月，苏俄同英国签署了贸易协定，建立了通商关系，得到了英国在事实上的承认。随后，德国、意大利、挪威、希腊、奥地利、瑞典、丹麦、日本等国纷纷与苏俄签署双边贸易协定，恢复和建立经济贸易关系，列宁的和平共处思想由此变成了现实。

二、和平发展地缘战略的提出

1. 和平与发展是时代主题

党的十七大报告指出：“和平与发展仍然是时代主题，求和平、谋发展、促合作已经成为不可阻挡的时代潮流。”和平与发展是当今时代的主题，这已经成为人们的普遍共识，也是我国提出和平发展地缘战略的时代背景。对这一时代主题的认识，经过了一个长期探

① 《马克思恩格斯全集》，中文 1 版，第 22 卷，298 页。
② 《马克思恩格斯全集》，中文 1 版，第 36 卷，553 页，北京，人民出版社，1975。
③ 《马克思恩格斯选集》，2 版，第 1 卷，307 页。
④ 《马克思恩格斯选集》，2 版，第 2 卷，607 页，北京，人民出版社，1995。
⑤ 《列宁全集》，中文 2 版，第 39 卷，131 页，北京，人民出版社，1986。
⑥ 《列宁全集》，中文 2 版，第 37 卷，354 页，北京，人民出版社，1986。

索的过程。新中国建国不久，国际社会迅速进入冷战时期，根据国际环境的特点和国内建设的需要，中国共产党第一代领导人提出了“两大阵营”和“中间地带”的地缘战略理论，奉行了“一边倒”的地缘外交政策，在严酷的两极对抗格局中，这一政策为新中国的独立和主权的巩固作出了贡献。随着中苏关系的恶化以及面对东西两面巨大的地缘压力，中国领导人以大无畏的英勇气概提出了建立国际统一战线的地缘战略主张，捍卫了国家的主权和民族尊严。20世纪70年代，美苏争霸出现了苏攻美守的新态势，国际关系出现新的重组，中国领导人及时地提出了“三个世界”划分的地缘战略思想，并制定了“一条线”的地缘外交政策，成功恢复和发展了中美及与其他资本主义国家的关系，抵御了苏联霸权主义对中国的直接地缘威胁。在复杂的国际环境中，中国领导人运用一系列地缘战略，成功维护了中国的独立和领土主权完整。

20世纪70年代末80年代初，邓小平通过对世界形势的深入观察和对人类社会发展阶段的全面研究，从全球战略的高度提出了“和平和发展是当代世界的两大问题”① 的著名论断。1984年5月，在会见南美贵宾时，邓小平说道：世界上最根本的问题有两个，一个是反对霸权主义，维护世界和平，另一个是南北问题。第二年，在会见日本客人时，他不仅明确提出了和平与发展是当代世界两大问题的观点，而且用地理概念对此做了概括。他说：“现在世界上真正大的问题，带全球性的战略问题，一个是和平问题，一个是经济问题或者说发展问题。和平问题是东西问题，发展问题是南北问题。概括起来，就是东西南北四个字。南北问题是核心问题。”② 正是基于对和平与发展形势的新判断，党和国家领导人适时提出了独立自主的和平外交政策，从而开创了新中国地缘外交的新局面，把我国地缘外交带入新的历史时期。

2. 和平发展地缘战略的提出

和平发展思想在中国历代领导人的思想中均有体现。党的第一代中央领导集体提出和平共处五项原则，争取在两极对抗的国际环境中求得与其他国家的和平共处。邓小平在对时代主题作出新判断的基础上，进一步为中国确立了和平发展的道路：争取和平的国际环境发展自己，以自身发展促进世界和平。江泽民同志提出各国生活在一个互相依存的世界里，“世界各种文明和社会制度，应长期共存，在竞争比较中取长补短，在求同存异中共同发展”③。

和平发展战略首次出现在温家宝总理2005年3月的政府工作报告中，他指出：“中国社会主义现代化建设道路是一条和平发展的道路。这条道路，就是利用世界和平的有利时机实现自身发展，又以自身的发展更好地维护和促进世界和平；就是在积极参与经济全球化和区域合作的同时，主要依靠自己的力量和改革创新来实现发展；就是坚持对外开放，在平等互利的基础上，积极发展同世界各国的合作；就是聚精会神搞建设，一心一意谋发展，长期维护和平的国际环境和良好的周边环境；就是永远不称霸，永远做维护世界和平和促进共同发展的坚定力量。”④ 2005年9月，国家主席胡锦涛在墨西哥参议院的演讲中

① 《邓小平文选》，1版，第3卷，104页。

② 同上书，105页。

③ 《江泽民论有中国特色社会主义（专题摘编）》，535页，北京，中央文献出版社，2002。

④ 温家宝：《政府工作报告》，载《人民日报》，2005-03-15。

明确指出："中国将始终高举和平、发展、合作的旗帜，始终奉行独立自主的和平外交政策，坚定不移地走和平发展道路，坚持互利共赢的对外开放战略，在同各国广泛开展互利合作中促进自己的发展，又以自己的发展促进各国共同发展，不断为维护世界和平、促进共同发展贡献自己的力量。"① 同年9月15日，胡锦涛主席在联合国成立60周年首脑会议上，发表题为《努力建设持久和平、共同繁荣的和谐世界》的重要讲话，再次重申了中国走和平发展道路的战略决策。这是党和国家主要领导人在不同场合表达的同一个愿望：和平发展。2005年12月22日，中国国务院新闻办发表了《中国的和平发展道路》白皮书，中国政府首次全面系统地阐述了中国走和平发展之路的必然性和坚定决心，以及为实现这一目标而采取的战略方针和政策措施。随后在2006年及2007年的政府工作报告中，温家宝总理均再次强调：面对复杂多变的国际形势，我们要高举和平、发展、合作的旗帜，坚定不移地走和平发展道路。2007年10月，胡锦涛总书记在党的十七大报告中再一次指出，中国要"始终不渝走和平发展道路"。和平发展已经成为我国政府一以贯之的地缘战略抉择。

3. 和平发展地缘战略的意义

党中央在深刻把握时代特征、中国国情，借鉴和吸收其他大国发展的经验教训的基础上，把中国的国内发展与对外开放统一起来，把中国的发展与世界的发展联系起来，把中国人民的根本利益与世界人民的共同利益结合起来，作出了走和平发展道路的战略决策。

和平发展，既是中国政府必将长期坚持的地缘发展战略，也是中国政府向世界人民的郑重申明和庄严承诺。这一战略的提出，表明中国不会走历史上其他大国崛起的老路，在纷繁复杂的国际关系中，"不管国际风云如何变幻，中国政府和人民都将高举和平、发展、合作旗帜，奉行独立自主的和平外交政策，维护国家主权、安全、发展利益，恪守维护世界和平、促进共同发展的外交政策宗旨"。"中国反对各种形式的霸权主义和强权政治，永远不称霸，永远不搞扩张"，中国的和平发展不会对其他国家构成威胁。这一政策宗旨的宣告，有利于其他国家正确认识和对待中国的崛起，打破了历史上大国崛起必走对外侵略、对外扩张的思维定式，有利于消除其他国家尤其是周边国家对中国崛起的顾虑，从而使形形色色的"中国威胁论"不攻自破，为中国的和平发展营造一个良好的地区环境。这一地缘发展战略的提出，也是对其他大国的一个承诺。中国政府向其他大国表明中国不会去挑战现存的世界秩序，这有利于消除其他大国对中国发展的疑虑，从而改善中国与其他大国的关系，为中国的和平发展创造良好的国际环境，更好地维护世界和平和促进共同发展。

和平发展作为中国的地缘发展战略被提出后，国际社会对其给予了广泛关注和热烈讨论。这为中国赢得了国际话语权，也为中国在全世界面前树立了新形象。

三、和平发展的地缘战略布局

胡锦涛总书记在党的十七大报告中指出："中国坚持在和平共处五项原则的基础上同所有国家发展友好合作。我们将继续同发达国家加强战略对话，增进互信，深化合作，妥

① 《胡锦涛在墨西哥参议院发表重要演讲》，载《人民日报》，2005-09-13。

善处理分歧，推动相互关系长期稳定健康发展。我们将继续贯彻与邻为善、以邻为伴的周边外交方针，加强同周边国家的睦邻友好和务实合作，积极开展区域合作，共同营造和平稳定、平等互信、合作共赢的地区环境。我们将继续加强同广大发展中国家的团结合作，深化传统友谊，扩大务实合作，提供力所能及的援助，维护发展中国家的正当要求和共同利益。”这是对中国和平发展的地缘战略布局的高度概括。基于此，我们可以对中国的地缘战略布局做如下具体总结：

（1）同主要大国建立不同形式的伙伴关系，成为维护大国关系稳定的重要力量。中国视大国关系为“关键”。中美战略对话启动，高层互访不断，两国关系稳定发展；中俄两国加强在国际事务中的合作，战略协作伙伴关系提高到新水平；中欧相互之间的吸引力增加，全面合作日益深化；中日双方近年来就构筑“基于共同战略利益的互惠关系”达成了共识，致力于发展长期稳定、睦邻友好的双边关系。中国影响力的增强，不仅提高了自己在大国关系中的地位和作用，而且已成为主要大国借重的对象。

（2）积极推进同周边国家和地区的交流与合作，做周边国家的好邻居、好伙伴。“远亲不如近邻”，周边外交在我国外交全局中始终占有重要位置。中国视周边外交为“首要”，本着“与邻为善、以邻为伴”的方针，通过亚太经合组织、上海合作组织、中国—东盟合作、大湄公河次区域合作，积极推进双边和区域合作，共同营造了和平稳定、平等互信、合作共赢的地区环境，促进了共同繁荣。

（3）致力于同广大发展中国家深化传统友谊，扩大务实合作，成为发展中国家值得信赖的合作伙伴。中国是世界上最大的发展中国家，加强同发展中国家的团结与合作是中国对外政策的基本立足点。在新形势下，中国同广大发展中国家的共同关切增多，在推动国际秩序朝着公正合理的方向发展方面有着共同的利益和追求。中国认真落实联合国千年发展目标，截至 2005 年 12 月，已向 110 多个国家和区域组织提供了 2 000 多个援助项目，对 44 个发展中国家减免了约 166 亿元人民币的债务。中非合作论坛、中阿合作论坛等，成为新时期中国加强与发展中国家集体对话与合作的成功尝试。

（4）积极参与多边事务，承担相应国际义务，成为国际体系的积极参与者和贡献者。迄今为止，中国已签署了 300 多个国际条约，参加了 130 多个政府间国际组织，并在军备控制、贸易投资、反恐防扩合作等国际机制中扮演重要角色。有了中国的参与，许多国际热点问题都呈现了积极的发展势态。譬如：2007 年 10 月举行的第六轮朝核问题六方会谈第二阶段会议取得了重大进展，通过了《落实共同声明第二阶段行动》的共同文件。朝鲜关闭宁边核设施并对其核设施加以“去功能化”，朝鲜半岛向无核化目标迈出了重要的一步。

（5）参与维和行动，成为维护国际和平与安全的积极力量。迄今为止，中国共参与 22 项联合国维和行动，累计派出维和人员上万人次，现正在执行维和任务的有 1 900 多人，是联合国安理会 5 个常任理事国中派出维和人员最多的国家。自 1990 年首次参加联合国维和行动至 2007 年 10 月底，累计新建、修复道路 7 300 多公里，桥梁 200 多座，排除地雷及各类未爆炸物 7 600 多枚，运送人员 12 万多人次，物资 26 万多吨，接诊病人 3.6 万多人次。

（6）积极应对全球变暖等生态、环境问题，成为应对气候变化等全球性问题的负责任一员。2007年6月，中国正式发布了《中国应对气候变化国家方案》。胡锦涛主席在2007年6月出席八国集团同发展中国家领导人对话会议及发展中五国领导人会晤时，全面深入地阐述了中国在应对气候变化等问题上的立场，显示了中国积极的、建设性和负责任的态度。中国主张在《联合国气候变化框架公约》及其《京都议定书》框架内，按照共同但有区别的责任原则，加强国际协作，努力形成世界各国在协力保护环境中共同发展、在优化环境中持续繁荣的良好局面。2007年12月，标志着人类应对气候变化的一座新里程碑的"巴厘岛路线图"孕育出笼，中国为绘成"巴厘岛路线图"作出了自己的贡献。

（7）创造性地与一些国家互办"文化年"、"国家年"活动，成为推动世界文化和谐的创造者和建设者。继2003年至2005年中法互办"文化年"后，"国家年"已成为中国对外交流领域的一个热门词汇，"俄罗斯年"、"中印友好年"、"意大利年"、"中韩交流年"、"西班牙年"、"中希文化年"，等等，这些活动，既是外国人了解中国文化的有效途径，又为中国人近观外国文化提供了很好的机会，"中国红"更是成为对象国的流行元素。"文化年"、"国家年"活动不仅涉及文学艺术、教育、科技、广播电视、图书出版、青年、体育、民族、宗教、建筑、环保、旅游等领域，也与政治、经贸等领域紧密相连，为提升国家之间的全面合作关系搭建了新平台，增添了新动力。

地缘文化理论与国家文化安全

重点问题

- 地缘文化的概念和特征
- 地缘文化在国际关系中的作用
- 文明冲突理论和文化合作理论
- 文化战略在当今世界的体现
- 构建和谐世界的理念

第一节 地缘文化的概念及其特征

一、地缘文化的概念

文化的定义多种多样，古今中外各种典籍中对文化的定义难以胜数。1952 年，美国人类学家克罗伯（A. L. Kroeber）和克拉克洪（C. Kluckhohn）在《文化：关于概念和定义的探讨》一书中，列举了从 1871 年到 1951 年 80 年间的多达 161 种的关于文化的定义。① 一般来讲，文化可以从广义和狭义两个角度来界定。从广义上来说，文化是作为群体的人类在长期的社会实践活动中所创造的物质财富的凝结和精神财富的积累。② 它包括以下几个层面：（1）精神层面；（2）行为层面；（3）制度层面；（4）物质层面。狭义的文化则是包含一切意识形态在内的人类社会的精神现象。"在每一种文化中，其构成最核心、最稳定，把文化塑造成一种特定文化的部分往往是文化的精神层面。而最外层一般都是文化

① 参见张广智、张广勇：《史学，文化中的文化——文化视野中的西方史学》，1～2 页，杭州，浙江人民出版社，1990。

② 参见关世杰：《试论 21 世纪东亚发展的文化问题》，见梁守德主编：《国际社会与文化》，126 页，北京，北京大学出版社，1997。

的物质层面，也是文化体系中最不稳定的一面。”① 本章所指的文化是取其狭义含义，即从文化的精神层面结合地缘因素来探讨地缘文化与国际政治之间的联系。

人类的生产方式所创造的文化，不是自然环境单独的产物，而是自然环境因素与人文环境因素（社会、历史、心理）的复合体。人类历史和文化的发展，是多重因素相互作用的结果，地理环境（自然地理环境和人文地理环境）是形成民族文化的复杂因果网络中的一个重要成分，它对民族性格、民族心理、民族文化等的建造起着至关重要的作用。在西方，早在古希腊时期，亚里士多德就创立了环境地理学。他认为，地理环境既是人类生存的物质环境，又是制约社会存在的相关体系。他把地理环境纳入了人类历史和文化的考察范围之内。16 世纪的法国思想家让·博丹指出，地理环境决定着民族性格、国家形式和社会进步。他认为，北方寒冷，使人们的体格强壮而缺少才智；南方炎热，使人们有才智而缺少精力。因此，统治国家的决定因素也应当有所不同：北方民族依靠权力，南方民族依靠宗教，中部民族依靠正义与公平，简而言之，整个民族的心理特点决定于这个民族赖以发展的自然条件的总和。18 世纪欧洲启蒙运动的代表之一、法国的孟德斯鸠在《论法的精神》一书中系统阐述了关于社会制度、国家法律、民族精神“系于气候的本性”、“土地的本性”的观点，认为自然地理条件对于一个民族的道德、风尚、法律性质和政体的建立都起着决定性的作用。到了 19 世纪，地理环境决定论成为社会学中的一个学派，主要代表人物是德国的弗里德里希·拉采尔。他认为，地理因素，特别是气候和空间位置，是人们的体质和心理差异、意识和文化不同的直接原因，并决定着各个国家的社会组织、经济发展和历史命运。瞿林东先生曾从五个方面对马克思主义关于地理条件和社会发展之间关系的阐述做了总结，它们分别是：地理条件是人类历史发生、发展的前提之一；不同的地理条件影响着社会生产力的分布状况和发展水平；地理条件还影响着一些国家的政权的形式和政权的职能及其特点；地理条件对社会发展的影响随着生产力水平的提高而不断变化；人类在利用地理条件的过程中不断地改变着地理条件，并获得对地理条件的新的认识。②

因此，“地缘文化”其实就是指同一空间区域内的社会群体因受其所处的地理环境影响而形成的具有共同内容和特殊特征的文化系统。这种文化系统包含了历史、语言、信仰、道德、风俗、艺术、民族精神面貌、心理状态、思维方式、价值取向等方面。这种文化系统的共同内容和特殊特征以自然地理环境为依托，受人文地理环境的影响，并随着社会生产力的发展而不断扩大和充实。

对这一概念进行解读时面临的最大难题就是，“地缘文化”与“地域文化”或“区域文化”之间有何联系和区别。其实，关于“地域文化”的解释也是不胜枚举，其中有代表性的定义是：指世界上某些地域所拥有的文化，由于地理条件是人类文化发展的载体，所以相同的地理条件下的各国、各民族文化均有其相同或相似的许多方面，如欧洲历史上存在过的以希腊文化与罗马文化为代表的文化。以中日文化为主流的东方文化等都是地域文化。大陆文化、海洋文化也带有明显的地域性质，也属地域文化。据此，我们大致可进行两个方面的区分：

① 郑晓云：《文化认同与文化变迁》，33 页，北京，中国社会科学出版社，1992。

② 参见白寿彝总主编：《中国通史》，第一卷，118～130 页，上海，上海人民出版社，1989。

（1）地域文化是具有强烈的“区域特征”和明显“地方特色”的社会文化系统，它其实就是一种外在表现形态，主要突出“地域”，其范围可大可小。

（2）地缘文化虽也有地域性特征，但它是强调“相互关系”或“互动”的文化系统，包括地理环境与人文环境的互动、不同地域文化之间的互动等。

二、地缘文化的特征

（1）地缘文化产生的物质基础是地理环境。物质决定意识，一定文化的产生离不开其文化生存土壤，而地缘文化产生的物质基础是地理环境。一定区域的地理区位、自然资源对该地区文化的产生有着重要的影响。

（2）地缘文化的发展受地缘经济的影响。如果把文化看做是人类对自然、社会和人类心理适应、调节的产物，那么首先产生的是人对生存环境的适应性和因之形成的经济生产方式。处于不同地理环境中的不同民族，形成了不同的经济生产方式，而这种经济生产方式又往往决定了各民族的物质文化形态。为适应地理环境而形成的经济生产方式是决定、影响物质文化形态的根本因素之一。

（3）地缘文化具有区域性、开放性和延续性。地缘文化的区域性是指一个民族在一定地区空间内所形成的独特文化系统受该地区空间的区域性约束，并形成区域性文化；开放性则主要指多个民族在同一地理单元内交错杂居，立体分布，使文化呈现出开放交流与互相影响的内涵。一般来说，自然地理状况越是呈现出内部封闭性，文化结构的内部整合性特征就会越突出。因此，在交通闭塞、单一民族聚居的地区，文化的保守主义较强；在自然地理呈开放性、交通发达、多民族杂居的地区，社会文化的变迁较易实现。地缘文化的延续性是指，文化作为一种意识形态具有相对独立性，它的产生、发展和演变具有一定的继承性和传承性。

（4）地缘文化具有相对性和超阶级性。地缘文化的相对性表现在：任何地缘文化都是相对于一定的参照物而言的，参照物不同，地缘的范围也会有所不同，地缘文化也有所不同。地缘文化的超阶级性是指，一定的地缘文化是一定范围内地理环境、人文环境的有机整体，它的形成更多地受自然环境的影响和制约。它不同于“国家”，国家是阶级斗争不可调和的产物，是随着阶级的产生而产生，并随着阶级的发展而发展的，故相对于国家文化而言，地缘文化具有一定的超阶级性。

三、地缘文化在国际关系发展中的地位

冷战后，地缘文化开始为学者们所重视，地缘文化与国际关系之间的联系成为他们聚焦的热区。地缘文化的研究视野在于：探究地理环境与文化互动之间发展变化的规律，包括文化传统、文化特性、文化战略以及国际关系中基于国家利益实现的不同文化间的竞争与合作。

（1）地缘文化是构成综合国力的重要因素之一。国家的综合国力的构成除了经济、军事、人口、物质资源等因素外，还包括民族性格、民族特征、民族凝聚力等因素，这些都与地缘文化有着密切的联系。地缘文化以“软实力”的形式出现，并越来越在一国的综合实力的构成中占据重要位置。美国的克林顿政府就曾明确提出，“政治和经济联系由于美

国文化对世界的吸引力而得到补充，这是一种新的我们可以利用的‘软力量’”①。

（2）地缘文化影响一个国家的对外战略和政策。地缘文化在国家层面上影响对外政策的内容，在个人层面上影响决策者的对外决策思维，从而影响着一个国家的对外战略和政策的制定和实施。首先，地缘文化影响国家对外政策的内容和目标，这是早期研究文化与对外政策关系的学者所普遍强调的。一个民族的文化特性决定这种文化载体在对外政策中的特定文化价值观念。冷战结束以后兴起的建构主义理论认为，文化不仅影响国家行为的各种动机，而且还影响国家的基本特征，即所谓的国家的认同。文化的定位功能为确定对外政策提供了观察世界及自身的视角；文化的定向功能决定了对外政策的价值追求；文化的规范功能为对外政策的选择限定了范围；文化的认同功能为在对外政策中确定与别国的关系提供了文化基础。② 从文化角度分析国家对外政策及战略关系的学者认为，国家战略与文化之间存在着内在的联系，即“战略文化”。其次，地缘文化影响决策者并通过决策者影响一个国家的对外政策。外交政策是由能够代表一个国家的文化和民族特性的人来制定的，地缘文化会潜移默化地影响在特定的文化氛围中长大的、能够成为这个国家利益代表的国家领导人的世界观和方法论。反过来，代表国家制定对外政策的领导人则反映了地缘文化需求。他们在制定对外政策的过程中必然有意无意地把存在于他们意识深层的地缘文化价值观体现出来。再次，地缘文化影响对外政策制定的机制和过程。地缘文化影响一个国家的基本政治体制和政治制度，而后者则制约着这个国家总的对外政策制定的机制和过程。最后，地缘文化影响到一个国家外交政策执行和实施的方式和手段，从而使一个国家的外交政策拥有独特的文化和民族特色。

（3）地缘文化差异是国际关系中的重要变数。亨廷顿明确地说过：“冲突的差异来自文化差异，冲突的结果则反映了权力关系的变化。”③ 在他看来，文明是利益政治的过滤器，文化实体借助政治实体实现自身伸张，政治实体把所归属的文化价值的伸张视为自身的利益。虽然多数学者不赞成将文化视为国际关系中的支配框架、国家行为的主要基础、国家间对立和冲突的主要根源，但在地缘文化是当代国际关系中的重要变数这一点上存在共识。

（4）地缘文化对国际关系的制度化起着重要作用。国际关系已经形成一系列的法律、组织和机制，这被统称为国际秩序。国际关系理论所提出的世界的无政府状态并非一片混沌，而是存在于既定的秩序、体制和机构之内，以及国际法的基础之上的。最初的国际秩序，几乎都是在欧洲文化背景下产生的。第二次世界大战以后，它又被打上了鲜明的美国文化印记。地缘文化研究能够帮助国际组织的改革和国际制度的创新。

第二节　地缘文化的冲突理论与合作理论

一、亨廷顿及其“文明冲突论”

塞缪尔·亨廷顿是美国哈佛大学阿尔伯特·魏斯赫德三世学院教授，该校奥林战略研

① 王晓德：《试论冷战后美国对外“输出民主”战略》，载《世界经济与政治》，1995（12）。
② 参见邢悦：《对外决策中的文化因素》，载《国际论坛》，2002（6）。
③ ［美］塞缪尔·亨廷顿：《文明的冲突与世界秩序的重建》，252页。

究所主任，哈佛国际和地区问题研究所所长，美国政治学会会长。他曾担任卡特时代的国家安全委员会主任，为当时国家安全事务顾问布热津斯基的助手，并经常在美国国务院、国防部、中央情报局等部门担任职务。他在学术上建树颇多，他的十多种学术著作大多探讨了当代重大国际政治、国际关系等领域的理论问题。20世纪90年代以来，亨廷顿陆续发表了几部论著，阐述了其“文明冲突论”理论体系。1993年，他在美国《外交事务》双月刊上发表了题为《文明的冲突》一文，此文以阴郁低沉的笔调为西方人描述了一幅后冷战时代的世界图景，从而在全世界引起了一场大辩论。除了这篇《文明的冲突》外，在这之前，亨廷顿还曾发表了题为《未来的文明冲突也就是西方同其他地方的冲突》的文章，概述了他的“文明冲突论”的观点。在这之后，他又发表了《不是文明又是什么——后冷战世界的范式》、《西方文化是特有的，但不是普遍适用的》、《美国国家利益受到忽视》以及《穆斯林战争的时代》等著述。1996年，亨廷顿在前述文章的基础上，又推出了名为《文明的冲突与世界秩序的重建》的专著，在全世界范围内掀起了一场文明冲突的大讨论。

1.“文明冲突论”的内涵

亨廷顿对文化的定义是：一种文明就是一个文化实体，是人类最高的文化集团和最广泛的文化实体，包括了价值、规则、制度、习俗和思维模式。亨廷顿认为，冷战后的世界是由七个或八个主要文明板块构成的，它们是西方文明、中华文明、印度文明、日本文明、伊斯兰文明、东正教文明、拉丁美洲文明和可能存在的非洲文明。在冷战后的世界中，国家日益根据文明来确定自己的利益，它们和与自己有共同根源或文化的国家合作或结盟，并常常同有着不同文化的国家发生冲突。冷战后冲突的主要根源不再是意识形态或经济因素，而是文化差异，文明之间的冲突将取代超级大国的对抗而主导全球政治。归结起来，亨廷顿的“文明冲突论”主要包含以下内容：

（1）历史上的全球政治第一次成为多文明的政治。文明之间经常会发生冲突，这由来已久。但是和过去不同的是，以往的冲突多半是西方文明内部的冲突，而未来将主要是西方文明和非西方文明之间的冲突。亨廷顿认为，国际政治的行为主体不再是一般意义上的民族国家，而是文明的核心国家。在他看来，人类的历史是文明的历史，文明是人的最高文化归属，是人必不可少的文化认同的最大层面，是人区别于其他物种的根本所在。文明被历史、语言、文化、传统，尤其是被宗教所分隔，不同文明对上帝与人、个人与群体、公民与国家、父母与子女、丈夫与妻子的种种关系有不同的观点，而对权利与责任、自由与权威、平等与阶级的相对重要性亦有不同的看法。这些差异并非人为造成，而是在历史上产生；它们不会立即消失，并且比政治意识形态及政权的差异更深刻。

（2）文明之间的形势正在发生某种变化。在亨廷顿看来，西方文明正在衰落，它在世界政治、经济、军事力量中所占的比重相对于其他文明来说正日益缩小；亚洲文明正在扩张其经济、军事和政治实力；伊斯兰世界则出现了人口爆炸，并打破了伊斯兰国家与其邻国的平衡关系；非西方文明正在肯定它们自身的文化价值。

（3）以文明为基础的世界秩序正在出现。亨廷顿强调，受现代化的驱使，全球政治正在沿着文明界线进行自我重组。具有相似文化的人民和国家正在聚合，而具有不同文化的人民和国家正在走向分离；各国围绕着它们所属的文明的核心国家来划分自己的归属，文明集团正在取代冷战集团。

（4）文明之间包含冲突。这是亨廷顿"文明冲突论"的核心思想。首先，他认为，在世界事务中，民族国家仍将举足轻重，但全球政治的主要冲突将发生在不同文化的族群之间。换言之，文明间的冲突将取代民族国家间的冲突而成为国际冲突的主要形式。文明间的冲突一般有两种形式，在地区或微观层面上的是不同文明的邻国或一国内不同文明的集团间的断层线冲突，在全球或宏观层次上的是不同文明的主要国家之间的核心冲突。其次，文明之间的断层线战争通常发生在信仰不同宗教、不同神的人民之间，在很大程度上是穆斯林同非穆斯林的战争。断层线战争发生的重要原因是历史上的冲突遗产、恐惧不安和彼此的仇恨的历史记忆。例如，人口比例的巨大变化造成一方对另一方的政治、经济和社会压力，政治上新兴政治实体对民主化进程提出强烈要求等。终止断层线战争，阻止它们升级为全球战争，主要依靠世界主要文明核心国家的努力。断层线战争自下而上，断层线和平却只能自上而下。

（5）文明的未来。亨廷顿不相信在不久的将来会出现一个统一的文明。在他看来，西方的生存有赖于美国人重新肯定他们的西方认同，以及西方人把他们的文明看做是独特的而非普世的文明，并团结一致地对付来自非西方社会的挑战。全球文明间战争的避免有赖于世界领袖接受并认同维持全球政治的多文明性质的必要性。他强调，文明的冲突是对世界和平的最大威胁，而建立在多文明基础之上的国际秩序是防止世界战争的最可靠的保障。

2. 对"文明冲突论"的质疑

"文明冲突论"引发了众多的批评，这些批评意见主要包括以下几类：

第一，对文明是否能成为国际冲突的主体的质疑。亨廷顿认为，"文明的共性和差异影响了国家的利益、对抗或联合。世界上最重要的国家绝大多数来自不同的文明。最可能逐步升级为更大规模的战争的地区冲突是那些来自不同文明的集团和国家之间的冲突"①。尽管亨廷顿承认民族国家仍然是当今国际社会的重要的行为主体，但他过分强调世界冲突将围绕不同的文明展开。

事实上，当今国际政治的现实仍然是以主权国家作为基本行为主体的。"文明不同于国家，文明不作决定，不能决策。它是一种抽象的文化范畴，而不是具体的政治机构。相反，国家则具有明确的边界、选定的领袖、确定的决策程序和对政治资源的直接控制权。国家能够动员其居民、收税、施威、答友和作战。换言之，国家能够采取行动，而文明却不能"②。

第二，对过于强调文明之间的差异和冲突、忽视文明融合的质疑。亨廷顿的"文明冲突论"尽管有其合理的一面，但却只强调文明间的差异与冲突，有意忽略了文明间的对话与合作，这不仅在理论上无法自圆其说，而且在实践上也与世界发展潮流相悖。由于自然环境、历史条件、社会背景等的不同，人类文明的发展路向也不可能完全相同，正因如此，世界文明才出现了多样性的特质。这种多样性规定了各个文明都有自己独特的形式和

① ［美］塞缪尔·亨廷顿：《文明的冲突与世界秩序的重建》，6～7页。

② 倪世雄、潘忠岐：《文明与秩序——评亨廷顿'文明的冲突与世界秩序的重建'》，载《太平洋学报》，1998（2）。

表征，意味着文明之间存在着差异。这种差异既有内容和形式的差异，也有发展水平和程度的差异。不同类型的文明之间存在差异，这就必然地会在一定时期和一定条件下导致摩擦和冲突。这种冲突只是诸文明互动关系中的一个方面，并不是矛盾的全部，因此，不能一叶障目地把这种冲突夸大为人类间的对抗。在亨廷顿看来，后冷战时代世界冲突的根源不侧重在意识形态和经济，文化将是分隔人类和引起冲突的主要根源，全球政治的冲突将发生在不同文化群体之间，主要是发生在“西方文化”和“非西方文化”（儒家文化和伊斯兰文化）之间。其实，不同的文明之间既有矛盾和冲突的一面，更有着统一和共存的一面。

从不同类型的文明来看，历史事实已表明，世界上的各种文明都有其自身的历史渊源和社会基础，是包含哲学、文化、宗教、生活方式、政治经济制度和意识形态等各种内在因素的完整的有机体，并已深入到人类社会生活的各个角落，成为特定民族生存的物质和精神模式。虽然各自独特的发展道路导致了世界文明的多样性，但人类社会的发展却遵循着相同的规律，不同类型的文明也遵守同样的规律，这就决定了诸文明之间拥有共性。例如，无论是西方文明体系的基督教和犹太教，还是非西方文明体系的伊斯兰教和佛教，抑或是中国文明特有的道教，几乎都包含有许多相同或相似的生命观、价值观，对人与自然、人类与环境、个人与社会、精神导向的作用和意义、生命与生活的目标和价值等具有某种共通或兼容的观念和观点。罗素早在 1922 年就指出：“不同文明之间交流的过去已经被多次证明是人类文明发展的里程碑，希腊学习埃及，罗马借鉴希腊，阿拉伯参照罗马帝国，中世纪的欧洲又模仿阿拉伯，而文艺复兴时期的欧洲则效仿拜占庭帝国。”① 各种文明是可以共存的，不同类型的文明之间是既冲突又相容的；在一定程度上，相容是人类文明发展的主流。随着人类文明的不断前进，文明间的融合和吸收也越来越深入，尤其是高科技的发展为文明间的传播和沟通提供了更为便利的条件，文明间的借鉴、理解、容纳、合作已成为各文明间关系的主流。

从一国内部文明间的对话与合作来看，现在世界上已经很难找到一种纯而又纯的文明了，现存各种文明都是兼容并蓄的产物，一国内部的文明也是融合的结果。例如，美国是一个移民国家。在当今的世界上，没有一个国家像美国那样，吸收世界上各洲居民和几乎所有民族的移民，凡是世界上人口在中等以上的民族，都能在美国找到其后裔。亨廷顿对美国移民问题关注颇多，认为这些外来移民难以融入移入国，在文化上仍倾向于保持自己原有的认同，他尤其担忧美国国内近年来的“多元文化主义”会使美国非美国化，并告诫美国政府要采取与欧洲同样的限制移民的政策。实际上，美国文明正是以欧洲文明为核心演化而来的西方文明的综合体，构成美国文明的东西方文化在美国逐渐融合、同化。在这种同化和融合过程中，并没有发生亨廷顿所谓的对立与冲突，美国也正是吸收了人类文明的各种宝贵财富，才成就了今天的美国文明。

第三，对过于强调文明冲突而忽视利益冲突的质疑。冷战后文明的冲突将会取代意识形态或其他形式的冲突，成为全球占主导地位的冲突形式，这是亨廷顿“文明冲突论”的核心思想。不可否认的是，冷战的终结并没有带来战争的结束，和平并没有如期而至。据

① 王辑思主编：《文明与国际政治：中国学者评亨廷顿的文明冲突论》，251 页，上海，上海人民出版社，1995。

统计，在1945—1990年的这45年间，全世界发生的武装冲突总数为540起，平均每年12起；其中，在1990—1992年的这三年间发生的冲突总数就达55起，平均每年18起。按照亨廷顿的理论，在冷战后的世界中，全球政治的主要冲突将发生在信奉不同文化的族群之间，其中最有可能出现的是儒家文明与伊斯兰教文明联手与西方文明之间的冲突，然而事实并非如此。实际上，在当今世界，文明之间的差异和冲突是客观存在的，并成为当今世界不稳定、不太平的因素之一，但这绝不是根本因素。例如，“9·11”事件之后，美国与阿拉伯世界中的大多数伊斯兰国家达成了共识，实现了合作，并共同反对和打击塔利班以及本·拉登领导的基地组织的恐怖活动。这一现象用亨廷顿的“文明冲突论”是难以解释的。

在当今全球化大背景下，各国各地区各民族间的任何摩擦、冲突、动荡，归根结底都是利益的驱动和利益矛盾的激化所致。正是利益这个中介化的客体或是客体化的中介，将世界各国、各地区、各民族紧紧地勾连在一起，形成了或弛或张的国际关系，构建了当下复杂多变、互为影响的全球主体群的互动。利益作为主体间中介化的客体，涉及政治、经济、军事、文化等诸多领域，而不仅仅局限在某一领域之中。在不少情况下，世界冲突与动荡常常是在多种利益矛盾激化的综合作用下引发的，尽管其中常常有主要利益矛盾冲突和次要利益矛盾冲突之分，但从根本上而言，这些矛盾和冲突都源于利益的纷争。

二、文化的交流与合作

当今世界，地缘文化因素在国际关系中的地位日趋突出，文化外交和不同文化间的交流与合作已成为各国外交的重要内容；利用文化提高本国的国际地位和影响力，已成为世界各国的一项战略选择。

1. 国际文化合作的一般理论分析

国际合作、国际冲突与国际竞争构成了国际关系的基本状态。有学者认为，“在国际政治中，合作是指国际行为主体在互动中自愿调整其政策的行为，目的是协调各方的不同点，以达到一种共同得益的结果”①。还有学者认为，“国际合作是指国际关系行为主体全面或局部的协调、联合等协力行为，是一种相互适应，它是基于各行为主体在一定领域和范围内利益或目标的基本一致或部分一致”②。综合来看，我们认为国际文化合作的主要构件有：

（1）特定的行为主体。所谓的行为主体可以是主权国家，也可以是非国家行为主体。行为主体至少有两个或两个以上，它们之间的合作构成了双边或多边合作关系。

（2）需要参与者认同和承诺彼此的共享利益。没有共同的利益，就谈不上共同的合作。在国际合作中，这通常以条约或一定的组织机制来作为保障。

（3）国际合作要历经一个过程。它要经历意向的产生、协商、签订条约和实施等一系

① 李少军：《国际政治学概论》，203页，上海，上海人民出版社，2002。

② 俞正梁：《当代国际关系学导论》，117页，上海，复旦大学出版社，1996。

列过程，最终才能产生有利的结果。

根据分类的不同标准，国际文化的合作可以分为不同的类型。根据合作的规模可分为：全球性的合作，如联合国教科文组织内的合作；区域性的合作，如欧盟内部的文化合作；双边性的合作，如中俄、中法互办文化年、国家年活动等。根据合作的主体可分为：以国家为主导的合作，如中国与法国、俄罗斯之间相互举办文化年的活动；以国际民间组织为主体的非官方的合作。根据合作双方主体的文化性质可分为：同源文化之间的合作和异质文化之间的合作。

2. 国际文化合作的重要意义

(1) 开展文化交流与合作是沟通思想的重要途径。开展文化交流与合作可以增强国家间的理解，有效地宣传国家的外交政策。有西方学者指出，对于现代化国家外交政策来讲，教育和文化事务是仅次于政治、经济和军事问题的第四个重要领域。

(2) 开展文化交流与合作为外交目标的顺利实现创造了一定的先决条件。文化交流能够改善和促进相互了解，增进友谊，改善和促进双方的政治关系，有助于外交目标的实施。这在政治和经济关系不正常的时候显得尤为明显。例如，中美之间的“乒乓外交”就为恢复两国的正常关系做出了重要贡献。

(3) 开展文化交流与合作也可以成为控制别国内政的工具和手段，从而为本国利益服务。当前一些西方发达国家通过各种各样的文化交流手段，如大量吸收外国留学生、增强影视和文学作品的交流，来宣传本国的价值观和生活方式，培养对本国有利的人才和势力，从而促使他国的政治经济朝着有利于本国的方向发展。

第三节　文化安全与文化战略

文化安全是国家安全体系中的一个组成部分。随着全球化带来的文化交流、文化竞争和文化冲突的加深，文化安全已上升为国家安全的一个重要方面，维护自身的文化安全、制定本国的文化战略已经成为一个受到世界关注的核心领域。

一、文化安全

目前，已经有一些关于文化安全的概念的阐释和使用。有的学者认为，文化安全就是指一个主权国家保证文化的性质得以保持、文化的功能得以发挥、文化利益不受威胁和侵犯的功能状态。文化安全的核心是意识形态和价值观念。① 有的学者指出，所谓文化安全，是指国家在防止异质文化对本民族文化生活渗透和侵蚀时，保护本国人民的价值观、行为方式、社会制度不被同化的安全。文化安全是相对于文化渗透、文化控制而言的，是一种相应的反渗透、反控制、反同化的文化战略。② 我们可以将文化安全界定为主权国家的文化领域不存在威胁和危险的状态，它主要包括两个方面：主观上指主权国家文化外界

① 参见朱传荣：《试论面向21世纪的中国文化安全战略》，载《江南社会学院学报》，1999 (1)。

② 参见张守富、朱彦振：《经济全球化与中国三大安全》，载《党政干部论坛》，2002 (12)。

的现状不存在文化威胁，即文化保持独立性；客观上指人们的文化心态不存在恐惧、害怕、担心等。

文化安全是一个涉及众多层面、内涵丰富的安全概念，它从内涵上可分为：传统文化安全、政治文化安全、意识形态安全、民族文化安全等；从国家层面上可分为：国内文化安全和对外文化安全。从国内层面上看，它指一个国家的文化领域免遭侵蚀，人民的精神、道德、伦理、政治信念等不受危害；对外文化安全主要指本国的文化环境、文化领域免受其他外国文化行为的危害。文化安全的特征主要包含以下内容：

第一，文化安全具有相对独立性。所谓相对性，是指文化安全不是独立的，它与经济安全、政治安全、军事安全等共同构成了国家的安全综合体。所谓独立性，是指文化安全的含义在于文化领域，专指文化方面的斗争和较量。

第二，文化安全是一种软安全。文化的特性使其不同于经济、军事等安全，文化安全一般具有复杂性、隐蔽性和长期性的特点，属于软权力。

第三，文化安全具有较强稳定性。这种稳定性表现在时间上就是惯性，也就是说，文化传统发展变化的速度比较慢，总是落后于时代的发展，具有滞后性。这种稳定性表现在空间上，就是民族文化的独特性，也就是在维持着自己民族文化的发展轨迹，拒绝外来文化的影响中所形成的保守性。文化的稳定性和保守性特点决定了文化安全是国家安全中最底层、最牢固的安全。

第四，文化安全具有民族性。如同国家具有民族性和阶级性一样，文化安全同样具有这些特性。文化安全的民族性表现在一个国家的安全首先体现在一个民族国家的文化上，它是主权国家区别于其他国家的基本标志。

二、文化战略

文化战略是指一个国家传播发展自身文化的基本指导思想、目标、方法和策略，是一个国家在国际社会谋求存续和发展本民族国家文化、捍卫国家文化主权与扩展国家文化利益的战略。

文化战略的目标在国内层面上主要是确保国家文化领域免遭破坏，确保本国人民精神、道德、伦理、政治信念等不受危害，防止出现道德失衡和政治信仰危机；在国际层面上是使本国的文化环境、文化领域免受他国文化行为威胁、损害，抵御他国文化对本国传统文化、政治信仰、价值观念等的侵蚀。

1. 当代主要发达国家的文化战略

早在 1990 年，英国文化委员会就接受政府委托，会同英国电影协会和手工艺委员会等从事英国文化发展战略的起草工作。经过两年的调研、研讨和论证，“国家文化艺术发展战略”讨论稿于 1992 年形成了，并于 1993 年以《创造性的未来》为题正式公布，这是英国有史以来首次以官方文件的方式颁布的国家文化政策。这里的“创造性”（creativity，或译为“创意性”）一词是“文化生产”的代名词，因为它是文化生产的精义所在。

2007 年 5 月 10 日，欧洲委员会通过了题为《世界全球化中的欧洲文化战略》文件。虽然欧盟制订的文化计划、指令、法规和政策文件不计其数，但其提出共同的“欧洲文化战略”尚属首次。

欧洲文化战略主要包括三个主要目标和一个合作方式。第一个目标是促进欧洲文化的多样性和不同文化之间的对话；第二个目标是加强文化对提高创造力、发展和就业所发挥的促进作用；第三个目标是促进文化成为欧盟国际关系中的重要组成部分。为实现文化战略的三大目标，该文件提出要在文化领域建立开放式的合作方式。这样可使欧盟成员国之间及其与第三国之间的文化合作方式既具有框架机制，又具有灵活性；既能使合作伙伴关系密切，又能承认各自的多样性。

加拿大的选择具有鲜明的象征意义。加拿大属于“发达国家”，但它在文化生产领域中的地位与美国相距甚远。2003年版的《加拿大文化政策》在谈到自己国情时不仅提到了其“地广人稀”的现实国情，而且还提到“与美利坚合众国——当今世界最庞大的文化超级大国——毗邻”。美国的存在对加拿大维护自己的文化特性和文化多样性而言是一个巨大的压力。加拿大之所以认同欧洲国家，不仅出于其历史上的渊源，还因为欧洲与它有着同样的压抑感。事实上，欧洲国家文化政策的一个潜在动机就是为了应对美国在文化生产和输出方面的强大压力。所有这些都表明，发达国家在文化发展实力和战略利益上并非铁板一块，如果说美国在文化发展方面是“超级大国”，那么欧洲、加拿大、澳大利亚、日本与韩国等则构成了所谓的“第二集团”。

美国坚持一种“无为而治”的文化政策。在行政体制上，它并不像其他国家的政府那样，通常设有“文化部”（法国）、“文化、新闻和体育部”（英国）、“遗产部”（加拿大）或“艺术与通信部”（澳大利亚）。美国没有文化部！这几乎是一个不同的人可以给出全然不同解释的象征性现实。一种说法是，这意味着美国没有文化。而另一些人则认为，这恰恰意味着美国人最先领悟了使一个文化资源小国变成文化产业大国，并使文化服务于其全球战略的真谛。如果说，实践是检验真理的标准，那么在文化产业领域中，市场份额就是检验一国文化政策（无论它是书面的还是事实性的）的唯一标准。

20世纪90年代以后，文化生产成为美国最富于活力并能够带来巨大经济收益的产业。美国各类图书（不包括教材）年生产达5万种，销售额253.8亿美元；期刊1.1万余种；大型报业集团130余家，英文报纸1 480余种；广播电台1.2万座（其中，商业调频台5 000个）；电视台近1.4万家，其中有1 300余家商业电视台（900家属于三大电视网），12 500家有线电视台；在互联网交易方面，美国占全球网上交易总额的64%；美国的音乐制品占全球音乐市场份额的1/3；在电子游戏方面，美国的游戏出产量占全球的40%。需要指出的是，这些统计尚不包括作为美国第三大零售业的旅游业，以及教育和会展产业。

与美国采取完全不同文化姿态的发达国家是法国。它在文化发展方面不太信赖市场的作用，而更相信国家的扶持和庇护作用。这一方面出于法国对其历史传统的骄傲，另一方面也出于其对自己在文化竞争中处于守势这一现实的无奈。这种无奈感在1994年法国的《杜邦法》中得到明确体现，该法要求在新闻传媒和互联网上捍卫法语的地位，而它所针对的显然就是以美国为代表的英语文化的侵蚀。正因如此，《法国文化政策》几乎没有谈到“文化产业”；相反，它提到更多的是法国政府从王室时代就十分关注文化发展，强调文化与法国“国家形象”密切相关，并在国内加强政府对文化发展的扶持力度，在国外通过外交部和其他涉外机构来推进文化交流，加强法国文化的对外影响。

中国的近邻日本和韩国在20世纪末21世纪初都提出了“文化立国”的战略。日本的“文化立国”战略的基本政策主要包括：一是建设大型国立文化基地，增强文化对外辐射能力；二是构筑与文化政策相配套的环境政策、观光政策和产业政策；三是适应时代变迁，实施地域性的“文化街区建设计划”；四是重视充实与加强文化设施的内容与功能，推动大型“参与型”的文化事务活动；五是构筑文化信息的综合系统，致力于新兴文化产业的振兴；六是适应知识经济时代特征，完善著作权益制度；七是加强日本国语地位，适应全球化和国际化趋势；八是建立多元化的文化事业的支援体系；九是扩大保护文化遗产对象，设立世界文化遗产保护与修复的合作基地和支援体系；十是重视对亚洲的国际交流与合作，构筑日语教育的国际援助网络。

韩国政府于1998年正式提出的“文化立国”战略的重点在于：优化文化产业发展环境；设立文化产业振兴基金；建立国家级尖端文化产业基地，构筑文化产业基础网络体系，形成文化产业部门之间的共同信息系统；形成集约化、规模化的产业经营和专业化城市生产布局；强化外向型产品，积极开拓海外市场。

2. 发展中国家的文化战略

面对发达国家的文化侵蚀和渗透，发展中国家更多地采用防御和发展的战略。这主要体现在：

（1）保护民族的语言和文字。语言是一个民族文化的象征，保护民族语言和文字是抵御外来文化侵蚀的一个重要屏障。

（2）加强对外来信息和文化制品的监督和管理。发展中国家一般通过制定法律、建立管理系统，从质和量两个方面控制入境信息的内容和数量。

（3）实施民族文化创新战略。民族文化是一个国家、一个民族的智慧与文明的结晶，关系到国家的兴衰。“一个国家或者民族，能否在保持其传统优秀文化的同时，通过创新来赋予其鲜明的时代特征，不仅关系到这个国家和民族文化的生存与发展，也关系到国家和民族的前途和命运”①。

（4）重视文化与科技的结合。科技与文化的结合将大大提高文化的传播速度和范围，扩大文化的辐射力、影响力，促进一国文化的国际化，提高文化的国际竞争力。

（5）加强国际合作，参与制定新的文化协定。积极参加各种文化组织和有关活动，加大本国在国际文化问题上的发言权和影响力，同时建立国际文化联盟，利用国际力量保护自己的文化安全。

3. 构建和谐文化发展战略，提升中华文化软实力

全球化既给中国的文化安全带来了冲击，也给中国的文化发展带来了机遇和挑战。我们不能因为受到冲击而因噎废食，更不可倚仗有几千年的文明史而妄自尊大。众所周知，战略的贫困是民族的大敌。我们只有立足现实，制定合理的文化发展战略，才能在国际竞争中占据制高点，掌握主动权，提升我国的文化软实力，确保文化安全。

（1）政府方面。国家文化软实力建设的领导力量是政府，政府的决策和执政理念直接

① 方立：《全球化进程中国际经济、政治、文化关系相互渗透与影响》，载《理论前沿》，2000（21）。

关系到中国文化软实力的提升力度和空间。就政府这一主体来看，主要可以从四个方面着手：

第一，把文化软实力的提升上升到战略高度，与此同时，加强国家硬实力的持续建设。中国文化软实力的提升不是一个分散、独立的部分，它需要我们切实加大硬实力的建设，增强硬实力的基础性功能。如果国家硬实力得到进一步提高，社会的物质资源就会更加充足，这就能为文化软实力的提升创造一个较好的经济基础。但硬实力的发展并不一定伴随着文化软实力的增长，只有在硬实力发展的同时，加强自身将物质资源转化为文化软实力的能力，中国的文化软实力才能真正得到提升。

第二，使国内的主导文化和理念更接近于普遍性的全球规范。约瑟夫·奈认为，当一国的主导文化和理念更接近于普遍性的全球规范的时候，该国更容易获得软实力。① 中国的主导文化理念主要是汲取中国传统文化中的优秀思想与当代中国社会实际相结合而形成的社会主义核心价值体系。这就涉及传统文化和现代文化两个方面。从传统文化方面来看，当今时代的主题是和平与发展，这与中国历史上一直追求的“和谐”观念和文化是一致的。但中国传统文化的价值还远远不止这些，我们不能仅仅停留在文化的过去，而应该更深层次地挖掘和发扬传统文化中的优秀资源，进而通过合适、合理的“文化包装”，实现传统文化的现代化，使其在更大程度上表现为普世性的价值理念，让世界上更多的人认识、了解到中国传统文化的精髓，从而有助于中国国际影响力的提高。从现代文化这一层面来看，中国最主要的就是要推进文化创新，增强文化发展活力。在今天这个信息和资本高速流动的时代，要实现当代文化的创新发展，比较实用和有用的方式就是发展文化产业，使中国文化作为一个品牌走出国门，走向世界。在这方面，政府应该发挥好引导和规划作用。总而言之，国内主导文化的优秀与否非常重要，但将这种先进文化转化成国际社会易于理解和接受的方式的能力，在某些时候更加重要。

第三，完善中国文化的传播渠道。文化是流动性的资源，只有在不断的传播和推广过程中才能彰显其独特魅力。要改变中国在文化传播渠道上的弱势地位，就必须摒弃以前那种“单向传播”的方式，代之以更加积极、有效的“双向传播”模式。中国文化的对外传播，最主要还是应该立足于自身的传媒工作，要在进一步扩大中国主流媒体在国际上影响力的同时，加强中国主流媒体对中国文化的报道和介绍。但仅有我们自己的努力也是不够的。既然是“双向传播”的模式，就需要我们加强与西方主流媒体之间的沟通和了解。借用一位学者的话说就是，我们“要善于多方位多层次地运用西方新闻媒体，我们对西方主流新闻媒体特别是美国主流新闻媒体的借用要有针对性、工作要细化”②。虽然这段话最初是用在提升中国国家形象的传播思考上，但借用到文化传播上，仍然不失为一个好方法。

第四，要加强中国“文化信誉”的建设。众所周知，信誉是一种无形的资源，能给信誉持有国带来意想不到的财富和力量。所谓文化信誉，不外乎就是一国在文化方面所具有的能够让别国信服的力量和能力。而这种由文化信誉所衍生出来的力量，既是无形的，又是强大的、广泛的，并不仅仅局限在文化的单一层面。而目前的中国要在文化上建立起自

---

① 参见［美］约瑟夫·S·奈：《硬权力与软权力》，门洪华译，153页，北京，北京大学出版社，2005。

② 明安香：《关于国家形象传播的思考》，载《对外大传播》，2007（9）。

己的信誉，要做到的很重要的一个方面就是必须加强中国对知识产权的保护。中国的互联网和影音文化事业在短短数十年内得到了迅猛的发展，但与之相伴的是也滋生了中国“蓬勃发展”的盗版市场，且大有愈演愈烈之势，如果不及时、有效地加以打击、制止，其后果和危害将不堪设想。为了强化中国的文化信誉，我国一方面应该尽快完善相关法律法规，不给不法分子以可乘之机，也不给外部舆论以无理借口；另一方面应该从实践入手，在行动上加大对知识产权的保护与对盗版的打击力度和决心，以实际行动向世界表明中国在文化信誉建设上的决心和诚意：这并不是一项做给别人看的形象工程。

（2）政府之外的社会力量。中国文化软实力的建设和提升，主要是在政府的领导下进行的，但这并不意味着政府之外的其他社会力量就没有自己的责任。约瑟夫·奈曾经说过，除了政府层面，其他的诸多软实力来自政府控制之外的社会力量。① 就中国目前的国情来看，要提升我国的文化软实力，政府控制之外的社会力量主要应从两个方向努力：

其一就是要大力发展中国的文化产业。根据联合国教科文组织在蒙特利尔会议上的定义，文化产业是指按照工业标准生产、再生产、储存以及分配文化产品和服务的一系列活动。② 发展文化产业，不仅仅是着眼于提高经济效益，更重要的是要从提高国家文化软实力和综合国力的战略高度来予以重视。随着对外开放程度与国际参与度的进一步提高，国家认识到文化产业作为21世纪最具有前途的产业之一，不能光靠政府的力量，更多的还应该依托市场，依靠整个社会的力量，以产业化的运作来发展文化事业。另外，市场也有无序和功利的一面，完全处于政府控制之外的社会力量会失去规范。因此，在给予社会力量充分的自主权和行动权的同时，国家也应该予以适当的约束，这样才能将这部分社会力量保持在一个比较合理的“度”之内，充分利用其积极方面，抑制其消极方面，使中国文化软实力真正得到提高。

其二就是要加大民间的文化交流活动。要提升中国文化软实力，民间的力量不能小视，积极的对外民间文化交流能够促进外界对中国文化的了解，增加外界对中国文化的兴趣，以一种比较平和、友好和渐进、隐性的方式扩大中国文化在世界上的影响，这对中国文化软实力的提升也是具有积极意义的。目前，中国在官方文化交流活动方面做得比较有成效，如“中法文化年”、“中俄国家年”、在各地的中国文化展等。通过这种文化的传播和交流，确实在一定程度上提高了中国文化的知名度和吸引力，但民间文化交流这一部分目前做得则相对欠缺一点。民间文化交流目前比较值得一提的就是中央电视台的“同一首歌”节目，在过去几年里，该节目组先后举办了“走进美国”、“走进加拿大”、“走进新加坡”等活动，在扩大中国文化的影响方面取得了不错的效果，但其主要的受众还是集中在华人圈，影响力总的来说还比较有限，要想提升中国文化软实力，仅仅做到这些是远远不够的。这就要求我们多开拓一些民间交流渠道和项目，充分利用好民间资源政治色彩较淡、方式比较容易接受等优势，为提升中国文化软实力做出民间资源应有的贡献。

---

① 参见［美］约瑟夫·S·奈：《硬权力与软权力》，门洪华译，154页。

② 参见刘伟胜：《文化霸权概论》，153页，石家庄，河北人民出版社，2002。

第九章

地缘经济理论与国家经济安全

重点问题

- 地缘经济学的概念及历史背景
- 地缘经济对地缘政治的继承和发展
- 地缘经济对国家安全的影响
- 地缘经济在国家外交政策中的作用

第一节 地缘经济学的概念

一、地缘经济学产生的背景

地缘经济学（geoeconomics）在冷战后逐渐兴起，它是伴随着经济全球化而产生的。在经济全球化的大环境之下，国家与国家之间的经济交往和摩擦日益增多，一个国家的对外影响力也不能仅仅依靠军事力量来获得，更多是通过经济行为向国外的延伸和运作来发挥的。发达国家正是凭借经济方面的优势控制和影响着世界上不同的地区。由此可见，谁能掌握国际经济和生态的优势，谁就能在国际事务中拥有较大的发言权。

美国约翰·霍普金斯大学地缘经济研究所教授卢特瓦西认为，冷战后的经济对国家安全有着巨大的影响，国家利益就是经济上的国家利益，所有较量都是由国家利益驱动的。他主张以经济和生态优势来控制世界不同地区的变化取向。随着冷战的结束，对于发达资本主义国家而言，领土和生存方面的较量有所减退，取而代之的是每一天都在进行的经济合作。然而，国家利益的至高性无情地决定了国家之间的关系仍然是竞争性质的，只不过它们的竞争手段在冷战后以一种新的方式体现出来。从根本上讲，国家将按地缘经济的方式行事，以领土划界的行为体明确无误地要胜过世界舞台上的其他行为体。①

① 参见李继东：《论地缘经济时代的基本特征》，载《世界经济与政治》，2002（2）。

历史的发展表明，一个国家需要在和平的环境中才能发展强大，使用武力会使各方都遭受巨大损失，因此，世界对军事手段的运用表现得非常谨慎。在这样的国际环境下，大规模的战争爆发的可能性大大降低，长期的和平使得各国的经济飞速发展。然而，发达国家积累了大量的财富和资本，各大垄断企业在本国范围内已经没有太大的发展空间，对外扩张势在必行。于是，在国家的参与之下，发达国家以经济的方式实行对外扩张。在这种扩张过程中，经济手段取代了军事手段，地缘经济的竞争成为"没有硝烟的战争"。

在全球化的条件下，各国把追求经济利益作为目标，把对外经济扩张视为手段。随着国家间竞争的加剧，各种国际间的经济合作与交流与日俱增：发达国家利用发展中国家廉价的劳动力和原料来扩大自己的利润；发展中国家则希望利用发达国家的资金来发展本国经济。在这一过程中，各种经济合作组织诞生了。这种组织的建立，一方面可以使有共同利益的国家联合起来保护自身利益，另一方面可以使加入国际经济组织的国家更好地促进本国与其他国家的交流，从而在竞争中实现自身利益的最大化。从表面上来看，国际经济是以合作为主，但实际上，竞争是多于合作的，参与合作只是为了使自己在国际竞争中处于更有利的地位。从这一点上来看，当今世界的国际关系与以往并没有本质的区别，而且随着新兴国家的崛起，世界格局变得更为复杂，竞争也更加激烈。地缘经济学就是研究在这样的国际环境下如何应对新的竞争方式。

第二次世界大战以后，虽然各地局部冲突不断，但总体局势趋于缓和。在这段时间里，世界经济和技术飞速发展，特别是以美国为首的发达国家实现了信息技术革命，世界各主要国家已经不再以土地争夺作为竞争的主要目的，而是通过提高自己在国际中的经济地位来发挥影响力。冷战结束以来，随着两大阵营的瓦解和经济、通信、交通的发展，各国在经济上的联系日趋紧密，衡量国家大小强弱的标准也转变成一个国家的经济实力及其在国际贸易中的地位。鉴于这种形势，发达国家的扩张由以前的领土占领演变为对世界经济的控制，发展中国家则通过发展经济来扩大其在世界上的影响力。在当今世界，经济因素在国际关系领域里的作用大大超过了人们的估计，全球经济相互依存的趋势明显加强。正是在这样的背景下，地缘经济学应运而生了。

二、地缘经济学的概念

地缘经济学和地缘政治学一样，是由于国际形势的变化而产生的，其作用主要在于解释和研究新的国际形势。关于地缘经济学，美国的地缘经济学家卢特沃克做过这样的描述：根据地缘经济学，有国家提供或引导的产业投资资本等同于传统战争要素中的军火；国家支持的产品开发相当于开发新型武器；在国家支持下占领的市场取代了以往的军事占领。虽然私营企业每天都在为了纯粹的商业利益在做同样的事情，但是，当国家出面支持或者指导这些相同的经济行为时，它已经不再是纯粹的商业行为，而是地缘经济学。①

我国学者的主要论述有：（1）以经济利益和经济关系取代军事对抗和政治关系作国际关系主轴的理论，被称之为地缘经济学；（2）地缘经济学是关于国家利益、经济现象与地缘关系的科学；（3）在地缘要素影响下，经济手段或经济谋略成为国家之间竞争的新形

① 参见倪世雄等：《当代西方国际关系理论》，401页，上海，复旦大学出版社，2004。

式，促使人们开始从经济关系角度来重新认识、处理和定位国际关系的新理论，就是地缘经济学；（4）研究地缘要素与经济活动间发展变化的规律，及其在国际关系中竞争与合作的相互作用，服务于国家利益的一门新科学。①

基于对地缘经济学的这些解读，中外学者必然的结论在于：意识形态的差异已经不如以前那样重要；按照地缘政治划定的对手或敌手，在地缘经济时代可能同时是贸易伙伴；对全球最大的威胁已从核战争危险转向经济危机和对生态的破坏，国际关系中的“低级政治”（经济、社会、生态等问题）的紧迫性和重要性第一次明显地超过了“高级政治”（军事对抗和核威慑）。这一转向开拓了超越国界的、竞争与合作并存的新时代。显而易见，主导当今世界的，已经由过去的单纯军事竞争转化为以经济因素为主的多元化竞争，而研究这些因素如何影响甚至主导国际关系，正是地缘经济学的任务所在。

在当今世界中，地缘经济已经在自觉或者不自觉的状态下，影响世界格局的变化，指导国家对外政策的制定。根据地缘经济理论，虽然世界上的军事冲突和领土纠纷已经日趋减少，但是，各国之间的实际矛盾和斗争并没有因此缓和，这种矛盾和斗争可能源于经济或生态原因，但是不大可能是由于军事因素或者纯粹的政治因素造成的。因为在经济日益全球化的时代，经济利益可以使政治宿敌在一定程度上为了共同的利益而合作，传统意义上的政治或者军事盟友也会因为经济利益的纠纷而产生矛盾。所以，在当今世界，经济因素也许还不能完全颠覆以往的政治或者军事格局，但是经济因素对世界的影响正逐步加剧，这一趋势已经为各国的国际关系学家所认同。

概言之，地缘经济学主要有以下几个特点：（1）把经济活动作为研究国际关系的主要内容。以往的国际关系学家在研究国际关系的时候往往侧重于军事、政治和外交，对经济的研究处于从属地位；而地缘经济学则认为，当今世界国家之间的竞争主要表现为经济的竞争。（2）国家之间关系（竞争与合作）主要表现为经济关系。正是由于当今世界经济全球化程度高，经济行为可以对国际政治产生重大的影响，各国才采用地缘经济来作为维护自己国家利益的主要手段。而且，在地缘经济时代，政治上的敌手，在经济方面可能是合作伙伴；而政治伙伴甚至军事同盟，在经济上却相互竞争、毫不相让。（3）国家有意识地利用经济来发挥本国的影响力，即利用经济的影响力来贯彻自己的地缘战略，经济活动不但是目的，也是手段。（4）从地缘的角度出发，在国际竞争中保护国家的自身利益。在地缘经济中，地缘的概念已经不仅仅是纯粹的地理概念，也不仅仅是某一国家和周边国家的地缘关系。在经济全球化的时代，地缘经济是从全球的视角，结合特定的地理位置来研究如何维护国家利益的。（5）经济手段能有效地缓解军事和政治对抗。以往的商业竞争常常会引起战争，而当今国家间的经济竞争即使极为激烈，双方国家也会最终出面达成利益的妥协，从而避免战争或者政治上的完全对立。从这个角度来看，经济行为在一定程度上取代了战争和暴力手段。

在传统的国际贸易当中，商业活动的表现是比较纯粹的，商业本身也仅仅是目的，而非手段。虽然在宏观上，经济的发展可以使国家强大，但是在具体行为上，过去对商业或者贸易的保护往往伴随着军事行动，政治上的强大最终还是体现为军事上的优势。这一点

① 参见沈伟烈，《地缘政治学概论》，302页。

在鸦片战争中表现得尤为清晰：清政府当时对西方各国有绝对的经济优势和贸易优势，但是随着一系列战争的失败，西方强国通过军事手段达到了经济和贸易的目的。在地缘经济学家看来，以军事为手段来实现经济目的的行为并不隶属于地缘经济学的研究范畴，在地缘经济学中，经济活动（如经济制裁）取代了军事行动，成为达到政治或者经济目的的手段。因此，地缘经济既是冷战后国家之间进行交往的一种状态，同时，也可以是一种政策。在地缘经济下，发达国家之间可以进行激烈但平等的经济竞争。但是，并不是所有国家都有能力实行这种政策，发展中国家就没有条件和能力来推行其地缘经济政策。① 概括而言，地缘经济学实际上是在经济全球化高度发达的今天，学者们从国际关系的角度对经济活动特别是跨国经济活动对世界局势产生的影响的研究。

在21世纪的今天，公然破坏和平已经是一种冒天下之大不韪的行为。地缘经济学是以国家作为经济竞争的主体的，它承认国家之间的关系仍然是以竞争和对立为主，认为主权国家应通过经济之间的合作与竞争来维护和扩大自己的国家利益，强调冷战后的国家利益主要表现在经济方面。从这一点来看，地缘经济学是传统现实主义在冷战后的新发展。

同时，地缘经济学的产生是建立在全球化和经济一体化的基础之上的。持全球化观点的人认为，随着全球经济联系的日益紧密，全球经济一体化最终会得以实现，而以此为基础，人类社会最终会建立起超越国家的全球政治体制，全球化程度越高，地缘经济越有用武之地。值得注意的是，地缘经济又是着眼于维护主权国家的国家利益的，因此，在全球经济逐渐一体化的今天，作为地缘经济手段的贸易壁垒、技术壁垒等阻隔措施越来越为各国所采用。全球经济联系的形式逐渐演化为贸易量的增加和资金全球流动的加快，地缘经济导致全球经济一体化的趋势被日益增多的区域经济联盟所取代。在这一点上，地缘经济与全球化之间是矛盾的，甚至可以说，地缘经济在利用全球化的同时又在阻碍全球化的发展。

第二节　地缘经济与地缘政治

第二次世界大战以后，世界各国的力量对比和世界潮流的发展趋势均发生了巨大的变化，国际经济与政治不断出现新的特点：和平与发展逐渐成为了世界发展的主题，国家之间相互依存不断加深，世界经济一体化的趋势对国际政治的作用和影响日益突出，并对国际关系的发展产生了深刻的影响。在这样的背景下，地缘政治学获得了新的发展，随经济全球化而出现的地缘经济学成为现今世界国际关系发展的新体现。地缘经济学的出现对于推动地缘政治的发展具有重要的理论意义和现实意义。

一、地缘经济是地缘政治的延伸

地缘政治学说是从地理空间的角度来研究地理因素对国际关系的影响的学说，从历史渊源来看，它是西方资本主义发展到一定阶段的产物。19世纪末20世纪初，西方大国争夺原料产地和商品销售地的矛盾日益尖锐，在它们的争夺中，这些要素的载体——殖民地

① 参见倪世雄等：《当代西方国际关系理论》，402页。

成为其目标所指，地理环境被作为政治权力划分各利益集团势力范围的内容。从控制手段来说，传统的地缘政治往往是依靠直接的军事行动来实现其目标的，或者凭借强大的军事力量并采用一定的外交途径来达成一些不平等条约，从而在最大限度上保障自己在这个国家或者地区的利益。这样的政治目的一旦实现，这个国家就能控制其所占领或掌控区域内的大部分资源，包括自然资源、人力资源等。但是，在经济全球化的今天，经济要素可以在世界范围内自由地流动，国际分工合作日益明显，一些大型跨国公司的产品往往由多个国家协同生产。比如，美国波音公司生产的飞机，其零件就是由多个国家分工生产的，波音公司只是设计、组装并负责部分部件的生产。即使是结构相对简单的产品，诸如电脑、汽车、冰箱、空调等，其生产也是由多个公司乃至多个国家分工合作完成的。除此之外，各种区域经济组织也以地理关系为基础建立起来了，如东盟、欧盟等。如果说合作生产是世界各国企业以“线”的方式把世界经济联系起来，那么区域经济组织就是为了更好地维护和发展本国经济而以“面”的形式出现的经济整体。这两种形式渗透在一起，相互促进，共同发展。随着这种“你中有我、我中有你”的经济合作模式的发展，世界上任何一个国家的经济对世界其他国家的依赖程度都在不断加深。在这种状况下，一个国家经济利益和优势的获得可以通过掌握和开发先进的产品生产技术以及先进的管理模式和营销方式来实现，而不必像过去那样依赖于军事手段和暴力掠夺。在这种条件之下，一个国家政治目的的实现和国际地位的上升，在一定程度上就可以通过自身经济实力的发展来实现。

就理论的立足点而言，西方地缘经济学如同地缘政治学一样，都是为了适应西方大国对外扩张的需要而产生的。地缘政治学适应了西方列强进入帝国主义阶段后进一步向全球扩张的需要；地缘经济学则顺应了当今经济竞争渐渐上升为世界主旋律的大趋势。地缘经济学要求西方大国要倚仗金融和经贸优势去抢占市场，保持和扩大西方大国在国际舞台上的强权地位。可以说，这两种理论都追求同一个目标，只是因为形式不同而观点各异而已。① 这两种理论的目的都是服务于国家利益的需要。虽然地缘经济是基于地缘政治的基础并结合当今世界经济全球化的背景发展起来的，但对地缘经济的研究涉及了地缘政治在冷战后所没有涵盖的领域，因此，这两种国际关系理论是相互补充的，也是不能相互取代的。

在经济全球化的条件下，国家与国家之间的竞争越来越激烈，与此同时，世界的联系也越来越密切。传统的重商主义容易导致战争的发生，地缘经济则适应了新的国际形势而凸显出来。在地缘经济时代，国家之间的关系并没有本质上的改变，改变了的仅仅是竞争的方式。与现实主义者一样，地缘经济学者把主权国家当做主要研究对象，把如何维护主权国家的利益作为研究目标。有所不同的是，这些研究都是把经济作为影响国际关系的主要因素。另外，在现代西方国际关系学者看来，民主国家之间不会发生战争，因此，地缘经济并不是适用于所有国家的。虽然很多欧洲的学者并不认同美国的“霸权稳定论”，但是他们仍然坚信以价值观为基础建立起来的同盟关系。所以说，世界上比较成熟的区域经济联盟一般都具有相同的价值观，跨越意识形态的国际性经济组织由于经济实力的差别以

① 参见丁志刚：《新兴地缘经济学独特的地缘战略视角——大国地缘经济战略争夺的新态势》，载《国际论坛》，2001 (2)。

及其他政治因素的影响，很难在经济合作中取得实质性的进展。西方国际关系学者们始终认为，只有符合西方所倡导的价值观的国家之间才完全适用于地缘经济学的原则。

在对地缘经济学进行研究的时候，人们常常用地缘政治与之进行比较，希望从研究方法、研究内容、研究对象等方面入手找出两者之间的关系。现在，有一点能够基本达成共识：地缘政治研究的是宏观地理概念上的国际关系，而地缘经济研究的是微观地理上的国际关系。① 正因如此，有些人认为，地缘经济学虽然是一门新兴的国际关系理论，但是它仍然是地缘政治学的一个分支，二者之间是派生关系或者是隶属关系。但实际上，人们很难把地缘政治和地缘经济这两种理论简单地归纳为一种关系。在“地缘”这个概念上，地缘政治学中的“地缘”代表的是一个综合性的地理概念，是指某特定区域的所有因素。从这一点上来说，地缘政治中的地缘几乎可以等同于“地理”这个概念。而对于地缘经济学来说，地缘的概念在更大程度上强调的是在经济竞争当中的国家含义，是把国家作为经济竞争单位来加以研究，这时候的地缘在很大程度上指的是地理方位。对于地缘政治学家来说，其研究也需要涉及经济因素，但地缘经济并不是指地缘政治中的经济因素，这时候的经济代表一种手段。在很多时候，地缘经济是作为一种手段来服务于地缘政治战略的。例如，国家在制定某种地缘政治的战略目标后，会采用很多手段来达成这个目标，地缘经济就可能是其中的一种，特别是在当今经济全球化的条件下，地缘经济往往成为其中最主要的一种。另外一种情况就是，当某一地区可能用地缘经济的方式来为国家获得更多的经济利益的时候，国家也会为此制定相关的地缘政治政策，以此来对这一地区的战略价值进行重新估计。这一点在美国在中东地区采取的策略上体现得最为明显。在这一地区，美国不惜动用军事手段来推行并维护自己的中东地缘政治战略，其最终目的就是为了保护其地缘经济利益。

二、地缘经济理论的未来

地缘经济理论自出现至今不到20年，但是在这20年之间，经济全球化迅速发展，地缘经济也成为世界上绝大部分国家之间竞争的主要手段。国家之间的合作与摩擦大部分以经济的形式出现，也是以经济的手段解决。种种现象表明，传统的军事联盟似乎正失去其存在的意义。

值得注意的是，在传统意义上的军事或者政治联盟之内，经济摩擦和贸易纠纷往往更容易得到解决，冷战时期如此，现在依然如此。贸易壁垒和技术壁垒更多地体现在发展中国家和发达国家之间。在世界上现有的区域经济联盟中，同时有发展中国家和发达国家成员的联盟很难达成有实质性合作意义的协议，除非这个组织还兼具政治联盟的性质。虽然以经济来解决争端的方式已经被越来越多的国家所采用，但这一方式的突显也是在第二次世界大战之后了。第二次世界大战以前，强国之间的实力比较相当，没有哪一个国家的力量可以强大到能够压制其他所有的强国，即便是当时的美国，在军事上对欧洲各国也不具备太多的优势。在这种情况下，为了争夺更大的生存空间，战争成为比较快捷的手段。第二次世界大战以后，两个超级大国之间的军事实力的相对平衡以及核武器可怕的毁灭能力

① 参见倪世雄等：《当代西方国际关系理论》，402页。

让战争有了更多的制约因素。冷战结束后，虽然美国的力量在一定程度上压制了其他的强国，但很多发展中国家也开始发展强大起来，而且现代化战争的巨额费用也并非所有国家所能承受的。基于这种现实情况，地缘经济成为国家对外交往的主要手段。

很多人认为，在这样的条件下，传统的地缘政治已经失去了原有的作用，将逐渐被地缘经济所取代；以往的军事行动也没有了用武之地，经济行为已经主导了国家之间的交往方式，合作与冲突都表现在了经济方面；以往划分敌友的方式也已经不再适用于地缘经济时代。在地缘经济学家看来，随着全球经济一体化的发展，各国政府都会致力于对外经济斗争以保障自己的国家利益。同时，他们也承认，以后国家间的竞争会越来越激烈，虽然发达国家之间几乎不可能爆发战争，但是对于新兴的发展中国家而言，其在崛起过程中会不会采用军事手段，将会很难预料。

对于国家而言，并不是每个国家都有能力来推行自己的地缘经济政策。这一点在地缘政治政策上体现得更加明显，有能力来实现自己地缘政治战略目标的国家数量很少，虽然小国和弱国为了自己的生存需要也会制定一些地缘政治战略，但是这些国家的举措显然不会对国际局势造成比较明显的影响。至关重要的问题在于，潜在大国与已经发展起来的国家之间的地缘政治战略必然会形成冲突：没有哪个新兴国家会满足于现今的地位和影响力，一旦具备足够的实力之后，其必然会对现实强国构成威胁和挑战，这些威胁和挑战既有经济方面的，也有军事方面的，面对这种情况，老牌强国也会竭力维护自己的既得利益。20 世纪的两次世界大战就是因此而引发的。虽然核武器的存在以及世界人民对和平的追求使得全面战争爆发的可能性逐渐变小，但是局部冲突和常规战争发生的风险并非已经不存在。

在地缘经济日益发展的背景下，还存在另外一种不可忽视的现象：全球经济的飞速发展给各国带来了巨大的经济利益，相比以前，国家经济安全变得更加脆弱。各国的发展是不平衡的，发展中国家和发达国家之间的矛盾并没有因为经济联系而得到缓解。在地缘经济飞速发展的背后，传统的政治斗争手段非但没有随着地缘经济的兴起而削弱，反而在一定程度上有所加强。根据联合国的统计，冷战后各国军费增长的速度大大高于冷战时期。在冷战时期，由于世界各国大部分都分别依附于美国和苏联这两个超级大国，所以它们的自身军事安全也主要依靠这两个超级大国来保障。冷战后，国家的独立性增强了，为了保障自己的安全，各国都纷纷以前所未有的力度来加强本国的军事建设。由于国家之间的不信任而导致的军事博弈是造成军备竞赛的根本原因。地缘经济虽然使世界各国的经济联系更加紧密，但却丝毫不能改变国家之间的对抗关系。在这一点上表现最为明显的便是欧洲国家：虽然欧盟的经济政治一体化程度越来越高，而且还有美国的保护，但是欧洲各国对本国军事实力的建设没有因为经济一体化的加快而有所放慢。

在经济层面上，地缘经济的发展同时也导致了国家之间的经济往来实质上被阻隔了。由于信息技术高度发达，跨国经济活动使得发达国家的先进技术很容易被其他国家所掌握。为了保持自己优势产业的技术领先地位，发达国家对技术纷纷采取保护态度，并设立严格专利保护体制，从而使自己的优势产业技术对其他国家特别是发展中国家保持了一到两代的领先水平。需要补充说明的是，在冷战结束以前，发展中国家可以购买到大部分发达国家不涉及国家安全的先进民用技术。这一方面是因为当时的国际贸易量有限，发达国家在第二次世界大战后急需国家发展资金；另一方面也因为当时发展中国家的技术和经济水平与发达国家之间的差别巨大，出售部分先进民用技术不会动摇发达国家的技术领先地位，而发展中国家由于资金的原因也无法大量地购买发达国家的先进技术。然而，在经济全球化高度发达的今天，由于地缘经济的原因，发展中国家很难从发达国家购买到最先进的技术。这是传统重商主义在地缘经济和经济全球化条件下的新表现。

美国作为唯一的超级大国，在经济和技术实力上拥有其他国家无可比拟的优势，同时它也是世界上唯一能够推行全球地缘政治战略的国家。对于这样的战略，单凭地缘经济的软控制是远远不能满足的，因此，美国还保持着众多的海外军事基地和庞大的驻军。在美国看来，军事存在的硬控制远比经济手段的软控制更为有效。虽然美国在军事上拥有绝对的优势，但是在其国防战略当中，它仍然把全球快速打击和军事力量投送当做头等发展目标。另外，美国武器更新换代的速度和军事技术研发的速度也远远高于那些并不能对其造成威胁的“潜在敌人”。与此同时，美国还依靠自身强大的军事和经济力量组建政治和军事联盟，然而经济上的贸易伙伴仍可能是政治上的强劲对手，一旦这样的对手出现，即使是与美国有着巨大贸易往来的国家，美国也会在包括经济在内的各个领域给予制裁和限制。

经济的全球化使得世界各国的经济联系日趋紧密，在此背景下，地缘经济在世界政治舞台上日益大显身手。在和平发展的年代里，每个国家都珍惜和平的机会来发展本国经济，从一定程度上说，经济发展成为世界的主流。正因如此，对一个国家而言，其所面临的竞争和威胁主要来自于经济方面，以经济的方式而非军事来解决矛盾也是大部分国家乐于接受的。但是，并不是所有问题都可以通过经济的方式来解决，比如领土问题、意识形态的偏见、大国之间生存空间的矛盾等。对于这样的问题，地缘经济手段只能起到缓解和改善的作用，并不能从根本上予以解决；而且纯粹的经济手段对具有较强经济实力的国家的影响力和控制力是相当有限的。所以，在地缘经济对世界影响越来越强的时候，传统的政治手段并没有退出国际政治的舞台。在发达国家内部，地缘经济起着越来越重要的作用。在世界贸易和产业竞争当中，发达国家是十足的胜利者，因此，他们推崇自由贸易和地缘经济。对于地缘经济学而言，如何应对日益尖锐的国际矛盾和发展中国家与发达国家之间因为不平等竞争造成的矛盾，成为地缘经济学今后发展的难题。

第三节 地缘经济时代的国家经济安全

从心理学来讲，对安全的追求是人类的基本需求之一。狭隘的安全观认为安全就是保证自己不遭受暴力造成的人身伤害或财产上的损失。对于一个国家而言，保证本国不受外来武力的侵犯，保障领土完整以及本国人民生命财产，是国家安全的基本前提。然而，决定国家安全的主要是两个因素：综合实力和地理环境。国家实力决定一个国家的安全程度，地理条件决定一个国家的经济发展模式。在传统的观念中，国家安全是以军事实力为中心，以领土的争夺为目的。随着时代的进步和文明的发展，国家安全的内涵和外延也有了相应的发展。在经济全球化的环境下，军事威胁和领土入侵的可能性降低，与此同时，金融、贸易等经济方面对国家经济产生的影响以及导致的国家经济安全问题却日益明显。

对于理想主义者而言，他们希望国际社会和平发展，希望建立一个公正平等的世界秩序。他们主张，人类最终会走向大统一，全球性的社会会成为现实，在这样的世界中，没有战争，也没有国家安全的问题。美国第二十八任总统伍德罗·威尔逊便是建立这样世界秩序的倡导者，他身体力行，在第一次世界大战后积极主张创建国际性政府组织“国联”。但是最后，“国联”没能给世界带来和平，连美国也没有加入。可见，在当时的情况下，创建世界统一的和平秩序是无法施行的。而现实主义者则把维护国家利益作为中心，一切政策都围绕这个目标来制定。但是，极端的现实主义容易导致战争的爆发，所以当今世界上所有国家制定的政策都是以服务本国利益为出发点，同时也强调要保持世界和平。这样就出现了一种现象：世界上对于要求和平的呼声越来越高，但是，与此同时，各国的军费开支越来越庞大，国家之间的军备竞赛愈演愈烈。美国的“霸权稳定论”体现美国一方面想自己来主导国际和平进程，另一方面又想维持着世界上最庞大的军队。这严重威胁到其他国家的安全和利益。而其他国家为了应对威胁，也纷纷根据自身实力来加强本国的军事实力。这一切表明，在当今世界，现实主义安全观主导着世界各国对国家安全所采取的措施。随着冷战的结束，世界格局发生巨大变化。在经济高度全球化的今天，国家安全的内涵大大超出了传统安全观的范围，国家的经济安全成为最主要的内容。在经济全球化条件下的经济安全更加脆弱，并且经济安全直接影响到国家安全的其他领域——没有经济安全也就无法保障军事实力和领土完整。所以，国家的安全观从单纯的军事安全逐步发展成为以保障经济安全为主的综合安全。

一、国际贸易

第二次世界大战后，国际政治环境趋于缓和，各个国家都忙于战后国家的重建，这为国际贸易的发展创造了良好的外部条件。另外，新的技术革命为国际贸易提供了物质基础。各种国际经济组织，如国际货币基金组织和世界银行等的建立，使国际贸易更加方便和规范。经过战后几十年的发展，国际贸易已经成为世界经济发展的主要动力。在这样的背景下，世界各国纷纷把国际贸易作为地缘经济的主要手段。

国际贸易作为一种比较传统的经济行为，其功能就是通过国家之间的商品交换来保障整体的经济效益。在国际贸易高度发达的今天，各个国家的政府都会有意识地对本国的商品和企业进行保护，而对外国进入本国市场的商品进行打压和限制。当政府比较明确地开始干预国际贸易时，国际贸易就演变成为“地缘经济手段”。

关税是国家干预贸易最直接的方法。关税作为政府的一种增加财政的手段，本来不具有政治意义，但是现在世界上各个国家几乎都把关税作为保护本国产品的一种手段：当外来某种产品对本国同类产品的市场份额造成威胁时，国家都会用提高关税的方法来保证本国产品的销售。在这一点上表现最为明显的是韩国的农产品，由于韩国的土地较少，农产品生产成本很高，所以韩国政府对外来的廉价农产品收取高额关税，以保证自己本国的农产品的市场份额。

除了关税，贸易壁垒也是国际贸易中的常用手段。贸易壁垒通常是发达国家所采用的手段。发达国家拥有技术优势，所以在进口产品的时候会制定比较严格的技术标准，比如产品的环保程度、卫生状况、安全标准等。而这些标准往往是其他非发达国家难以达到的。因此，这些技术标准完全由发达国家把持，发达国家可以轻易把发展中国家的产品拒之门外，这在一定程度上也就造成了发达国家出口产品几乎不受限制，而发展中国家的产品难以出口到发达国家的不对等局面。

发达国家还可以通过经济制裁来惩罚对手，比如，禁止向受制裁国出口某种必需的产品或者原料、停止各类援助等。目前，实施这一手段的主要是美国。因为经济制裁不但会使他国遭受损失，自己的经济也会受到一定的影响，一般只有自身实力足够强大或者能够联合其他国家的国家才能使制裁达到相应的效果，所以，使用经济制裁的通常是经济非常发达的国家。

二、国际金融

截至20世纪末，世界上大部分国家都不同程度地开放了本国的金融市场。与此同时，世界各金融中心的资金流量飞速增长。这表明，在经济日益全球化的今天，金融全球化已经是不可避免的趋势。

一国开放本国金融市场的目的是为了获得更多的国际资本来发展本国经济。但在一个开放、自由的金融市场中，汇率一般是和国际接轨而并非采用固定的数值，因此，政府控制的手段十分有限。在金融全球化的今天，汇率和其他金融资产变动很快，经常背离本国经济的实际情况，这就给大规模的国际金融投机活动创造了机会。随着全球金融资本总量的巨额增长，这种投机活动往往能给国民经济造成巨大的损失。在汇率不稳定的状态下，特别是当本国货币的汇率被高估的时候，国际资本的投资者就会进行投机性投资，即大量兑换升值中或者即将升值的货币和其他金融资产，并等待升值后抛售。当被高估的货币最终回归正常的时候，国际投资者已经撤走了资金并赚取了外汇，其中的损失就由被投资国家承担。随着国际流动资本越来越巨大，流动越来越方便，开放金融市场的风险也越来越大，20世纪末爆发的亚洲金融危机就是一个很好的例子。

这样的情况表明自由的金融市场有着巨大的风险，但是其中发展中国家所面临的风险要远远大于发达国家，因为在开放金融市场的过程中，发展中国家对国际资本的依赖程度要大于发达国家。发达国家的资本输出比较多，而发展中国家对资本接纳的比较多，这是由一个国家的经济水平决定的。另外，很多发展中国家经济增长的比率比较高，其国内的货币以及其他的金融资产容易被高估，也更容易遭受国际资本的投机性投资。在稳定汇率方面，发达国家可以凭借其雄厚的经济实力来采取更有效的手段使损失降低，而发展中国家却缺乏这样的条件。因此，在遭受金融风暴的时候，损失最大的往往是发展中国家。

对于发达国家而言，虽然其金融市场相对稳定，但是也往往会受到一定程度的影响，所以它们也会积极地制定一些政府干预的政策来稳定本国的金融市场。随着金融全球化的加深，金融风险对一个国家经济的影响也逐渐加大。在这样的情况下，国家可以利用金融手段来推行自己的地缘经济政策。

三、科学技术

军事和经济是国家安全的重要因素，而这两者都离不开科学技术。时下，兵器中的技术含量不断提高，人数上的优势已经不再能够主宰战争的胜负了。在经济领域，掌握了生产技术的国家可以以相对较低的成本生产出更好的产品，这就意味着可以占领更多的消费市场，获得更多的利润。

美国第三十三任总统杜鲁门在第二次世界大战后提出的战后复兴计划中指出：没有一个国家能够在当今世界长久地维持领袖地位，除非它充分开发了它的科学技术资源。随后，美国诞生了世界上第一台计算机，从而拉开了第三次工业革命的序幕。第二次世界大战以来，美国一直在大多数科技领域保持世界领先的地位，同时也保持着世界第一军事大国和第一经济大国的地位。

邓小平曾经指出："科学技术是第一生产力"①。一个国家要发展，就必须依靠先进的生产力。信息技术的发展使人们更容易获得世界各地的信息，但这并不意味着每个国家都有平等的信息获得权。从技术上来讲，发达国家拥有比发展中国家更为先进的技术实力和研发能力，其先进的科技垄断了高科技产品领域，比如，电子产品、软件、信息等，这些产品都是高利润的行业，凭借这些产品带来的高额利润，发达国家可以进一步支持先进技术的研发。以雄厚的资金和良好的科研环境为基础，发达国家拥有更庞大的高科技人才队伍。为了确保技术领先的地位，发达国家对于自己的技术实行严格保密，严防自己的最新科研成果流入其他国家，即使对自己来说是过时的技术，其他国家要想获得也需付出高昂的代价。在这种条件下，发展中国家很难在技术上超越发达国家。当然，发达国家也不能像过去那样随心所欲地侵占落后国家的领土和资源。在地缘经济时代，国家之间的竞争表现为生产力和经济实力的较量，拥有先进科学技术的国家无疑会在地缘经济的斗争中取得优势地位。

四、能源与资源

能源是工业发展的动力，自第一次工业革命以来，随着生产力的发展，工业国家对石油的需求飞快增长，这导致世界对能源的依赖程度不断加深。稳定而充足的能源供应是一个国家发展的保障，虽然现在很多国家和地区都正积极开发太阳能等新兴能源和替代能源，但是在未来很长一段时间内，煤和石油等传统能源仍然是支撑国家发展的主要动力。

在当今世界，能源在很大程度上影响着世界经济与政治的发展进程。由于世界上的石油分布比较集中，所以大多数国家都是能源消费的进口国，特别是美、日、欧等发达国家和地区，由于其工业化程度高，自身产量比较有限，因此必须靠进口来满足自身对能源的需求。能源安全是经济发展的必要条件，保证本国的能源安全因此成为影响到国家安全的首要因素。随着能源需求的增加，地球上的能源逐渐走向枯竭，在未来的几十年之内，能源将成为世界各国地缘经济斗争的中心。

传统的能源一般是指煤、石油和天然气，其中以石油最为重要。没有石油，汽车不能行驶，很多行业的工厂不能开工，现代战争中所使用的主要武器比如坦克、飞机、军舰等都不能启动。按照现在已经探明的储量计算，世界上的石油只够人类使用50年。在过去的十年当中，世界原油的价格翻了三倍，围绕石油展开的地缘政治和地缘经济斗争也不断加剧。从1991年的海湾战争到2003年的伊拉克战争，其主要的原因还是美国为了维护自

① 《邓小平文选》，1版，第3卷，274页。

己在中东的石油利益。作为世界头号强国，美国对石油的依赖也是最深的，占世界人口5%的美国，却消耗着全球大约1/3的石油。从这一点来看，美国今天的强大和繁荣，是离不开巨额的能源特别是石油的消耗的。缺少了石油，美国就难以保持自己超级大国的地位。在美国的全球战略中，控制中东石油和国际油价，就等于把世界其他国家的经济命脉掌握在手里，美国就可以用石油作武器来影响其他国家的经济发展。比如，对于需要进口石油的发展中国家来说，油价上涨不但意味着经济增长需要付出更大的成本，也意味着发展速度的降低。而对于石油出口国而言，油价下降，其收入也相应减少，出口量越大，收入减少的也就越多。正是因为石油价格的涨跌能明显影响到世界经济的发展，美国才一直把石油战略作为其推行地缘经济政策的重要手段，不但从经济上控制国际油价，而且从军事上控制海上几条主要的石油运输线。为了应对这种情况，世界上其他国家纷纷根据自身的实际情况制定了相应的能源战略。

通过这些现象我们可以看出，围绕能源的争夺主要包含有两大矛盾，即能源出口国与能源进口国之间的矛盾，以及能源进口国之间的矛盾。在围绕这些矛盾展开的斗争中，各大能源公司之间的竞争仅仅是表面的，每个能源公司的背后都有政府的支持。从这一点来看，能源政治已经成为地缘经济的重要内容。

五、生态环境

在过去的一个多世纪里，随着人类生产技术和生产力的迅速发展，工业文明给人类带来了巨大的物质财富。与此同时，人类也在以惊人的速度消耗着地球上的自然资源，巨大的消耗严重地影响了全球的生态环境，大量的工业排放物污染了大气和水源，地球一部分生态系统遭到的破坏已经无法还原。可以说，我们在享受工业技术给我们带来丰富的物质生活的同时，也在透支着地球的自然资源。从长远的角度看，我们留给子孙后代的只是一个残破的地球与恶劣的生存环境。人类如果继续这种对地球的破坏式发展的方式，那么最终也必将遭到大自然的报复。很多环境以及气象专家认为，以我们现在对地球生态环境的破坏速度，我们在有些电影中看到的对人类造成毁灭性打击的自然灾害场景很快将会变成现实。

20世纪后期，环境问题逐渐冲破单一概念：环境扩展了传统安全观的内涵，形成环境安全；环境参与到经济行为中，产生了绿色经济、绿色贸易壁垒；环境与霸权结合，形成环境霸权主义；环境与国际秩序联系，并寻求公正、合理的国际环境新秩序。① 由此看来，环境问题已经延伸到国际社会中的政治和经济领域。由于全球的生态环境是联系在一起的，人类对环境的保护和破坏是“一荣俱荣，一损俱损”，环境安全直接影响到人类的健康和经济的可持续发展。1992年，联合国在里约热内卢召开“环境与发展大会”，秘书长斯特朗指出，冷战已结束，环境问题跃至世界问题的榜首，全球环境问题影响深远，已渗透到国际政治、经济、军事科技、贸易、社会文化等各个领域，对人类的思维方式、发展模式、生活消费方式构成全方位的挑战。② 所以，环境安全已经成为国家安全的重要组

① 参见丁金光：《国际环境外交》，北京，中国社会科学出版社，2007。

② 同上书，137页。

成部分。

从地缘经济的角度来看，环境问题在很多国家被当做保障国家利益的手段来运用，这主要表现在南北矛盾（即发达国家与发展中国家之间的矛盾）上。作为工业化成果的利益既得者，发达国家抢得了历史发展的先机，享受着工业文明带来的物质成果。它们虽然是生态环境的主要破坏者，但这些物质高度发达的国家政府考虑最多的不是如何弥补它们对全球生态造成的破坏，而是指责发展中国家现在的发展对环境造成的破坏。同时，它们在经济上设立技术壁垒，依靠自己先进的科技和雄厚的经济实力开发比较先进的环保技术，对国际贸易中的商品提出严格的环保技术要求，成为规则的制定者。它们还无视全球生态的联系性，实行狭隘的生态保护观念，把自己国家的工业垃圾运送到一些发展中国家进行处理，把高污染的行业比如化工转移到发展中国家生产。虽然这使得少部分国家在一定程度上保护了本国的生态环境，但从长远看，这样的行为对于改善全球生态环境丝毫没有作用。

发达国家之间对环境保护的态度也是千差万别。欧洲国家由于最早进行工业革命，生态环境破坏比较严重，所以一般比较注重生态环境保护，也积极参与对国际生态环境的保护。然而，有些发达国家却只注重本国国土内的生态环境保护，这些国家并不减少对自然的开发，而是把对生态环境的破坏转移到其他国家。比如，日本有着比较完善的环境保护法，但是日本对海洋鱼类的大肆捕捞对海洋生态造成了严重破坏。此外，日本还是最大的垃圾出口国，每年向海外出口的垃圾高达1 000万吨，日本也因此成为“公害输出型”的“污染大国”。美国作为世界第一大国，也是世界上最大的温室气体排放国家。虽然生态环境是一个全球性的问题，需要所有国家一起来维护，但是由于生态环境安全会与一国的经济产生一些冲突，因此，如何协调好这些矛盾和冲突，成为全球生态环境面临的最大难题。

六、跨国公司和区域经济组织

跨国公司是发达国家生产和资本高度集中的结果，是科学技术和生产力高度发展的产物。[①] 由于早期实现工业化的国家实行的是自由经济政策，因此，在长期的竞争中，少数大公司成为行业的垄断者并控制了行业内商品的生产和销售。对于垄断企业来说，它们可以在本国内部获取高额的垄断利润，然而这导致了大量剩余资本的产生。但是，由于行业内的垄断企业之间是实力相当的，因此，这些企业难以获取更大的垄断利润，它们在国内的市场已经饱和。在这样的情况下，垄断企业只有把剩余资本转移到国外，在那些劳动力和生产原料廉价、市场广阔但是却缺乏资金的国家进行投资，跨国公司就由此产生了。

跨国公司是经济全球化的重要标志和载体，它意味着全球生产和全球市场的形成。跨国公司的生产方式客观上来说是一种更有效率的形式，能够更加有效地配置世界各地的资源。同时，跨国公司也是国家地缘经济政策的主要执行者，作为巨大的经济实体，跨国公司的发展可以直接提高国家的经济实力。发展中国家因拥有廉价的劳动力和丰富的资源而往往成为跨国公司的首选投资目标。对于这些国家而言，跨国公司的投资可以帮助它们发

---

① 参见陶继侃、姜春明主编：《世界经济概论》，第4版，105页，天津，天津人民出版社，2003。

展经济、提高就业率，也有利于它们学习先进的生产和管理技术。但是，实力雄厚的跨国公司也会挤垮发展中国家的企业，从而加深发展中国家对发达国家的依赖。怎样处理好吸收国外跨国公司资金和保护本国企业的关系，成为发展中国家必须解决的难题。对于拥有众多跨国公司的发达国家而言，利用跨国公司可以影响甚至控制其他国家的经济发展。对于一些本国市场需求不足的发达国家而言，发展中国家的市场对保障其经济的发展起着举足轻重的作用。总而言之，跨国公司对经济全球化和全球经济发展起着主要的推动作用，它使世界各国之间的联系更加紧密，造成了国家之间依赖程度的加深。如何处理这两者之间的关系，成为全球化条件下影响国家经济发展的关键问题。诚然，围绕这些矛盾的不仅仅是跨国公司的博弈，更是国家与国家之间的较量。

区域经济组织是政府之间的组织，指某区域范围之内的两个或者两个以上的主权国家为实现经济利益的最大化而组成的经济联盟。区域经济组织通过协议的形式展开经济合作，它们或是在本区域内部开放市场，或是在成员国之间降低关税。这些措施对内降低了发展成本、提高了经济效益，对外维护了成员国的经济利益。根据合作的方式，在各区域经济组织内部，国家之间经济一体化的程度也有所不同。世界上现有的区域经济组织从低级到高级可以分为自由贸易区、关税同盟、共同市场和经济联盟四种形式。区域经济组织内一体化程度越高，竞争力和排他性就越强。各国根据自身的发展情况和外部条件来协商组成各种类型的区域经济组织，主要就是为了在不损伤国家利益的前提下，以整体的形式与其他国家和地区进行竞争。所以，在第一个区域经济联盟出现之后，其他国家为了应对它所带来的威胁，也纷纷效仿，以地缘关系为基础，组建相应的联盟，抵消其他区域联盟带来的竞争压力。因此，区域经济组织是地缘经济最直接的表现形式。

现今世界上比较有影响力的区域经济组织有欧盟、东盟和北美自由贸易区。这三个组织的最大特点就是其成员国在地理上非常接近，更容易发展成为比较高级的联盟形式。其中，欧盟是一体化程度最高的地区，它不但拥有共同的市场、统一的关税，还发行了统一的货币——欧元。经过几年的发展，欧元已成为世界上最重要的货币之一。为了抵消欧盟给美国和加拿大带来的消极影响，1988 年，美国和加拿大签订了《美加自由贸易协定》，而后，由于墨西哥的加入，三国于 1992 年签订了《北美自由贸易协定》。相比之下，东盟是发展中国家建立的相对比较成熟的区域经济一体化组织，虽然东盟在经济上还只是一个自由贸易区，但是东盟各国之间合作的内容涵盖了经济、安全、社会、文化、科技等诸多领域。从总体上来说，东盟是发展中国家之间建立的较为成熟的国际组织之一。

随着 19 世纪工业化国家的全球扩张，世界进入地缘政治时代，这一时期的特点就是军事手段和军事联盟成为维护国家利益的主要方式。在这一时期，政治联盟等同于军事联盟，两次世界大战即是这一特点的直接体现。冷战结束后，经济全球化使世界逐步进入地缘经济时代，高度发达的国际贸易和跨国公司成为地缘经济时代的主要竞争方式，虽然国家之间的军事组织还没有消亡，但是区域经济组织已经蓬勃发展起来，并成为影响世界格局的主要力量。在地缘经济时代，国家之间的竞争主要是经济竞争，国家安全主要体现为经济安全。

参考文献

［1］程广中．地缘战略论．北京：国防大学出版社，1999

［2］刘从德．地缘政治学：历史、方法与世界格局．武汉：华中师范大学出版社，1998

［3］陆俊元．地缘政治的本质与规律．北京：时事出版社，2005

［4］张炳清，韩永学编著．大赌局：冷战后世界地缘政治格局．北京：中国社会科学出版社，1999

［5］叶自成主编．地缘政治与中国外交．北京：北京出版社，1998

［6］沈伟烈主编．地缘政治学概论．北京：国防大学出版社，2005

［7］［美］斯皮克曼．和平地理学．刘愈之译．北京：商务印书馆，1965

［8］［美］兹比格纽·布热津斯基．大棋局：美国的首要地位及其地缘战略．中国国际问题研究所译．上海：上海人民出版社，1998

［9］［美］查尔斯·库普乾．美国时代的终结：美国外交政策与 21 世纪的地缘政治．潘忠岐译．上海：上海人民出版社，2004

［10］［英］杰弗里·帕克．地缘政治学：过去、现在和未来．刘从德译．北京：新华出版社，2003

［11］［英］杰弗里·帕克．二十世纪的西方地理政治思想．李亦鸣等译．北京：解放军出版社，1992

［12］［英］麦金德．历史的地理枢纽．林尔蔚等译．北京：商务印书馆，1985

［13］［英］麦金德．民主的理想与现实．武原译．北京：商务印书馆，1965

［14］［德］马克思．十八世纪处交史内幕．北京：人民出版社，1979

［15］［意］杜黑．制空权．曹毅，华人杰译．北京：解放军出版社，1986

［16］Colins. Cray，The Geopolitics of the Nuclear Era，Crane，Russak & Company，Inc，1977

［17］George Modelski and William R. Thompson，Seapower in Global Politics，1494—1994，Seattle：University of Washington Press，1988

[18] G. R. Sloan，Geopolitics in United States Strategic Policy，1890—1987，Wheatsheaf Books，1988

[19] Geaóid O'Tuathail，Critical Geopolitics，the Politics of Writing Global Space，London：Routledge，1996

[20] George J. Demko and William B. Wood（ed.），Reordering the World，Geopolitical Perspectives on the Twenty-first Century，Boulder：Westview Press，1994

后记

这本书是我所承担的教育部“十一五”规划教材的最终成果，它能够与读者见面，首先要归功于中国人民大学出版社郭晓明先生的精心组织和付出。虽然投身于地缘政治理论的研究已有十多个年头了，但对于这本教材的编撰还是觉得实力欠缺，促使我大胆推出的一个重要动因是近年来对学术研究的一些切身感悟，近几年最大的冲动就是想对这一工作做一个阶段性的总结，理清长期研究中的一些困惑和迷茫，同时对自以为乐在其中的学术研究进行深刻反思。当然，这种总结和反思并不是要转向其他领域，真实的愿望是在这一过程完成后继续我所感兴趣的研究，因为还有很多的设想有待去完成，不能半途而废。

在这本书的写作过程中，我要感谢远在英国伯明翰的 Geoffrey 对我的鼓励和支持，我们虽未曾谋面，但相互支持和帮助，特殊的学术友情值得一生珍藏；暨南大学珠海学院的张江河院长对我的学术的鼓励一直是我艰辛前行的动力，感激之情难以用语言来表达，令我十分愧疚的是我一直欠他一份学术情缘；父母对我的爱今生无以回报，时常反思自己是否还是个“孝子”；岳父母虽年迈体弱，但他们在我调中宣部理论局工作的一年的时间里，一如既往，任劳任怨地扶助我们；妻子朱静和女儿刘津剑为我的学术研究作出了许多奉献和牺牲，并给予我工作的良好心境和巨大动力。

我的博士研究生李军、谭远敏、陈少华、李曼和硕士研究生施维、龚炜也为这本书的完成付出颇多，他们帮助收集资料和负责撰写了相关的章节，李曼还在休假期间辅助完成了一些技术性的工作。另外，中南财经政法大学才华横溢的刘新华先生在百忙之中提供的帮助是我要特别感谢的。

该书的具体写作情况是：

刘从德负责全书提纲的拟定、统稿、定稿、绪论、第一章、第二章部分、第六章、第七章部分、第八章部分、后记；龚炜：第二章部分；李军：第三章；刘新华：第四章；李曼：第五章；谭远敏：第七章部分；施维：第八章部分；陈少华：第九章。

由于水平有限和时间仓促，该书定有许多不足和疏漏之处，恳请国内同行和对这一领域感兴趣的专家学者批评指正。

刘从德

2009 年冬于桂子山

教学支持说明

（教学课件）

中国人民大学出版社政治与公共管理出版分社秉承“出教材学术精品，育人文社科英才”的出版宗旨，多年来，出版了大批高质量的公共管理、教育学、政治学、政治理论公共课教材和学术著作。

为服务一线老师的教学工作，我们为本教材制作了相应的 PowerPoint 教学课件，任何一位采用本书为授课教材的老师都可免费获得课件。为保证这些课件仅为授课教师获得，烦请您填写如下材料并邮寄或传真给我们，我们将在收到信件或传真后 48 小时内通过 E-mail 给您发送有关课件。关于人大出版社政治与公共管理出版分社的其他图书信息，请登录 http://www.crup.com.cn/gggl 查询。

我们的联系方式：
地址：（100872）北京市中关村大街甲 59 号文化大厦 1202 室
中国人民大学出版社政治与公共管理出版分社
电话：（010） 82502724　62514775（传真）
E-mail：ggglcbfs@vip.163.com

兹证明＿＿＿＿＿大学/学院＿＿＿＿院/系＿＿＿＿＿专业＿＿＿＿＿学年第＿＿＿＿学期开设的＿＿＿＿课程，采用中国人民大学出版社出版的＿＿＿＿＿＿＿＿（书名、作者）作为本课程教材。授课教师为＿＿＿＿＿＿，授课班级共＿＿＿＿个、学生＿＿＿＿人。授课教师需要与本书配套的教学课件。

联 系 人：＿＿＿＿＿＿＿＿＿＿＿＿
通信地址：＿＿＿＿＿＿＿＿＿＿＿＿
邮　　编：＿＿＿＿＿＿＿＿＿＿＿＿
电　　话：＿＿＿＿＿＿＿＿＿＿＿＿
E-mail：＿＿＿＿＿＿＿＿＿＿＿＿＿

系/院主任：＿＿＿＿＿＿（签字）
（系/院办公室章）
＿＿＿＿年＿＿＿月＿＿＿日